초단기
고득점
고속
초고속
IELTS
종합서

IELTS 종합서

초판 인쇄일 _ 2013년 4월 26일
초판 발행일 _ 2013년 5월 7일
6쇄 발행일 _ 2018년 10월 22일

지은이 _ 김재한
발행인 _ 박정모
발행처 _ 도서출판 혜지원
주소 _ 서울시 동대문구 장안 1동 420-3호
전화 _ 02)2212-1227
팩스 _ 02)2247-1227
홈페이지 _ http://www.hyejiwon.co.kr

편집진행 _ 김형진
본문디자인 _ 이미소
표지디자인 _ 이미소
영업마케팅 _ 김남권, 황대일, 서지영
ISBN _ 978-89-8379-785-8
정가 _ 16,000원

초고속 IELTS 종합서

초단기 고속 고득점 완성

김재한 지음

아이엘츠 시험 소개부터
Listening, Reading, Writing, Speaking까지
이 책 한 권으로!

혜지연

Preface 머리말

IELTS는 전 세계 비영어권 국가 학생들이 영어권 국가의 학교로 유학이나 이민을 계획할 때 치러야 하는 시험입니다. IELTS는 시험 자체가 어렵다기 보다는 4개의 파트(Listening, Reading, Writing, Speaking)를 모두 준비해야 하기 때문에 시간이 많이 소요되는 것이 어려움으로 작용할 수 있습니다. 요즘 많이 응시하는 TOEIC이나 OPIc 시험과는 확연히 다른 시험이며 준비해야 할 것도 많지만, 분명 시험이기 때문에 전략과 전술만 확실히 하면 원하는 점수를 받을 수 있습니다.

'험한 세상의 다리가 되어(Bridge over troubled water)'라는 팝송 명곡이 있습니다. 아마 여러분도 한 번쯤 들어본 적 있을 겁니다. 지금 우리가 살고 있는 사회는 경쟁사회입니다. 온갖 시련을 겪으면서도 자신의 의지를 굽히지 않고 나만의 길을 갈 수 있는 경쟁력을 갖추기 위해 자신의 스펙을 쌓아야 합니다. 그 중 하나가 바로 영어입니다. 제가 영국에서 대학을 다니면서 힘들었던 것 중 하나가 영어입니다. 영어를 못해서가 아니라, 영어를 모국어로 쓰는 학생들과의 경쟁에서 밀린다는 생각 때문에 단 하루도 잠을 제대로 자 본 적이 없습니다. 그때 한 교수님이 말씀하시길 "너는 영국인이 아니다. 그러기에 영국인처럼 영어를 잘 하지 않아도 된다. 외국인이기 때문에 지닐 수 있는 장점이 분명히 있다."라고 조언해주셨습니다. 맞습니다. 저는 한국인이고 영국에서 태어난 것이 아니라면 영국사람처럼 영어를 잘 할 수 없다는 게 너무 당연합니다. 외국인으로서 영어를 공부하면서 느꼈던 모든 힘든 점들이 영어교육학을 이수하면서 큰 장점이 되었습니다.

모국어가 아닌 이상 영어를 완벽하게 마스터하는 것은 불가능합니다. 아니 모국어가 아니므로 완벽하게 마스터할 필요가 없다고 봅니다. 필요에 의한 영어점수를 받거나, 필요에 의한 영어 실력이 있으면 되는 것이지 너무 욕심을 내서 영어 전반적인 것들을 모두 얻으려고 하면 아마 평생 불가능할 수도 있습니다.

IELTS에서 원하는 점수를 받기 위해 원어민이 될 필요는 없고, 만약 된다고 해도 만점 받기가 쉽지는 않을 것입니다. 예를 들어 시험 준비를 철저하게 한 외국인과 저 같은 보통 한국인 중 한국어능력시험에서 누가 더 좋은 점수를 받을까요? 아마 저보다 한국말은 잘 못하지만 시험에 무엇이 나오는지 잘 대비한 외국인이 더 높은 점수를 받을 가망이 높습니다. 즉, 수험 영어는 그 시험의 문제 유형과 경향을 알고 답변을 철저히 준비하면 원하는 점수를 받을 수 있다는 것입니다.

이 책에는 제가 IELTS 시험을 수십 번 치르고, 가르친 선배로서 수험자가 반드시 알아야 할 필수요소들을 적재적소에 구성했으며 초보자도 쉽게 IELTS를 이해하고 훈련할 수 있도록 많은 양의 기출변형 문제를 제시 후 친절하게 설명했습니다. 자세한 해설을 통해 쉽게 이해할 수 있게 하였으며, 각 파트 별 체력단련 훈련을 통해 Listening, Reading, Writing, Speaking의 기본기부터 다질 수 있도록 했습니다. 파트 마지막엔 실제 IELTS 시험과 동일한 형태의 실전문제를 구성해 최종 점검할 수 있도록 했습니다.

여러분의 IELTS 시험 결과는 이 책을 얼마나 꼼꼼하게 학습하면서 따라왔느냐에 달려있습니다. 이미 출간되어 있는 다른 IELTS 수험서와 다르게 시험 소개부터 Listening, Reading, Writing, Speaking 모든 파트를 단계적으로 다루었기 때문에 기본기를 완벽하게 익힐 수 있을 겁니다.

지금까지 이 책을 쓰는데 아낌없이 지원해주신 도서출판 혜지원 여러분과 이익훈 어학원 대표 Reading 강사 유미선 강사님, 이익훈 어학원 대표 Listening 강사 박찬기 강사님, 그리고 제 동료이자 많은 도움을 준 친구 Chris에게 깊은 감사를 표합니다.

저자 김재한

★ Chapter 01 IELTS 소개와 Part별 고득점 TIP

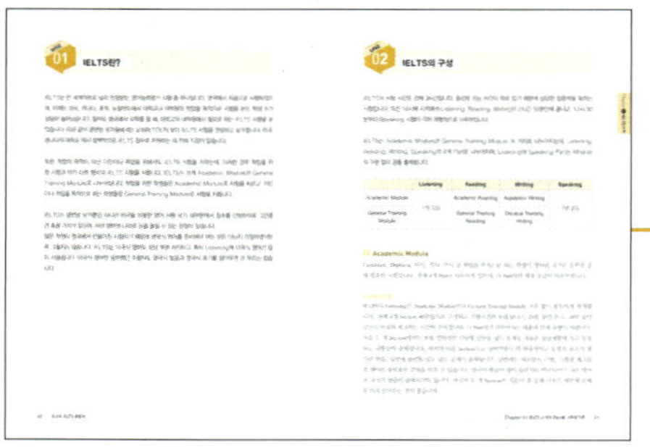

IELTS에 대한 개괄적인 설명부터 구성, 시험 일정, 시험 신청 방법, 시험 준비물, 채점 기준, 성적 확인 방법, 고득점 TIP까지 IELTS에 관한 모든 정보를 수록했습니다.

★ Chapter 02~05 Listening, Reading, Writing, Speaking

Chapter 02~05에서는 Listening, Reading, Writing, Speaking 각각의 파트에 대해 설명합니다. Unit 01에서는 해당 파트의 구성에 대해 간략하게 소개하며, Unit 02에서는 해당 파트를 학습할 때 기본적으로 알고 있어야 할 정보를 알려줍니다.

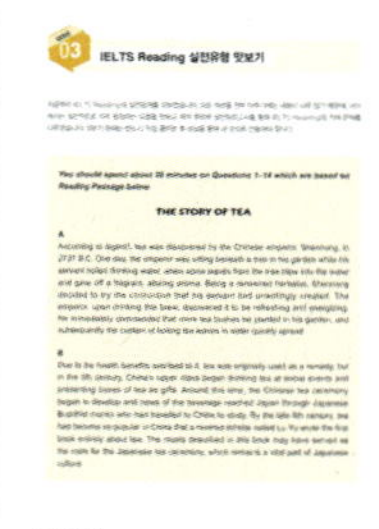

Unit 03에서는 해당 파트의 유형을 파악할 수 있도록 실전 문제를 수록하고 있습니다. 실제 IELTS 시험과 같은 문항 수, 같은 유형의 문제를 풀어보고 모범 답안을 보며 학습합니다.

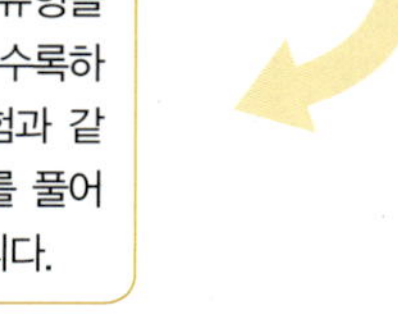

Unit 04에서는 해당 파트의 유형을 익히고 훈련할 수 있는 연습문제를 수록했습니다.

Unit 05에서는 해당 파트의 실전문제를 수록했습니다. 실제로 시험에서 출제되는 것과 같은 구성의 문제로 훈련할 수 있습니다.

Contents 목차

Chapter
01

IELTS 소개와 Part별 고득점 TIP

IELTS (International English Language Testing System)는 호주, 캐나다, 뉴질랜드, 영국, 미국 등 영어권 국가로 유학, 이민, 취업을 희망하는 사람의 영어 사용 능력을 평가하는 시험입니다. 정교하게 개발된 평가 기준으로 초급부터 고급 수준까지 다양하고 광범위한 영어 사용 능력을 평가합니다.

IELTS는 영국문화원(British Council)과 호주 IDP 에듀케이션(IELTS Australia), University of Cambridge ESOL Examinations(캠브리지 대학)에 의해 공동 개발, 관리, 운영되고 있으며 세계 120여 개국 500여 센터에서 시행되고 있습니다. 영국, 호주, 뉴질랜드 등 영연방 국가뿐만 아니라, 미국 2,200여 개 대학, 전문기관을 포함한 전세계 6,000여 개가 넘는 교육기관과 정부기관, 단체 등에서 활용되고 있으며 한 해 120만 명 이상이 응시하고 있습니다.

IELTS란?

IELTS는 전 세계적으로 널리 인정받는 영어능력평가 시험 중 하나입니다. 영국에서 처음으로 시행되었으며, 이제는 미국, 캐나다, 호주, 뉴질랜드에서 대학교나 대학원의 학업을 목적으로 시험을 보는 학생 수가 상당히 늘어났습니다. 필자도 영국에서 유학을 할 때, 대학교와 대학원에서 필요로 하는 IELTS 시험을 보았습니다. 이와 같이 영연방 국가들에서는 오히려 TOEFL보다 IELTS 시험을 권장하고 요구합니다. 미국, 캐나다의 대학교 역시 정책적으로 IELTS 점수로 지원하는 데 전혀 지장이 없습니다.

또한, 학업의 목적이 아닌 이민이나 취업을 위해서도 IELTS 시험을 치르는데, 이러한 경우 학업을 위한 시험과 약간 다른 형식의 IELTS 시험을 치릅니다. IELTS는 크게 Academic Module과 General Training Module로 나누어집니다. 학업을 위한 학생들은 Academic Module로 시험을 치르고, 이민이나 취업을 목적으로 하는 학생들은 General Training Module로 시험을 치릅니다.

IELTS는 영연방 국가뿐만 아니라 미국을 비롯한 영어 사용 국가 대부분에서 점수를 인정하므로 그만큼 큰 효용 가치가 있으며, 여러 영어권 나라로 눈을 돌릴 수 있는 장점이 있습니다.
많은 학생이 영국에서 만들어진 시험이기 때문에 영국식 영어를 준비해야 하는 것은 아닌지 걱정하겠지만 꼭 그렇지는 않습니다. IELTS는 미국식 영어도 상당 부분 차지하고, 특히 Listening에 미국식 영어가 많이 사용됩니다. 미국식 영어만 공부했던 수험자도 영국식 발음과 영국식 표기를 알아두면 큰 무리는 없습니다.

IELTS의 구성

IELTS의 시험 시간은 전체 3시간입니다. 중간에 쉬는 시간이 따로 없기 때문에 상당한 집중력을 요하는 시험입니다. 오전 10시에 시작해서 Listening, Reading, Writing이 2시간 30분만에 끝나고, 12시 30분부터 Speaking 시험이 각자 개별적으로 이루어집니다.

IELTS는 Academic Module과 General Training Module 두 가지로 나누어지는데, Listening, Reading, Writing, Speaking의 4개 Part로 나누어지며, Listening과 Speaking Part는 Module의 구분 없이 공통 출제됩니다.

	Listening	Reading	Writing	Speaking
Academic Module	구별 없음	Academic Reading	Academic Writing	구별 없음
General Training Module		General Training Reading	General Training Writing	

① Academic Module

Certificate, Diploma, 학사, 석사, 박사 등 학업을 목적으로 하는 학생이 영어권 국가로 유학을 갈 때 필요한 시험입니다. 전체 4개 Part로 나누어져 있으며, 각 Part마다 채점 등급이 이루어집니다.

Listening

IELTS의 Listening은 Academic Module이나 General Training Module 구분 없이 동일하게 출제됩니다. 전체 4개 Section 40문항으로 구성되고 시험시간은 30분입니다. 20분 동안 듣고, 10분 동안 답안지 마킹과 체크하는 시간이 주어집니다. 각 Part마다 다루어지는 내용과 문제 유형이 바뀝니다. 처음 두 개 Section에서는 보통 일반적인 단답형 답안을 넣는 문제로 내용은 일상생활에 자주 등장하는 내용들이 출제됩니다. 하지만 다음 Section으로 넘어가면서 더 학술적이고 문법적 요소가 첨가된 학술, 강연에 관련된 심도 있는 문제가 출제됩니다. 답변에는 대소문자 구별, 스펠링 체크를 잘 해야만 불필요한 감점을 막을 수 있습니다. 영국식 발음이 많이 들리지만 미국식이나 다른 영어권 국가의 발음이 출제되기도 합니다. 마지막 두 개 Section은 지문이 좀 길게 나오기 때문에 문제를 먼저 읽어두는 것이 좋습니다.

Reading

IELTS의 Reading은 Academic Module과 General Training Module로 구분됩니다. Academic Reading은 3개의 Section으로 구성되어 있으며, 40문항이 출제됩니다. 시험 시간은 60분이 주어지는데, 전반적으로 학술적인 내용이 출제되며, 보통 다른 영어능력평가보다 지문의 길이가 더 깁니다(약 1,000자 내외). 학술적인 내용 중에서도 사회, 문화, 상식, 경제 관련 지문과 가끔 도표나 그래프가 함께 출제되기도 합니다. Reading Part는 답변을 따로 작성하는 시간이 주어지지 않기 때문에 곧바로 마킹하는 연습을 해야 합니다. 마지막으로, Academic Reading은 각 Section 별로 쉬운 문제와 어려운 문제가 섞여 있기 때문에 풀다가 모르는 문제는 과감하게 넘어가고 쉬운 문제를 먼저 풀어두는 것이 좋습니다.

Writing

IELTS Writing도 Academic Module과 General Training Module로 구분됩니다. Academic Writing은 2가지 주제를 60분 안에 작문해야 합니다. 먼저 Task 1은 150자로 약 20분 정도에 마무리해야 하며, 도표나 그래프 등을 분석한 후 작문하는 문제입니다. Task 2는 약 40분 내에 작문을 요하는 문제로 사회, 경제, 문화, 교육과 관련된 주제를 학술적으로 분석한 후 작문하는 문제가 출제됩니다.

Speaking

IELTS의 Speaking은 Academic Module과 General Training Module 구분 없이 출제됩니다. 크게 세 가지 질문 Section이 정해져 있으며 Listening, Reading, Writing Part 시험이 모두 끝난 후 11~14분 이내로 시행됩니다. Speaking은 수험자 개별적으로 진행되며, 감독관과 직접 대면하여 시험을 치릅니다. 첫 번째 Section은 일상생활과 관련된 일반적인 질문이고, 두 번째 Section은 좀 더 심화된 질문이 주어지며 질문에 대한 프레젠테이션 형식의 답변이 이루어집니다. 마지막으로, 세 번째 Section에서는 Section 2의 질문이 심화된 연장 질문이 출제됩니다.

❷ General Training Module

Listening

Academic Module과 동일하게 이루어집니다. 전체 4개의 Section, 40문제로 구성되어있으며 각 Section이 지나면서 난이도가 높아집니다. 특히, 제일 마지막 Section은 실제 강연이나 대학강의에서 발췌한 부분이기 때문에 다른 Section보다 난이도가 높습니다. 답변을 적을 때 스펠링이나 대소문자를 구별하고 문법요소를 틀리지 않도록 주의해야 합니다.

Reading

General Training Module의 Reading은 Academic Module에 비해 일상생활에서 접할 수 있는 광고, 문서 등의 지문이 출제되며, 문제 유형 자체는 크게 다르지 않지만 지문의 난이도와 속성은 Academic Module보다 조금 쉬울 수 있습니다. 총 3개의 Section으로 이루어져 있으며, 시간은 60분이 주어집니다. 따로 답안지에 마킹할 수 있는 시간이 없기 때문에 문제를 풀면서 바로 마킹해야 합니다. 첫 번째 Section과 두 번째 Section 모두 2개의 지문이 나오며, 비교적 짧은 지문으로 일상생활 관련 내용입니다. 마지막 Section은 1개의 지문이 제시되는데 앞서 나온 지문들보다는 약간 어려운 내용이 출제됩니다. Section이 넘어가면서 난이도가 높아지기 때문에 순서대로 문제를 푸는 것이 좋습니다.

Writing

General Training Module의 Writing은 Academic Module과 마찬가지로 2개의 Task가 주어지며 시간도 똑같이 60분이 주어집니다. Task 1에서는 편지 형식의 글을 대략 150자 정도로 작문해야 하며, 20분 내로 작성하는 것이 좋습니다. Task 2에서는 어떤 문제에 대한 해결책을 제시하거나 자신의 주장을 펼치는 작문 문제가 출제됩니다. 40분 내에 250자 정도로 마무리해야 합니다.

Speaking

Academic Module과 동일하게 출제되며, 전체적으로 학술적인 질문보다는 일반적이고 일상적인 질문으로 구성되어있습니다. 마지막 Section인 Part 3에서 심층 면접이 이루어지지만 앞에서 다룬 것과 관련된 질문을 하기 때문에 크게 어렵지는 않습니다.

IELTS 시험 일정

IELTS 시험 일정은 주한영국문화원 홈페이지(www.ieltstest.or.kr) 또는 호주 DIP 에듀케이션(www.ieltskorea.org)에서 확인 가능합니다. 보통 한 달에 3~4회 실시되며, 지역에 따라 시험 횟수가 약간 달라질 수 있으니 위 사이트를 반드시 참고하기 바랍니다.

[2013년 IELTS 시험일정] – (주한영국문화원)
주한영국문화원 시험일정 (A: Academic Module / GT: General Training Module)

4월	6일	13일	18일	27일
모듈	A, GT	A	A	A, GT
지역	서울-강남 서울-강북 대전	서울-강남 서울-강북 인천-경인교대	서울	서울-강남 서울-강북 부산
5월	11일	16일	18일	25일
모듈	A	A, GT	A	A, GT
지역	서울-강남 서울-강북 대전	서울	서울-강남 서울-강북 인천-경인교대	서울-강남 서울-강북 부산
6월	6일	8일	15일	22일
모듈	A	A, GT	A	A, GT
지역	서울	서울-강남 서울-강북 대전	서울-강남 서울-강북 인천-경인교대	서울-강남 서울-강북 부산

[2013년 IELTS 시험일정] – (호주 DIP 에듀케이션)
호주 DIP 에듀케이션 시험일정 (A: Academic Module / GT: General Training Module)

	1월		2월		3월		4월	
모듈	5일	A, GT	2일	A, GT	2일	A	6일	A, GT
	10일	A	14일	A, GT	9일	A, GT	13일	A
	12일	A, GT	16일	A	14일	A	27일	A, GT
	19일	A	23일	A	23일	A, GT		
강북	5, 12, 19일		2, 16, 23일		2, 9, 23일		6, 13, 27일	
강남	5, 10, 12, 19일		2, 14, 16, 23일		2, 9, 14, 23일		6, 13, 27일	
대전	12일		16일		14일		27일	
부산	5, 12일		2일		9일		6일	

	5월		6월		7월		8월	
모듈	11일	A	8일	A, GT	6일	A, GT	3일	A
	18일	A	15일	A	13일	A	17일	A, GT
	25일	A, GT	22일	A, GT	27일	A, GT	24일	A
강북	11, 25일		8, 15, 22일		6, 13, 27일		3, 17, 24일	
강남	11, 18, 25일		8, 15, 22일		6, 13, 27일		3, 17, 24일	
대전	25일		22일		27일		24일	
부산	11일		8일		6일		9, 17일	

	9월		10월		11월		12월	
모듈	6일	A, GT	11일	A	9일	A, GT	7일	A, GT
	13일	A	18일	A	16일	A	14일	A, GT
	27일	A, GT	25일	A, GT	30일	A	21일	A
							23일	A
강북	6, 13, 27일		11, 18, 25일		9, 16, 30일		7, 14, 21, 23일	
강남	6, 13, 27일		11, 18, 25일		9, 16, 30일		7, 14, 21, 23일	
대전	28일		26일		30일		21일	
부산	7일		12일		9일		7, 14일	

IELTS 시험 신청

IELTS는 지역에 따라서 한 달에 3~4회 응시 가능합니다. 시험은 토요일에 진행되며, 특정 지역에서는 목요일에 진행되는 경우도 있습니다. 보통 General Training Module이 Academic Module보다 시험 횟수가 적습니다.
IELTS 시험 신청은 온라인과 오프라인 모두 가능합니다.

IELTS 온라인 신청접수
① 주한 영국문화원: www.ieltstest.or.kr
② 호주 IDP 에듀케이션: www.ieltskorea.org

온라인 접수는 온라인 상에서 원서를 작성해야 하는데, 순서에 따라 모두 빠짐없이 작성하고 특이(*) 표시 항목은 필수적으로 작성해야 합니다. 특히 본인 사진을 업로드할 때 주의해야 합니다.

사진 첨부 시 주의사항
① 증명사진이어야 합니다.
② 안경을 착용한 사진은 사용할 수 없습니다.
③ 모자를 쓴 사진은 사용할 수 없습니다.
④ 디지털 카메라, 휴대폰으로 찍은 셀프카메라 사진은 사용할 수 없습니다.
⑤ 가로 3.5cmX세로 3.5cm의 jpg 파일 형식으로 저장됩니다.

원서를 작성할 때는 화면 왼쪽의 질문사항에 따라 작성하면 됩니다. 선택 항목이 있기 때문에 초급자도 큰 어려움 없이 원서를 작성할 수 있습니다.
원서작성을 모두 마친 후에는 반드시 '저장하기'를 눌러서 다시 한 번 확인해야 합니다.
마지막으로 응시료를 결제하면 됩니다. 응시료는 2013년 4월 기준 210,000원(VAT포함)이며, 신용카드와 계좌이체 모두 가능합니다.

IELTS 방문 접수

① [주한영국문화원] 광화문 센터에서만 접수 가능합니다.

주소: 서울특별시 종로구 신문로 1가 226번지, 흥국생명빌딩 4층 (우) 110-786 ☎ (02) 3702-0600

운영 시간: 월요일~금요일 오전 8시 30분~저녁 8시 / 토요일 오전 10시~저녁 6시

(일요일과 공휴일은 휴무)

서울지역에서 응시만 신청 가능합니다. 그 외 다른 지역에서의 응시는 온라인 접수만 가능합니다.

준비물: 증명사진 2매, 신분증(여권, 주민등록증, 운전면허증), 신분증 복사본 1장, 응시료

② [호주 IDP 에듀케이션]

준비물: 증명사진 2매, 신분증(주민등록증, 여권), 응시료(계좌이체나 신용카드 가능)

서울	IDP 강남 (방문시간: 9:30~17:30) 서울시 서초구 서초동 1304-5 우신빌딩 5층 (강남역 10번 출구/신논현역 6번 출구)	☎ 02-533-7246
	IDP 광화문 (방문시간: 9:30~17:30) 서울시 종로구 세종로 211 광화문빌딩 11층 (광화문역 6번 출구)	☎ 02-739-7246
대전	김동현 어학원 (방문시간: 9:30-19:30) 대전광역시 서구 탄방동 603번지 한성상호저축은행 2F (동아빌딩)	☎ 042-476-8555
부산	IDP 부산 (방문시간: 9:30~17:30) 부산시 부산진구 부전동 241-6번지 3층 (서면역 1번 출구)	☎ 051-818-7246

• 같은 날짜에 시행되는 시험은 주한 영국문화원이나 호주 IDP 에듀케이션 모두 동일한 시험입니다.

• 접수가 끝난 수험번호는 토요일 시험은 같은 주의 월요일에, 목요일 시험은 전 주 금요일에 확인 가능합니다.

• Speaking 시험은 추가 접수한 학생들에 한해 당일 시험을 치를 수 없는 경우도 있으니 꼭 확인 바랍니다.

• 시험접수 후 시험 장소 변경을 원하는 경우 시험 날짜로부터 2주 전까지만 가능하며, 만약 옮기려는 장소가 마감되었다면 변경은 불가능합니다.

• 상황에 따라 시험연기 신청이나 시험취소 신청이 가능합니다. 단, 시험을 연기할 경우 응시료의 10%, 시험을 취소할 경우 취소를 원하는 시점에 따라 응시료의 25%에서 50%까지 차감 후 환불됩니다.

IELTS 준비물

IELTS 시험에는 반드시 필요한 준비물 이외에는 반입이 금지됩니다. 특히 휴대전화, 알람시계 등의 전자제품은 휴대가 불가능하며, 음식물 따위도 반입이 금지됩니다.

IELTS 시험 준비물

① 신분증
IELTS뿐만 아니라 모든 시험장에 신분증 지참은 기본입니다. 신분증이 없는 경우 절대 시험을 치를 수 없습니다. 신분증의 종류는 기간 만료 전 여권, 주민등록증, 운전면허증 중 원서 작성을 할 때 기재했던 신분증으로 지참해야 합니다. (학생증이나 신용카드는 신분증 대용으로 사용할 수 없습니다.)

② 필기구
TOEIC과 마찬가지로 IELTS도 연필로 답안을 작성하기 때문에 샤프나 연필을 지참해야 합니다. 컴퓨터용 수성펜, 형광펜, 볼펜 등으로는 답안 작성이 불가합니다. 연필은 컴퓨터용 연필이 아니라도 상관없고 지우개도 꼭 준비해야 합니다.

unit 06 — IELTS 채점 기준

IELTS 채점 기준은 각 Part에서 몇 문항을 맞았는지에 따라 0~9점으로 나뉩니다. 0점은 답을 전혀 쓰지 않았을 때 나오는 점수이고, 9점이 만점으로 인정됩니다. 사실 원어민도 9.0 만점을 받기는 어렵습니다. Listening, Reading, Writing, Speaking 각각 0.5점 단위로 채점되고, 4개 Part의 총점을 더해 4로 나누면 그것이 자신의 Overall Band Score입니다.

The IELTS 9-Band Scale

Band 9	Expert user	완벽한 영어를 구사하며 완벽한 이해력으로 적절하고 정확하게 유창한 영어를 구사한다.
Band 8	Very good user	간혹 부정확하거나 부적절한 표현을 쓰지만 거의 완벽한 영어를 구사하며, 익숙하지 못한 상황에서 착오가 일어나기도 한다. 복잡한 토론을 이어나갈 수 있다.
Band 7	Good user	간혹 부정확하거나 부적절한 표현을 쓰지만 의사소통에 있어서 불편함은 없다. 몇 가지 상황에서는 착오가 생기며, 일반적으로 복합적인 언어를 다룰 줄 알고 상세한 추론을 이해할 수 있다.
Band 6	Competent user	부적절, 부정확한 표현을 쓰고 잘못 이해하는 경우가 있지만 효과적인 영어를 구사한다. 익숙한 상황에서는 상대적으로 복합적인 언어를 이해하고 사용할 수 있다.
Band 5	Modest user	대부분의 상황에서 전반적인 이해만 하며, 부분적으로 영어를 구사한다. 많은 실수를 하는 경향이 있지만 전반적인 의미를 이해한다. 자신의 분야에서 기본적인 의사소통을 할 수 있다.
Band 4	Limited user	친숙한 상황에서만 기본적인 소통이 가능하며, 이해하고 표현하는 데 있어서 자주 문제점을 드러낸다. 복잡한 언어소통은 힘들다.
Band 3	Extremely limited user	아주 친숙한 상황에서만 기본적인 의미를 이해한다. 소통에 있어서 자주 문제가 발생한다.
Band 2	Intermittent user	친숙한 상황에서 아주 제한적이고 기초적인 어휘를 제외하곤 소통이 불가능하다. 말하기와 쓰기에 있어서 상당한 어려움이 있다.
Band 1	Non-user	아주 제한적인 어휘를 제외하곤 언어 자체를 사용하는 능력이 없다.
Band 0	Did not attempt the test	평가할 항목이 없다.

Listening과 Reading은 40문항에서 정답을 맞춘 개수에 따라서 배점이 정해져 있으며, Speaking과 Writing은 채점 항목별로 채점되어 합산합니다. 합산한 점수를 4로 나누었을 때 소수점 이하는 반올림합니다.

예를 들면,
Listening 6.5
Reading 6.5
Writing 7.0
Speaking 7.5
총 4개의 항목을 더하면 27.5가 되고 이것을 4로 나누면 6.87이 되는데, 반올림을 하여 7.0이 되는 것입니다.

▶ Listening 채점

Listening이나 Reading의 경우 정해져 있는 점수가 있는 것은 아니지만, 일반적인 평균을 짐작해서 점수를 유추할 수 있습니다. 시험이 어렵거나 쉬운 경우 약간의 개수 차이에 따라 점수가 변동될 수 있습니다.

Band 5.0 – 16개 (총40문항)

Band 6.0 – 22개

Band 7.0 – 28개

Band 8.0 – 34개

▶ Reading 채점

Reading은 Academic Module과 General Training Module의 난이도 차이가 있기 때문에 개수도 차이 납니다. 같은 점수를 받으려면 General Training Module에서 더 많은 정답을 맞춰야 합니다.

[Academic Reading]
Band 5.0 – 16개 (총40문항)

Band 6.0 – 22개

Band 7.0 – 28개

Band 8.0 – 34개

[General Training Reading]
Band 5.0 – 19개 (총40문항)

Band 6.0 – 26개

Band 7.0 – 32개

Band 8.0 – 36개

▶Writing 채점

IELTS의 Writing은 1시간에 2가지 Task가 주어지며, 각각 150자와 250자를 작문해야 하는 시험입니다. 채점 기준은 크게 4가지입니다.

① Task Achievement (과업 성취)

채점관이 제일 먼저 보는 것은 주어진 질문에 적절하게 답변했는지, 주어진 질문에 자신의 주장을 정확히 펴고 있는지 확인하는 것입니다. 어려운 어휘를 사용하여 아무리 좋은 글을 써도 질문과 관련이 없거나 자신의 의견을 정확히 보여주지 못하면 좋은 점수를 받을 수 없습니다.

② Coherence & Cohesion (일관성과 화합)

다음은 답변의 일관성과 글의 화합입니다. 질문에 얼마나 충실히 답변했는지와 글 전체의 연관성과 일관성을 평가합니다. Writing 답변은 처음부터 결말까지 연계성이 있고 논리적으로 작성해야 합니다.

③ Lexical Resources (어휘 자원)

수험자의 어휘력을 평가하는 부분입니다. 학술적이고 어려운 어휘를 얼마나 사용했는지를 보는 것이 아니라 자신이 알고 있는 어휘를 얼마나 잘 활용했는지 평가합니다. 어려운 학술적 어휘를 정확하게 구사하면 좋겠지만 그럴 수 없다면 쉬운 어휘라도 정확히 알고 사용하는 것이 유리합니다.

④ Grammatical Range and Accuracy (문법의 다양성과 정확성)

필자가 수험자에게 가장 강조하고 싶은 부분입니다. 이 채점기준에서는 완벽한 문장을 제대로 만들 수 있는지, 적절한 문법체계를 갖고 문장을 이어나갈 수 있는지 평가하는 것이기 때문에 초급자가 그 어떤 채점기준보다 더 중요하게 생각하고 공부해야 하는 부분입니다. 이 부분에 대한 기초가 튼튼하면 추후 Speaking에 대한 자신감도 생기고 큰 도움이 됩니다.

Speaking은 1대 1의 면접시험으로 이루어지기 때문에 감독관에게 주는 첫인상도 채점에 영향을 미칠 수 있습니다. Speaking 시험의 채점기준은 크게 4가지로 나뉩니다.

① Pronunciation (발음)

Speaking 시험장에서 감독관의 귀에 제일 먼저 들리는 것이 발음입니다. 아무리 좋은 어휘력이 있어도 발음이 정확하지 않아 상대방이 알아들을 수 없다면 소용 없습니다. 평소에 자주 사용하는 표현들은 단어뿐만이 아니라 문장 전체를 정확하게 발음하는 훈련을 하는 것이 좋습니다.

② Coherence and Fluency (일관성과 유창함)

답변의 내용이 얼마나 일관성 있고 유창한지 채점하는 부분입니다. 유창성은 막힘 없이 또박또박 말을 하는지, 상황에 맞는 어휘를 사용하는지를 말합니다. 평소에 자신이 완전히 알고 있는 문장과 표현으로 답변하는 연습이 필요합니다. 잘 모르는 표현이나 서툰 어휘 활용은 도리어 감점의 위험이 있습니다. 일관성은 질문에 맞는 정확한 답변을 하는지 평가하는 부분입니다. 질문과 너무 동떨어진 답변을 하면 감점을 받거나 제재를 당하는 경우가 있습니다.

③ Vocabulary (어휘)

Speaking에서 어휘력은 아주 중요합니다. 양적으로도 풍부한 어휘를 사용하면 좋지만, 상황에 맞는 학술적인 어휘도 알아두면 유용하게 활용할 수 있습니다.

④ Grammar (문법)

좋은 표현과 어휘가 있더라도 제대로 문장을 만들지 못하면 좋은 점수를 받을 수 없습니다. 올바른 문장을 만들 수 있는 문법 실력이 있어야 유창하게 말할 수 있습니다.

unit 07 IELTS 성적 확인

IELTS 성적 확인은 시험일로부터 13일째 되는 날 오전 11시부터 가능합니다. IELTS 성적의 유효기간은 2년입니다. 주한 영국문화원(www.ieltstest.or.kr)이나 호주 IDP 에듀케이션(www.ieltskorea.org)의 '시험성적확인' 창을 클릭하면 시험성적을 확인할 수 있습니다. 본인이 시험을 본 날로부터 60일 이내의 성적만 확인 가능합니다.

시험성적을 확인하기 위해서는 자신이 시험을 본 날짜, 생년월일, 주민등록번호나 여권번호를 입력해야 합니다.

주한영국문화원

① TEST 날짜를 선택합니다.
② 생년월일을 선택합니다.
③ 주민등록번호나 여권번호를 입력합니다.
  (시험당일 사용했던 신분증에 맞는 번호를 입력합니다.)
④ 수험번호를 입력합니다.

호주 IDP 에듀케이션

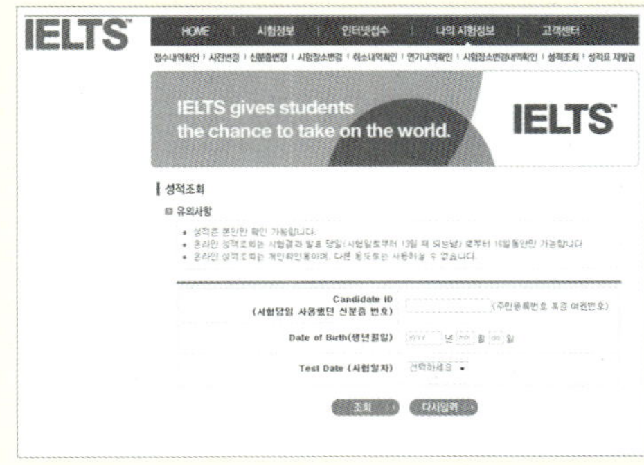

① 시험당일 사용했던 신분증 번호를 입력합니다.
  (주민등록번호나 여권번호를 입력)
② 생년월일을 입력합니다.
③ 시험날짜를 선택합니다.

- 성적표 우편 수령을 원한다고 표기한 경우 시험 후 13일째 되는 날 일괄적으로 우편이 발송됩니다. 성적 표 직접 방문수령을 선택한 경우 13일째 되는 날부터 주한영국문화원에 직접 방문하여 수령이 가능합니다. 응시자는 1회에 한하여 성적표를 받을 수 있으며, 응시자 본인에게는 재발급이 불가합니다. 성적표 재발행은 주한영국문화원 홈페이지에서 신청할 수 있으며, 각 나라의 대학교나 공공기관에 성적표를 제출할 경우에는 해당기관에 직접 발송됩니다.

- IELTS 성적에 대한 재채점 신청은 가능하지만 시험 성적을 받은 후 6주 이내에 신청해야 하며, 재결과를 받을 때까지 6~7주 정도 소요됩니다. 재채점 비용은 15만원으로 재채점 시 성적이 정정되면 전액 환불 가능하고 기존의 성적은 무효로 간주됩니다.

IELTS Part 별 고득점 Tips

IELTS는 어디까지나 시험입니다. 영어 실력이 있다면 조금 더 쉽겠지만 실력이 조금 모자라더라도 그 시험을 정확히 알고 필요한 부분을 학습하면 좋은 점수를 받을 수 있습니다.

IELTS는 Listening, Reading, Writing, Speaking으로 구성되어 있는데, 지금부터 Part 별 고득점을 위한 Tip을 설명하겠습니다.

▶ Listening

Listening은 Section마다 주관식 문제가 상당수 출제되기 때문에 듣기뿐만 아니라 쓰기 실력도 중요합니다. Listening 고득점을 위해서 다음 세 가지를 기억하기 바랍니다.

1. Listening에 자주 출제되는 어휘를 익혀야 합니다. 모든 Part에서 가장 중요한 사항입니다. 영어의 모든 영역에서 어휘력은 매우 큰 부분을 차지합니다.

2. 매일 듣고 따라 읽는 연습을 해야 합니다. 듣고 따라 읽기는 Listening 훈련에 매우 효과적입니다. 따라 읽을 수 없다면 들을 수도 없습니다. 따라 읽을 때는 한 단어씩 끊어서 읽는 것이 아니라 문장 전체를 따라 읽어야 합니다. 단어들이 합쳐져 하나의 문장을 이룰 때 그 문장에서 어떻게 연음이 일어나는지 들을 수 있어야 합니다.

3. 문법과 스펠링은 반드시 체크해야 합니다. IELTS Listening은 주관식 문제가 출제된다는 것이 큰 특징입니다. 따라서 평소 문제를 풀 때 기본적인 문법 사항과 스펠링 체크는 꼭 필요합니다. 스펠링은 꼭 영국식 표기법이 아니라도 문제는 없습니다. 예를 들어 color와 colour 모두 맞을 수 있지만, color와 colors는 엄연히 다릅니다. 대소문자 구분과 단·복수, 단어 개수 등을 확실히 확인하는 연습을 충분히 해두어야 합니다.

▶ Reading

Reading은 Academic Module과 General Training Module 두 가지로 나뉘어 있습니다. IELTS Reading의 3가지 Tip은 다음과 같습니다.

1. Reading을 위한 어휘를 익혀야 합니다. 어휘를 모르면 지문 해석을 할 수 없기 때문에 당연히 좋은 점수를 받을 수 없습니다. 온라인 자료나 문제집 등에서 Reading Part 빈출어휘를 충분히 익혀두기 바랍니다.

2. 영자신문을 자주 읽으면 큰 도움이 됩니다. 영자신문을 읽으면서 잘 모르는 어휘를 앞뒤 내용으로 유추하는 습관은 독해 훈련에 큰 도움이 됩니다. 매일 영자신문을 읽는 습관을 들이면 IELTS Reading을 위해 따로 시간을 투자할 필요가 없습니다. 또한 영자신문을 많이 읽는 것은 Speaking과 Writing에도 상당히 도움이 됩니다.

3. 속독 훈련을 해야 합니다. IELTS Reading의 지문은 상당히 길기 때문에 독해 속도가 느리면 주어진 시간 내에 모든 문제를 풀 수 없습니다. 평소에 긴 지문을 빨리 읽는 연습을 하기보다는 10행 미만의 단락을 빨리 읽고 대략적인 내용파악과 글의 주제를 유추하는 훈련이 효과적입니다. 실제 Reading 지문의 길이가 길지만 각각 단락이 나뉘어져 있으므로 단락의 주제를 빠르게 파악하면서 문제를 푸는 것이 중요합니다.

▶ Writing

IELTS Writing은 2가지 Task가 주어지고 Academic Module과 General Training Module의 유형이 다릅니다. 하지만 Task 2는 큰 차이 없이 비슷한 내용이 나옵니다. 다음은 Writing을 위한 3가지 Tip 입니다.

1. Writing 빈출 어휘를 익혀두어야 합니다. 글을 쓰는 데 있어 어휘는 필수적입니다. Writing을 위한 어휘 훈련은 단어의 뜻만 암기 해야 하는 것이 아니라 그 단어가 어떤 단어와 쓰이는지 정확하게 알고 익혀야 합니다. 특히 Task 1에 제시되는 그래프를 분석할 때 연어(collocation)가 매우 유용하게 쓰일 수 있기 때문에 중점적으로 훈련해야 합니다.

2. 필수 영문법을 숙지해야 합니다. 어휘를 익혔다면 그 어휘들을 나열하여 문장을 만들어야 합니다. 정확한 문장을 만들려면 품사들의 순서와 성질을 정확하게 알아야 하고, 더 유창한 문장을 만들기 위해 관계사, 접속사, 분사, to부정사 등을 적절하게 사용할 수 있어야 하기 때문에 문법은 매우 중요합니다.

3. 평소에 잘 쓴 글을 많이 읽어야 합니다. 좋은 작문 실력은 하루 아침에 이루어지지 않습니다. 잘 쓰여진 글을 모방하는 연습이 많은 도움이 됩니다. 이미 잘 만들어진 문장을 읽고 모방하면서 작문 실력이 점점 쌓여가는 것입니다. IELTS Writing에서 좋은 글이란 같은 단어의 반복을 피하고 다양한 표현으로 주어진 질문에 일관성 있게 써내려 간 글을 말합니다.

▶Speaking

IELTS Speaking은 1:1 면접으로 진행되며 총 11~14분이 소요됩니다. Speaking Part의 고득점 Tip 은 다음과 같습니다.

1. Speaking 빈출 어휘를 익혀야 합니다. 모든 Part에서 어휘가 중요합니다. 말을 하기 위한 최소한의 단위가 어휘입니다. 처음에는 쉬운 단어부터 외우고 그 쓰임을 알아본 다음 점점 더 학술적인 고급 단어를 연습하는 것이 좋습니다.

2. 발음 연습을 철저히 해야 합니다. 아무리 빠르게 많은 말을 해도 상대방이 알아들을 수 없다면 아무 소용이 없 습니다. 주변에 좋은 발음을 구사하는 사람이나 원어민의 발음을 녹음해 따라 말해보는 훈련이 큰 도움이 됩 니다.

3. 토커티브(talkative - 수다쟁이)가 되는 것이 중요합니다. 평소에 틀린 문장일지라도 많이 말하는 습관을 들여 실제 시험에서 너무 긴장한 나머지 아무 말도 하지 못하고 나오는 일은 없도록 해야 하겠습니다.

Chapter
02

IELTS
Listening

+ 총 40문제, 4개 Section, Section 당 10개 문제

+ 약 30분간 녹음된 문제가 출제되고
   답을 답안지에 옮겨 적는 추가 시간 10분 주어짐

+ 1회만 청취 가능

+ 주관식 답과 객관식 답을 요구하는 문제들 출제

+ 일상생활 대화부터 학교 및 직장생활,
   대학강의까지 각 Section마다 내용 및 난이도 다름

+ 각 Section에 따라 1인 강의 및 2~3인의 대화가 나오고,
   다양한 영어 엑센트의 사투리 반영됨

IELTS Listening의 구성

IELTS Listening은 Academic Module과 General Module의 구분이 없으며, 크게 4개 Section으로 구성되어 있습니다. 각 Section마다 10문제씩, 총 40문제가 30분 동안 출제되는데, 무작정 듣기 연습만 해서는 좋은 점수를 기대하기 어렵고 각 Section에 맞는 효과적인 듣기 훈련을 해야 합니다. Section 1과 2는 일반적으로 사회에서 자주 다루어지는 상황에 관한 문제가 출제가 되며, Section 3과 4는 난이도가 더 높은 학술적인 내용이 출제됩니다.

IELTS Listening의 특징은 영국식 발음이 다른 영어시험보다 훨씬 더 많이 나온다는 것입니다. 따라서 평소에 영국식, 호주식 발음을 자주 들으며 적응해야 합니다. 우리나라 학생들은 미국식 영어발음에 많이 익숙해져 있어서 영국식 발음에 준비가 되어있지 않으면 상당히 당혹스러울 수 있습니다.

마지막으로, 다른 영어시험과는 달리 IELTS Listening에서는 단어를 직접 써 넣는 문제가 많습니다. 그렇기 때문에 평소에 단어의 스펠링을 제대로 쓰는 연습이나 대소문자 구별도 확실하게 해두는 것이 좋습니다.

IELTS Listening의 기본기를 갖추자

필자도 영어를 오랫동안 공부해왔고, 지금은 학생들에게 TOEIC, TOEIC Speaking, IELTS 등 여러 영어시험 과목을 가르치고 있지만 가장 시급한 부분이 Listening입니다. 기본적으로 Listening이 되질 않으면 Speaking도 잘할 수 없습니다. 잘 들을 수 없는데 어떻게 말을 할 수 있겠느냐는 것이죠. IELTS 시험도 기본적으로 Listening이 되질 않으면 Speaking에서 좋은 점수를 기대하기 어렵습니다. 그렇다면 처음으로 IELTS 시험을 준비하는 학생으로서 Listening 실력 향상을 위한 가장 빠르고 정확한 방법은 무엇일까요? 지금부터 그 해결책을 자세하게 설명하겠습니다.

IELTS Listening을 위한 3가지 Tips!

IELTS Listening에서 원하는 점수를 얻기 위해서는 3가지의 기본기를 완벽하게 익혀야 합니다.

① 어휘

모든 영어시험에서 가장 기본이 되는 것은 어휘라고 해도 과언이 아닙니다. Listening뿐만 아니라 모든 IELTS 파트에서 어휘는 가장 중요한 부분입니다. 어휘를 모르면 소리가 잘 들리더라도 무슨 뜻인지 알 수 없습니다. 따라서 수험 영어 어휘 전문서적으로 대비하고, 최소한 이 책에 등장하는 어휘와 표현은 모두 암기해야 합니다.

② 연음현상

분명히 아는 단어인데 왜 안 들릴까요? 한 번쯤 이런 생각을 해본 적이 있을 것입니다. 그 이유는 연음현상을 잘 이해하지 못했기 때문입니다. 더 정확하게 이야기하면 단어 하나만 있을 때는 사전에서 찾아도 발음이 나오니 크게 어렵게 들리진 않겠지만, 이 단어들이 두 개 이상 합해져서 빠르게 읽히면 '연음'이 되어 잘 들리지 않습니다. 우리 말로 예를 들면, '집'이라는 단어만 발음하면 정확하게 들리지만 '집에'라고 하면 [지베]라고 발음이 되는 것과 같습니다. 영어로 예를 들면, house라는 단어는 그 단어만으로는 명확한 발음이지만 house of가 되면 연음현상으로 [하우서브]라고 발음됩니다. 연음을 모른다면 정확히 들을 수 없을 것입니다.

③ 따라 읽기

많이 들어야 Listening 실력이 느는 것은 당연합니다. 하지만 시간이 많지 않은 상황에서 몇 년 동안 IELTS 시험을 준비할 수는 없습니다. 단기간에 듣기 능력을 키우는 좋은 방법은 들리는 것을 따라 읽으면서 속도감을 느끼고, 연음도 함께 듣고 발음하며 온몸으로 체득하는 것입니다. 그래야만 IELTS 준비기간을 단축시킬 수 있습니다.

그렇다면 실제 IELTS Listening의 출제유형을 맛보기 전에 두 번째로 언급한 '연음현상'에 대해 간략히 알아보고 넘어가도록 하겠습니다.

연음현상 (Liaison)

연음현상은 두 가지로 나누어 생각해볼 수 있습니다. 작게는 한 단어 안에서 생겨날 수 있는데 강세가 있는 부분에서는 강하게 발음하지만 없는 부분은 빠르게 지나가면서 연음이 발생합니다. 크게는 단어가 다른 단어와 같이 빠르게 발음되면 자연스럽게 뒤따라오는 단어와 발음이 겹치는 현상이 발생하는데 그것이 바로 연음현상입니다. 연음현상은 강세와 상당히 밀접한 관계가 있습니다. 강세가 없는 부분은 중요치 않기 때문에 빠르고 약하게 지나가다 보니 연음이 일어나는 것입니다.

① 슈와(schwa)현상

슈와현상이란 한 단어 안에서 나오는 발음변화를 말합니다. 한 단어 안에서 모음이 두 개 이상 발음될 때, 앞의 모음에서 강세가 일어나면 뒤에 따라오는 모음은 [어]나 [으]로 발음되는 현상입니다. 영어에서 가장 흔하게 발생하는 발음현상입니다.

> **ex** student는 [스튜던트] 또는 [스튜든트]라고 할 것입니다. 이것도 자세히 보면 모음이 두 번 일어나는데, 앞에서 발음되는 [u]가 강세를 받고 뒤에 따라오는 [e]의 발음이 [에]가 아니라 [어]나 [으]로 발음됩니다. item은 맨 앞에 나오는 [i]에 강세가 있어 뒤에 따라오는 [e]는 [에]가 아니라 [어]나 [으]로 발음됩니다.

② 경음화 현상

경음화는 단어 안에서 s 뒤에 k, t, p가 따라오면 된소리 발음이 나는 현상을 말합니다.

> **ex** stop을 [스땁]으로 발음하는 것입니다.

③ Flap sound

플랩 사운드는 미국식 발음에서 자주 나오는 발음입니다. 소위 굴리는 발음으로 letter가 [레터]가 아니라 [레러]로 발음되는 것입니다. 보통 모음과 모음 사이에 t나 d가 올 때 l이나 r 발음으로 굴리는 것입니다. 영국식 영어에서는 보기 드문 경우이지만 IELTS Listening에는 미국식 발음도 나오기 때문에 함께 공부해두는 것이 좋습니다.

④ Glottal stop

글로털 스톱은 영국식 발음에서 가장 많이 일어나고, 미국식에서도 자주 찾아볼 수 있는 현상입니다. 소위 먹는 발음이라고 합니다. t 뒤에 en이 따라오면서 생기는 발음 현상입니다.

> **ex** gotten을 [곳은]으로, written을 [륏은]으로 발음하는 것입니다.

⑤ 약모음이나 자음의 이동

실제적으로 연음현상이 가장 많이 일어나는 부분입니다. 단어가 약모음이나 자음으로 끝나고 뒤에 따라 오는 단어가 모음일 때 가장 흔하게 일어나는 연음현상입니다.

> **ex** take up을 [테이크업]으로 전부 발음하는 것이 아니라 [테이컵]으로 발음합니다. because of를 [비커즈어브]가 아니라 [비커저브]라고 발음하는 경우입니다. 이렇게 앞의 단어와 뒤에 따라오는 단어를 빠르게 접목시키면서 연음현상이 더욱 강해집니다.

IELTS Listening 실전 유형 맛보기

IELTS Listening은 듣기 능력뿐만 아니라 쓰기 능력도 요구하므로, 각 Section에서 요구하는 스킬을 충분히 파악하고 대비해야 합니다. 또한, 모든 발음이 영국식으로만 출제되지 않고 미국식, 호주식 발음도 출제되니 다양한 듣기 자료로 훈련을 해두어야 합니다.

지금부터 IELTS Listening의 문제 유형을 살펴보고 각 Section을 분석한 후 전략을 학습하도록 하겠습니다. 먼저 Section 1부터 시작하겠습니다.

SECTION 1

Questions 1-4

Complete the notes below.
Write NO MORE THAN THREE WORDS AND/OR A NUMBER for each answer.

NOTES ON ISLAND EXCURSIONS

Example	**Answer**
Number of excursions per day	*5*

Visit islands that have:

- Large white sand beaches
- Good **1** ________________________
- **2** ________________________

Cost per person: Between $10 and $20

Note: Special rate available for groups of **3** ________________________

Days: 7 days a week (depending on weather)

Seat reservation: Sign the **4** ________________ at least 24 hours in advance.

SECTION 1
Questions 1-4

You will hear a young traveler asking a local tour company representative for information about organized island excursions. First, you have some time to look at questions 1 to 4. You'll see that there is an example that has been done for you. On this occasion only, the conversation relating to this will be played first.

M: Good afternoon.

W: Good afternoon. Can I help you with something?

M: I believe that your tour company organizes excursions to various...

W: Yes, that's right. We operate five every day. Three of them set off in the morning, and the rest leaves after lunch time.

There are five excursions every day, so five has been written in the notes.
Now we shall begin. You should answer the questions as you listen, because you will not here the recording a second time. Listen carefully and answer questions 1 to 4.

M: Good afternoon.

W: Good afternoon. Can I help you with something?

M: I believe that your tour company organizes excursions to various...

W: Yes, that's right. We operate five every day. Three of them set off in the morning, and the rest leaves after lunch time.

M: What kind of islands do you go to?

W: Well, each one is quite unique, but they all have large beaches and beautiful white sand. Also, they are all surrounded by clear shallow water, which makes them ideal places for swimming. The islands we visit all have small restaurants, because the people on our tours always appreciate being able to get a cool drink and a bite to eat.

M: And, does it take a long time to reach the islands?

W: Actually, we are quite lucky. Because the islands are all quite near the dock on the beachfront, they only take between 30 minutes and an hour to get to them by boat.

M: I see. And, how much does each trip cost?

W: Well, it varies depending on the distance. But our excursions run between 10 and 20 dollars per person. However, if you're in a group of 6 people or more, we can arrange a special trip with a reduced price per person.

M: Oh, really? That's good to know. And, what days do the excursions normally run?

W: Well, because the trips are by boat, we sometimes have to cancel them in the event of bad weather. However, we normally operate 7 days a week. If we are forced to cancel any excursions, we will contact you at least 2 hours before you're scheduled to leave.

M: Okay, so how would I reserve a place for one of your island excursions?

W: It's easy. You just need to sign your name on this registration list at least 24 hours in advance of the excursion you want to go on. That's so we can try to get groups of six people on the boats and charge you a group rate.

M: Oh, that sounds very reasonable. Thanks a lot.

해석

Questions 1-4

당신은 현지 여행담당자에게 섬 여행에 대한 정보를 요청하는 젊은 여행객에 관해 듣게 될 것입니다. 먼저, 문제 1~4번을 살펴볼 수 있는 시간이 있습니다. 당신을 위해 완성된 예제를 볼 수 있을 것입니다. 이 경우에만, 이와 관련된 대화가 먼저 재생될 것입니다.

M: 안녕하세요.

W: 안녕하세요. 무엇을 도와드릴까요?

M: 당신의 여행사가 다양한 여행상품이 있는 것 같아서…

W: 네, 맞습니다. 저희는 매일 5곳을 운영합니다. 이 중 3곳은 아침에 운영하고, 2곳은 점심 이후에 출발합니다.

매일 5곳의 여행지가 있으며, 5곳은 시험지에 기록되어 있습니다.
이제 시작합니다. 음성을 두 번 들을 수 없기 때문에 잘 듣고 답변해야 합니다. 이제, 신중히 듣고 1~4번 질문에 답하세요.

M: 안녕하세요.

W: 안녕하세요. 무엇을 도와드릴까요?

M: 당신의 여행사가 다양한 여행상품이 있는 것 같아서…

W: 네, 맞습니다. 저희는 매일 5곳을 운영합니다. 이 중 3곳은 아침에 운영하고, 2곳은 점심 이후에 출발합니다.

M: 어떤 섬으로 가나요?

W: 음, 각각 꽤 독특하지만 모두 넓은 해변과 아름다운 백사장이 있습니다. 또한, 수영하기 적합한 맑고 수심

이 얕은 곳에 둘러싸여 있습니다. 여행하는 사람들은 시원한 음료수와 간단히 먹는 것을 좋아하기 때문에, 우리가 방문할 그 섬들에는 작은 음식점이 있습니다.

M: 그리고, 그 섬들에 도착하는 데 시간이 오래 걸리나요?

W: 사실, 우리는 운이 좋습니다. 왜냐하면 섬들이 해변가 부두에서 상당히 가까이에 있기 때문입니다. 배로 30분~1시간 정도 걸립니다.

M: 알겠습니다. 그리고 여행 비용은 각각 얼마입니까?

W: 음, 거리에 따라 다르지만 저희 여행 비용은 1인당 10~20달러입니다. 그러나 인원수가 6명 또는 그 이상이라면 1인당 할인된 가격으로 특별한 여행을 준비할 수 있습니다.

M: 오, 정말이요? 알려주셔서 감사합니다. 그리고 보통 무슨 요일에 여행이 운영됩니까?

W: 음, 여행을 배로 하기 때문에, 때때로 날씨가 좋지 않으면 배를 취소해야 합니다. 그렇지만, 보통 1주일에 7일을 운영합니다. 만약 여행이 취소된다면, 떠나기 전 최소 2시간 전에는 연락 드릴 것입니다.

M: 좋습니다, 섬 여행은 어떻게 예약해야 하나요?

W: 간단합니다. 당신이 원하는 여행지 명단에 최소 24시간 전에 이름만 적어두시면 됩니다. 우리가 함께 배를 타고 갈 6명씩 그룹을 만들 것이며, 당신에게 할인요금으로 청구할 것입니다.

M: 오, 정말 좋군요. 감사합니다.

문제 해석

아래의 빈칸을 완성하세요.
각각의 답변은 최대 3단어 또는 숫자로 작성하세요.

섬 여행 안내

예제	답변
하루에 여행하는 장소의 수	5

섬에 있는 것

- 넓고 하얀 백사장
- **1** _______________________ 하기 좋은 장소
- **2** _______________________

1인당 비용 : $10 ~ $20
알림 : 이용 가능한 특별 할인 그룹은 **3** _______________________
날짜 : 일주일 모두 운영 (날씨에 따라)
좌석 예약 : 최소 24시간 전 **4** _______________________ 을 서명하세요.

모든 영어시험의 Section 1은 가장 일반적인 듣기능력을 평가합니다. 따라서 관광, 헬스클럽, 학교, 관공서 등 실제 일상생활에서 접할 수 있는 주제의 문제가 출제됩니다.

1~4번 문제는 상세한 정보를 묻는 듣기 문제입니다. 대화에 나오는 섬 여행의 특징을 써야 합니다.

+1 정답

swimming/places to swim 수영/수영하기 위한 장소

Key sentence

W: Well, each one is quite unique, but they all have large beaches and beautiful white sand. Also, they are all surrounded by clear shallow water, which makes them ideal places for swimming.

음, 각각 꽤 독특하지만 그곳에는 넓은 해변과 아름다운 백사장이 있습니다. 또한, 수영하기에 적합한 맑고 수심이 얕은 곳에 둘러싸여 있습니다.

해설

large white sand beaches라고 했으므로 이 앞이나 뒤에 나오는 내용이 빈칸에 들어갈 말이라는 것을 알 수 있습니다. 좀 더 들어보면, 곧바로 Also 이후 여자가 마지막 부분에 ideal places for swimming이라고 했으므로 정답은 swimming이나 places for swimming이 됩니다.

- -

+2 정답

small restaurants 작은 음식점

Key sentence

The islands we visit all have small restaurants, because the people on our tours always appreciate for being able to get a cool drink and a bite to eat.

여행하는 사람들은 시원한 음료수와 먹거리를 즐기기 때문에, 우리가 가는 그 섬들에는 작은 음식점들이 있습니다.

해설

그 밖에 섬에 있는 것을 또 적어야 하는데, 곧바로 visit 다음 have small restaurants라고 했으므로 이것이 정답입니다.

more than 6/at least 6 6명 이상/최소 6명

Key sentence

if you're in a group of 6 people or more, we can arrange a special trip with a reduced price per person.

당신의 그룹이 6명 또는 그 이상이라면, 1인당 할인된 가격으로 특별한 여행을 준비할 수 있습니다.

해설

앞의 내용에서 special rate와 group을 언급했으므로 이 단어를 잘 들어야 합니다. group 다음에 곧바로 6 people or more라고 했기 때문에 more than 6 또는 at least 6가 정답입니다.

your name 당신의 이름

Key sentence

You just need to sign your name on this registration list at least 24 hours in advance of the excursion you want to go on.

당신이 가고 싶은 여행지 명단에 최소 24시간 전에 당신의 이름을 적으면 됩니다.

해설

sign을 먼저 확인하고 들어야 합니다. 그 뒤에 your name on the registration list라고 말했으므로 your name이 정답입니다.

Complete the table below.

Write NO MORE THAN THREE WORDS AND/OR A NUMBER for each answer.

ISLAND EXCURSIONS

Island Name	Boat Departure Time	Spaces Available	Extra Activity
Starfish	**5** _____________	12	Renting kayaks
Monkey	8 A.M.	**6** _____________	Paragliding
7 _____________	10 A.M.	18	Visiting caves
Pandan	1 P.M.	42	Hiking
Secret	2 P.M.	24	**8** _____________

If you require further details:

Read the **9** _____________ or contact the Excursion Coordinator:

Brian **10** _____________

Questions 5-10

Before you hear the rest of the conversation, you have some time to look at questions 5 to 10.

Now, listen, and answer questions 5 to 10.

M: So, which island excursions can I choose from?

W: Well, I'm afraid I don't have any pamphlets left, but I can describe them for you now if you'd like? I can also tell you about the optional activities that you can participate in on each of the islands.

M: Okay. If you can give me a quick description right now I might be able to make a decision.

W: Sure. Well, the first one goes to Starfish Island. That leaves at 7 o'clock in the morning. There are only 12 places available, because we just use 2 boats for that trip. That's a large island with the optional extra of renting kayaks.

M: Hmmm, that sounds pretty good.

W: Then there's the excursion to Monkey Island at 8 o'clock. We operate 6 boats for that trip, so there are 36 places available. And, hold on a minute.... Ah, yes. The optional extra is the chance to try paragliding. You get a magnificent view of the island from up there.

M: Oh, I'm a little scared of heights, to be honest.

W: Okay, well the next one is Snake Island at 10 A.M.

M: Excuse me, but what is it called?

W: Snake Island. S-N-A-K-E.

M: Oh, that's a strange name.

W: That one uses three boats, so we can accommodate 18 people in total. Oh, and the optional extra is a visit to the Hidden Caves in the middle of the island.

M: Oh, that sounds good.

W: We set off for Pandan Island at 1 o'clock in the afternoon. This is always a popular one because the optional extra is a hike up Pandan Volcano, so we use 7 boats and can take 42 people.

M: Oh, good.

W: And finally, we have our excursion to Secret Island, which leaves the dock at 2 P.M.

M: Oh, is that the island where a famous movie was filmed?

W: That's right. And we can seat 24 people on that excursion.

M: Oh, and does it also include an optional activity?

W: Yes, and it's very popular. You can learn how to scuba dive during that excursion.

M: Right. Well, thanks for all that.

W: No problem. Oh, by the way, if you want more details, just read the pamphlets that will be available in your hotel, or call the excursion coordinator, Brian Farley. That's F-A-R-L-E-Y.

M: Right, I think I've got all that. I really appreciate all your assistance.

W: You're very welcome. And, I hope you have a wonderful time exploring the islands.

해석

Questions 5-10

나머지 대화를 듣기 전에 5~10번 문제를 살펴볼 시간이 있습니다.
이제 문제를 듣고 5~10번 문제에 답하세요.

M: 그러면, 어떤 섬 여행을 선택할 수 있나요?

W: 음, 유감스럽게도 남아 있는 팸플릿이 없지만, 괜찮으시다면 제가 설명해 드려도 될까요? 각각의 섬에서 참여할 수 있는 선택활동에 관해서도 설명해 드릴 수 있습니다.

M: 알겠습니다. 제게 간략하게 설명해주신다면 지금 결정할 수 있을 것 같습니다.

W: 알겠습니다. 음, 첫 번째 상품은 Starfish섬에 갑니다. 아침 7시에 출발합니다. 저희는 그 여행을 할 때 2대의 보트만 사용하기 때문에 오직 12개의 자리가 있습니다. 그곳은 카약을 대여하여 선택활동을 하는 큰 섬입니다.

M: 음, 그거 좋겠네요.

W: 다음은 8시에 출발하는 Monkey 섬이 있습니다. 저희는 6대의 보트를 사용하기 때문에 36개의 자리가 있습니다. 그리고 잠시만요.... 아, 선택활동으로 패러글라이딩을 할 수 있습니다. 그곳에서 섬의 멋진 전망을 볼 것입니다.

M: 솔직히 말해서, 높은 곳을 조금 무서워합니다.

W: 알겠습니다. 음, 다음은 10시에 Snake 섬입니다.

M: 죄송합니다만, 이름이 뭐라고요?

W: Snake 섬입니다. S-N-A-K-E.

M: 아, 특이한 이름이네요.

W: 3대의 보트를 사용할 것이며, 전체 18명을 수용할 수 있습니다. 아, 그리고 선택활동은 섬의 중간에 있는 숨겨진 동굴을 견학하는 것입니다.

M: 아, 그거 좋네요.

W: 우리는 Pandan 섬으로 오후 1시에 출발합니다. 선택활동은 Pandan 화산을 등반하는 것이라 항상 인기

있는 곳입니다. 그래서 우리는 42명의 사람들과 7대의 보트를 사용할 것입니다.

M: 오, 좋네요.

W: 그리고 마지막으로, 오후 2시에 부두를 떠나는 Secret 섬 여행이 있습니다.

M: 그 섬은 유명한 영화를 촬영했던 곳인가요?

W: 네, 맞습니다. 그리고 24명을 데려갈 수 있습니다.

M: 오, 선택활동도 포함되어 있나요?

W: 네, 매우 인기 있습니다. 여행을 하는 동안 스쿠버 다이빙을 배울 수 있습니다.

M: 네, 감사합니다.

W: 별말씀을요. 더 상세한 내용이 필요하다면, 일단 호텔에 있는 팸플릿을 읽어보거나 여행 진행자 Brian Farley 씨에게 전화해보세요. F-A-R-L-E-Y입니다.

M: 좋습니다, 전부 이해한 것 같습니다. 도움을 주셔서 정말 감사합니다.

W: 천만에요. 섬을 탐험하는 아주 멋진 시간이 되길 바랍니다.

문제 해석

아래의 표를 완성하세요. 각각의 답변은 최대 3단어 또는 숫자로 작성하세요.

<table>
<tr><th colspan="4">섬 여행</th></tr>
<tr><th>섬 이름</th><th>배 출발시간</th><th>이용 가능한 좌석</th><th>추가활동</th></tr>
<tr><td>Starfish</td><td>5 _______________</td><td>12</td><td>카약</td></tr>
<tr><td>Monkey</td><td>8 A.M.</td><td>6 _______________</td><td>패러글라이딩</td></tr>
<tr><td>7 _______________</td><td>10 A.M.</td><td>18</td><td>동굴 견학</td></tr>
<tr><td>Pandan</td><td>1 P.M.</td><td>42</td><td>하이킹</td></tr>
<tr><td>Secret</td><td>2 P.M.</td><td>24</td><td>8 _______________</td></tr>
<tr><td colspan="4">좀 더 자세한 내용이 필요하다면:
9 _______________________ 을 읽거나 여행관리자
Brian 10 _______________________ 씨에게 연락하세요.</td></tr>
</table>

5~10번 문제는 Section 1에 자주 출제되는 유형으로 도표 등을 제시하고 빈칸에 알맞은 수치나 가격, 시간, 정도를 넣는 문제입니다.

+5 정답

7 A.M. 오전 7시

Key sentence

the first one goes to Starfish Island. That leaves at 7 o'clock in the morning.

첫 번째는 Starfish 섬으로 갑니다. 아침 7시에 출발합니다.

해설

표에서 가로축과 세로축이 무엇을 나타내는지 먼저 확인해야 합니다. 우선, 5번 문제의 앞부분에 Starfish 를 언급했습니다. 그 단어가 나온 뒤에 7 o'clock in the morning이 나왔으므로 정답은 '오전 7시'입니다. 문제에 no more than three words라고 명시되어 있으므로 3단어 이상 쓰면 감점 처리되거나 오답으로 간주됩니다. 따라서 약간 변형하여 7 A.M.으로 적으면 됩니다.

+6 정답

36

Key sentence

Then there's the excursion to Monkey Island at 8 o'clock. We operate 6 boats for that trip, so there are 36 places available.

다음은 8시에 Monkey 섬에 갑니다. 우리는 그 여행을 하기 위해 6대의 보트를 사용해서 36 자리가 있습니다.

해설

6번의 섬 이름은 Monkey이고, 음원에서 places와 관련하여 there are 36 places라고 언급했으므로 36 또 는 36 places가 정답입니다.

+7 정답

Snake 뱀

Key sentence

well the next one is Snake Island at 10 A.M.

다음은 오전 10시 Snake 섬입니다.

해설

7번 문제는 섬 이름, 즉 장소를 묻는 문제입니다. 도표상 바로 옆에 제시된 시간을 힌트로 음원을 들으면 됩니다. Boat depart time이 10 A.M.이라고 되어있으니 그 시간만 들으면 되는데, 조심해야 할 것은 가끔 시간을 나타내는 단어들은 문장의 맨 앞이나 맨 뒤에 위치하므로, 자칫 10 A.M.만 듣다가 그 이전에 정답이 지나쳐 가는 경우가 있다는 것입니다. 이 문제도 먼저 섬 이름인 Snake를 언급하고 그 뒤에 at 10 A.M.이 나옵니다. 정답은 Snake입니다.

+8 정답

Scuba diving 스쿠버 다이빙

Key sentence

W: And finally, we have our excursion to Secret Island, which leaves the dock at 2 P.M.

M: Oh, is that the island where a famous movie was filmed?

W: Yes, that's right. And we can seat 24 people on that excursion.

M: Oh, and does it also include an optional activity?

W: Yes, and it's very popular. You can learn how to scuba dive during that excursion.

W: 그리고 마지막으로, 오후 2시에 부두를 떠나는 Secret 섬 여행이 있습니다.

M: 그 섬은 유명한 영화를 촬영했던 곳인가요?

W: 네, 맞습니다. 그리고 우리는 24명을 데려갈 수 있습니다.

M: 오, 선택활동도 포함되어 있나요?

W: 네, 매우 인기 있습니다. 여행을 하는 동안 스쿠버 다이빙을 배울 수 있습니다.

해설

8번 문제는 Secret 섬에 관한 문제입니다. Activity 관련 단어가 정답이라는 것도 힌트가 될 수 있습니다. 듣기에서 you can learn how to scuba dive 부분이 정답을 말해주므로 Scuba dive가 정답인데, 도표에는 동명사 형태로 표현했기 때문에 정답은 Scuba diving이 됩니다.

+9 정답

hotel pamphlets 호텔 팸플릿

Key sentence

if you want more details, just read the pamphlets that will be available in your hotel, or call the excursion coordinator, Brian Farley. That's F-A-R-L-E-Y.

더 상세한 내용이 필요하다면, 호텔에 있는 팸플릿을 읽어보거나 여행 진행자 Brian Farley 씨에게 전화해보세요. F-A-R-L-E-Y입니다.

해설

9번 문제는 도표의 맨 마지막에 언급되는 부분입니다. 앞에 If you require further information이 나오고 read라는 동사로 시작하므로, 뒤에는 '읽을거리'가 정답이 될 것입니다. 듣기에서 if you want more details, 그 다음 read the pamphlets라고 말했으므로 정답은 pamphlets, 또는 더 상세하게 hotel pamphlets이 됩니다.

+10 정답

Farley

Key sentence

if you want more details, just read the pamphlets that will be available in your hotel, or call the excursion coordinator, Brian Farley. That's F-A-R-L-E-Y.

더 상세한 내용이 필요하다면, 호텔에 있는 팸플릿을 읽어보거나 여행 진행자 Brian Farley 씨에게 전화해보세요. F-A-R-L-E-Y입니다.

해설

10번 문제는 contact the Excursion Coordinator: Brian 뒤에 들어갈 단어를 묻고 있습니다. 사람 이름이므로 뒤에는 성이 따라올 확률이 높습니다. 이런 식으로 사람 이름을 스펠링으로 불러주는 문제가 간혹 출제되는데, 크게 어렵지는 않지만 가끔 'F' for February, 'A' for apple 등으로 말하며 혼동을 주기도 합니다. 정답은 Farley입니다.

Section 1에서 1~2개 이상 틀리면 고득점을 받을 수 없습니다. 평소에 Listening 연습을 하면서 수치, 시간, 그 수치들과 어울리는 명사들을 잘 골라서 듣는 연습이 필요합니다.

Questions 11–13

Complete the sentences below.

Write NO MORE THAN THREE WORDS AND/OR A NUMBER for each answer.

Ness Valley Rock Festival

11 Ness Valley is an ideal area in which to hold a large music festival because it has good road access, many nearby towns, and natural sights such as ___________________ and ___________________.

12 The music festival was first held in Ness Valley by___________________ who moved to the area.

13 On average, there were over ___________________ visitors to each annual festival during the 1990s.

SECTION 2
Questions 11-13

You will hear a festival organiser giving a talk about a music festival called Ness Valley Rock Festival. First, you have some time to look at questions 11 to 13. Now listen carefully and answer questions 11 to 13.

Good morning, everyone. Welcome to the Ness Valley Rock Festival. Because you are all visiting from overseas, I'd like to give you a quick introduction to the festival before you enter the site. It might be interesting to you, as the festival and the area have some historical significance. I know you are all eager to get inside and have fun, so I'll keep it brief.

As you saw on your way here today, this area is on the side of a large highway which runs right across the entire state. It also has roads which run north and south from here. This means that this beautiful valley is easy to access by road, no matter which direction you travel from. And it was because of this easy access that this site was a perfect place to hold a large outdoor event. This road access, and the close proximity of several busy towns like Greenville and Southampton, and also the abundance of so many scenic landmarks like mountains and historical ruins, made this area perfectly suited for holding a music festival even back in the 1960s.

There was a lot of interest in music festivals in the 1960s, and the first festival here was held in 1967. At that time, Scottish musicians who had recently moved to the area from their home country held a very small festival on a small wooden stage erected just over there in front of the lake.

The festival grew steadily in size and popularity over the years. By the 1990s, each festival attracted around 20,000 music lovers, and this number continued to grow throughout the 2000s. However, in recent years, the festival has seen a drop in attendance, because other competing music events are able to draw much larger crowds thanks to corporate sponsorship and advertising. Anyway, that's the history of this music festival. If you'd like to find out anything else about the festival, you can talk to me or one of the other festival organizers, or pick up an event program at the main entrance.

Questions 11–13

Ness Valley Rock Festival이라는 음악축제에 관해 공연관리자에게 듣게 될 것입니다. 먼저 문제 11~13번을 살펴볼 시간이 있습니다. 이제 신중히 듣고 11~13번 질문에 답하세요.

모두 좋은 아침입니다. Ness Valley Fock Festival에 오신 것을 환영합니다. 해외에서 오신 방문객들을 위해서 입장하시기 전에 축제에 관해 빠르게 소개해드리겠습니다. 이번 축제와 이 지역은 역사적인 의미가 있기 때문에 재미있을 것입니다. 여러분이 들어가서 즐거운 시간을 보내고 싶어한다는 것을 알고 있기에 간략하게 하겠습니다.

오늘 여기 오는 길에 보았듯이, 이 지역은 주 전체를 가로지르는 큰 고속도로 옆에 위치하고 있습니다. 여기에서 남쪽과 북쪽으로 이어진 도로도 있습니다. 이는 아름다운 계곡을 어느 쪽에서 오든지 도로를 이용해 접근하기가 쉽다는 것을 의미합니다. 그리고 자유로운 출입이 가능하기 때문에 이 장소는 큰 야외행사를 열기에 완벽한 장소입니다. 이 도로는 Greenville과 Southampton처럼 몇몇 번화한 도시들이 인접해 있고, 산과 역사적 유적지 등의 아름다운 랜드마크가 이곳을 1960년대부터 음악축제를 여는 최적의 장소로 만들었습니다.

1960년대에는 음악축제에 대한 관심이 많았으며, 1967년도에 첫 음악축제가 여기에서 열렸습니다. 그 당시, 이 지역으로 이주한지 얼마 안 된 스코틀랜드 음악가들이 호수 앞쪽에 만들어진 작은 나무 무대에서 소규모 음악회를 열었습니다.

음악축제의 규모는 점점 커졌고, 시간이 지날수록 인기도 많아졌습니다. 1990년대까지 각 음악축제는 약 2만 명의 음악 애호가들을 모이게 했고, 그 스는 2000년대 내내 증가했습니다. 그러나 최근 몇 년 동안 다른 경쟁 음악축제들은 기업 후원 및 광고 덕분에 훨씬 더 많은 사람을 모을 수 있었기 때문에, 이 음악회에 참여하는 사람들의 수가 줄었습니다. 어쨌건, 그것이 이 음악축제의 역사입니다. 음악회에 관한 그밖에 다른 것을 알고 싶다면 저, 또는 다른 음악회 조직원 중 누군가에게 물어보거나 중앙 출입구에서 행사프로그램을 참고하세요.

아래 문장을 완성하세요. 각각의 답변을 최대 3단어 또는 숫자로 작성하세요.

> ### Ness Valley 록 음악축제
>
> 11 Ness Valley는 큰 음악축제가 열리기에 이상적인 장소이다. 그 이유는 접근하기가 쉽고, 근처에 많은 동네가 있으며, _______________ 와 _______________ 같은 자연 명소가 있기 때문이다.
>
> 12 이 음악축제는 이 지역으로 이주한 지 얼마 안 된 _______________ 에 의해 Ness Valley에서 처음으로 개최되었다.
>
> 13 1990년대는 매년, 매회 음악회에 평균 _______________ 방문객들이 있었다.

Section 2는 어느 한 사람이 특정한 화제에 대해 이야기하고, 그에 알맞은 답을 빈칸에 채워 넣는 문제로 Section 1보다 약간 복잡한 유형입니다. 주어진 문장이나 단어를 먼저 볼 수 있는 시간이 주어지므로, 이때 빠르게 읽어보고 해당 단어들과 페러프레이징 된 단어들을 중심으로 들은 후 스펠링에 주의하여 대소문자에 맞게 정답을 써넣으면 됩니다.

11~13번 문제는 축제에 관한 문장의 빈칸에 단어를 채워 넣는 문제입니다. 보통 출제되는 문장은 이보다 길 수도 있고, 어려운 단어들이 나오는 경우도 있습니다. 문장 전체를 해석할 필요 없이 빈칸의 앞뒤 문맥을 확인 하여 그 단어들의 동의어를 생각한 후 듣는다면 좀 더 정답률을 높일 수 있습니다.

+ 11 정답

mountains and historical ruins 산과 역사적인 유적들

Key sentence

also the abundance of so many scenic landmarks like mountains and historical ruins, made this area perfectly suited for holding a music festival even back in the 1960s.
또한 산과 역사적인 유적지 등의 명소가 1960년대에 음악축제가 열리기에 완벽한 장소로 만들었습니다.

해설

빈칸 바로 앞에 natural sights과 such as가 있습니다. such as는 보통 앞에 복수명사를 취하고, 뒤에 따라 오는 명사들이 앞의 명사의 예가 되거나 그 일부인 경우가 많습니다. 바꾸어 쓸 수 있는 표현은 like입니 다. 듣기에서 scenic landmarks 이후에 like mountains and historical ruins라고 했으므로 mountains and historical ruins가 정답입니다.

+ 12 정답

Scottish musicians 스코틀랜드 음악가들

Key sentence

At that time, Scottish musicians who had recently moved to the area from their home country held a very small festival on a small wooden stage erected just over there in front of the lake.
그 당시에, 이 지역으로 이주한 지 얼마 안 된 스코틀랜드 음악가들은 호수 앞에 있는 나무로 만들어진 작은 무대에서 소규 모 음악회를 열었습니다.

해설

밑줄 뒤에 관계대명사 who가 따라오므로 그 뒤를 잘 봐야 합니다. 명사 뒤에 to부정사나 관계대명사가 따라오면 앞에 나온 명사를 수식하기 때문에 큰 힌트를 줄 수 있습니다. 밑줄 뒤에 따라온 who moved to the area를 키워드로 잡고, 듣기에서 Scottish musicians who had moved to the area라고 나오기 때문에 Scottish musicians가 정답입니다.

+ 13 정답

20,000 20,000명

Key sentence

By the 1990s, each festival attracted around 20,000 music lovers, and this number continued to grow throughout the 2000s.
1990년대까지, 각각의 음악축제는 약 2만 명의 음악 애호가들을 끌어 모았으며, 그 수는 2000년대 내내 증가했습니다.

해설

빈칸 앞에 over가 있기 때문에 수량을 나타내는 형용사가 정답일 가능성이 큽니다. 정확하게 어디에 해당하는 수량을 들어야 하는지 주어진 문장에서 키워드를 찾아야 합니다. 문장의 맨 뒤에서 during the 1990s라고 했으므로 1990년대의 숫자를 들어야 합니다. 듣기에서 By the 1990s라고 언급하고 곧바로 around 20,000 music lovers라고 했습니다. 주어진 문장의 over가 around와 매칭이 되고, visitors가 music lovers와 매칭이 되므로 정답은 20,000입니다.

Questions 14-20

L-04

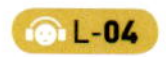

Label the plan below.

Write NO MORE THAN TWO WORDS for each answer.

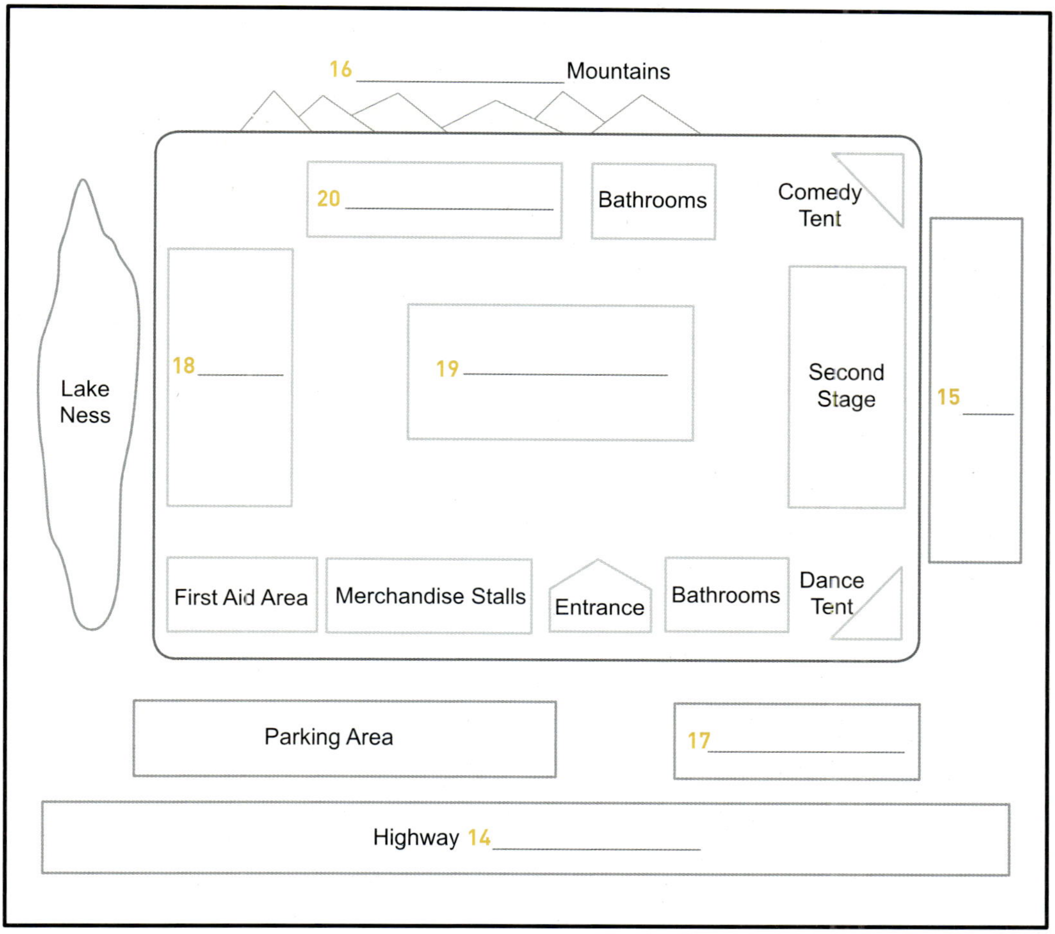

Questions 14-20

Before you hear the rest of the talk, you have some time to look at questions 14 to 20. Now listen and answer questions 14 to 20.

Now, before you head inside, I'm going to give you a map of the festival site. So, right now, we are standing just outside the entrance. I've already pointed out Lake Ness, which is on the far left, just outside the main festival site, and behind us you can see Highway 67. Immediately to the left you can see the Parking Area, and you need to come back here to board the bus after the festival. On your right you can see a row of tents. This area is the festival information area. Here, you can pick up festival programs and ask an organizer for assistance. I'm sure you can see from here that, on the far side of the festival site, there is a beautiful mountain range. These mountains are called the Snow Peak Mountains, and I'm sure you'll agree that they provide a fantastic setting for the festival. On the far right hand side, you can see that the Second Stage is situated just in front of the Ness Castle Ruins. If you have some spare time, you can actually visit the castle and take a guided tour.

Now, once you go inside the festival site, you'll see that there are points of interest all around the site. On your right, you'll find some bathrooms, and there are more bathrooms directly opposite on the other side of the site. On the left once you've gone through the entrance, you'll see the merchandise stalls, where you can buy t-shirts and other items related to your favourite bands. On either side of the Second Stage, you can find the Comedy Tent and the Dance Tent, which are both very popular with people who fancy a break from the rock bands. An important area to note is the First Aid Area, which is between the Merchandise stalls and the Main Stage. The main stage has the most beautiful location, as it's right in front of the lake. Another important point is this area right in the center of the festival site. This is the Meeting Area, so if you get lost or separated from your friends, you can come here and meet up again. Well, I think that covers everything.... Oh! I almost forgot one of the most important things. If you need any food or drinks throughout the day, you can visit the Refreshments area, which is directly opposite the Merchandise Stalls, on the opposite side of the festival site.

Well, I think you are all set to enjoy the music we have to offer. Remember, if you need further assistance, please come and find me near the entrance and I'll be happy to help. I hope you all have a great time!

Questions 14-20

나머지 이야기를 듣기 전에 14~20번 문제를 살펴볼 시간이 있습니다.
이제 듣고 14~20번 문제에 답하세요.

지금, 내부로 들어가기 전에 여러분께 공연장 지도를 드리겠습니다. 우리는 지금 출입구 바로 밖에 서 있습니다. 행사장 바깥의 제일 왼쪽에 있는 Ness 호수는 제가 이미 언급했으며, 우리의 뒷편에는 67번 고속도로가 있습니다. 바로 왼쪽에 주차장이 있으며, 축제가 끝난 후에 이곳으로 버스를 타러 오셔야 합니다. 오른쪽에는 여러 텐트들이 줄지어 있는 것을 볼 수 있습니다. 이곳은 축제행사안내장입니다. 여기에서 음악회 프로그램을 얻을 수 있으며, 도움이 필요하다면 주최자에게 물어볼 수 있습니다. 여기에서 공연장 멀리에 있는 아름다운 산맥을 보실 수 있습니다. 이 산맥의 이름은 Snow Peak 산맥이며, 축제를 위한 환상적인 장소라 생각하실 겁니다. 맨 오른편에는, 두 번째 무대가 Ness 성터의 바로 앞에 위치해 있습니다. 시간 여유가 있다면 실제로 성을 방문할 수 있고, 가이드를 동행한 여행을 할 수 있습니다.

이제, 공연장의 내부로 들어가면 모든 곳에서 흥미로운 것들을 발견할 것입니다. 오른편에서 화장실을 찾을 수 있으며, 바로 맞은편에도 여러 개의 화장실이 있습니다. 출구를 지나서 온다면, 왼편에 당신이 좋아하는 밴드와 관련된 티셔츠와 다른 물건을 살 수 있는 상품 가판대를 볼 수 있습니다. 두 번째 무대의 양쪽 측면에는 쉬고 싶어하는 사람들에게 매우 인기 있는 Comedy Tent와 Dance Tent가 있습니다. 알아두어야 할 중요한 장소는 상품 가판대와 메인 무대 사이에 있는 응급 처치 구역입니다. 메인 무대는 호수의 바로 앞에 있기 때문에 가장 아름다운 장소입니다. 또 다른 중요한 장소는 바로 공연장의 중심부에 위치한 이 지역입니다. 이곳은 만남의 장소입니다. 그래서 친구들을 잃어버리거나 헤어졌을 경우, 다시 만나기 위해 이쪽으로 오면 됩니다. 음, 모든 걸 말씀드린 것 같네요… 아! 가장 중요한 한 가지를 잊어버릴 뻔했습니다. 음식이나 마실 것이 필요하다면, 상품 가판대의 바로 맞은편이자 공연장의 반대편에 있는 다과 구역을 방문하면 됩니다.

음, 저희가 제공한 음악을 모두가 즐기실 수 있도록 만반의 준비를 했다고 생각합니다. 도움이 더 필요하시다면 출입구 근처에 오셔서 저를 찾으시면 도움을 드리겠습니다. 즐거운 시간이 되길 바랍니다!

아래 도면 빈칸을 채우세요.

각 답변에 2단어 이상 쓸 수 없습니다.

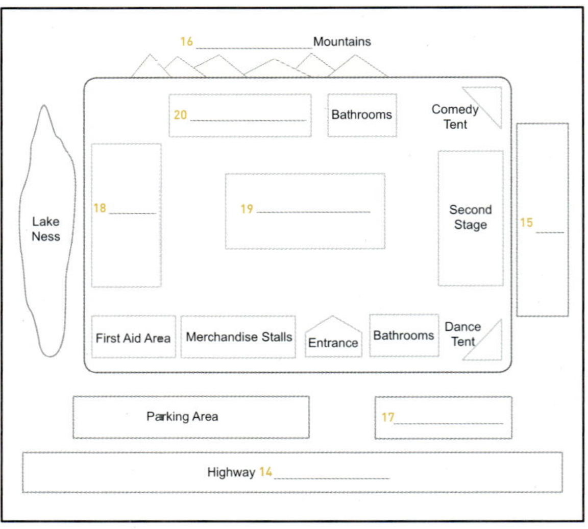

★ 정답 및 해설

14~20번 문제는 여러 가지 지도, 도표, 그림 등이 다양하게 출제됩니다. 요즘은 이런 식의 지도가 자주는 아니지만 간혹 출제됩니다. 이러한 유형은 Listening 시작 전 시간을 활용하여 지도에 있는 지명의 위치와 이름을 잘 파악해두는 것이 좋습니다.

+ 14 정답

67

Key sentence

I've already pointed out Lake Ness, which is on the far left, just outside the main festival site, and behind us you can see Highway 67.

중앙 무대의 외곽, 가장 왼쪽에 위치한 Ness 흐수는 이미 알려드렸습니다. 우리 바로 뒤에는 67번 고속도로가 있습니다.

해설

지도를 보고 지역을 찾을 때는 그 지역의 주변을 확인하고 그 주변에 주어진 단어들을 잘 활용해야 합니다. 14번에서는 앞에 highway가 있으니 그 부분을 중점적으로 들어야 합니다. 듣기에서 you can see highway 67이라고 했으므로 정답은 간단하게 67입니다.

+ 15 정답

Ness Castle Ruins Ness 성터

Key sentence

On the far right hand side, you can see that the Second Stage is situated just in front of the Ness Castle Ruins.

가장 오른쪽에, 당신은 Ness 성터 앞에 있는 두 번째 무대를 볼 수 있습니다.

해설

지도의 오른쪽에 위치해 있으므로 '오른쪽'이라는 단어를 잘 듣고 그 주변을 살펴보면 바로 앞에 두 번째 무대가 있습니다. 이 단어가 키워드입니다. 정답은 Ness Castle Ruins입니다.

+ 16 정답

Snow Peak

Key sentence

I'm sure you can see from here that, on the far side of the festival site, there is a beautiful mountain range. These mountains are called the Snow Peak Mountains, and I'm sure you'll agree that they provide a fantastic setting for the festival.

여기에서 공연장의 멀리에 있는 아름다운 산맥을 보실 수 있습니다. 이 산맥은 Snow Peak 산맥이라고 부르고, 음악회를 위한 멋진 배경이 될 것이라는 사실에 여러분도 동의할 것이라 확신합니다.

해설

빈칸에 Mountains가 붙어 있으므로, 이 단어를 잘만 들으면 무리 없이 정답을 찾을 수 있습니다. 듣기에서 These mountains are called the Snow Peak Mountains라고 했으므로 정답은 Show Peak입니다. 이때 대문자와 소문자를 잘 구분해서 적어야 합니다. 고유명사이므로 앞 글자는 대문자로 쓰는 것 잊지 마세요.

+ 17 정답

Festival Information Area 축제행사안내소

Key sentence

Immediately to the left you can see the Parking Area, and you need to come back here to board the bus after the festival. On your right you can see a row of tents. This area is the festival information area.

바로 왼쪽에 주차장이 도일 것이며, 여러분은 음악축제가 끝난 후 버스를 타러 이곳으로 돌아와야 합니다. 오른편에 줄지어 있는 텐트가 보일 것입니다. 이곳은 축제행사안내소입니다.

해설

17번은 Entrance와 그 옆의 Parking area가 언급되면서 같이 나올 수 있는 위치입니다. 이 단어들이 키워드가 되어서 정답은 This is the festival information area의 festival information area입니다.

Main Stage 메인 무대

Key sentence

The main stage has the most beautiful location, as it's right in front of the lake.

메인 무대는 호수 바로 앞에 있기 때문에 가장 아름다운 위치입니다.

해설

18번의 주변에는 지형지물이 딱 한 가지 있습니다. 밖에 호수가 보인다는 것입니다. 따라서 이 단어를 잘 들어야 합니다. 듣기에서 lake와 같이 나온 단어인 Main Stage가 정답입니다.

+ 19 정답

Meeting Area

Key sentence

Another important point is this area right in the center of the festival site. This is the Meeting Area.

또 다른 중요한 장소는 축제장의 정 중앙입니다. 여기는 만남의 장소입니다.

해설

지도의 정 중앙에 위치했으므로 right in the middle 또는 right in the centre라는 단어를 들으면 쉽게 정답을 쓸 수 있습니다. 이렇게 미리 추측해서 단어를 생각하고 들으면 훨씬 더 쉽게 정답을 찾을 수 있습니다. 바로 right in the centre of the festival site가 나온 후 언급한 Meeting Area가 정답입니다.

+ 20 정답

Refreshments

Key sentence

you can visit the Refreshments area, which is directly opposite the Merchandise Stalls, on the opposite side of the festival site.

상품 가판대의 바로 맞은편이자, 공연장의 반대편에 있는 다과 구역에 갈 수 있습니다.

해설

이 위치는 바로 옆에 Bathrooms, 중간에 festival site, 뒤에 Mountains 등이 키워드입니다. 듣기에서 Refreshments area가 나왔으며, 뒤에 곧바로 관계대명사가 이끄는 which절이 나왔는데, directly opposite the Merchandise Stalls가 나왔기 때문에 정확히 맞은편에 위치한 Refreshments가 정답입니다.

L-05

Questions 21 and 22

Choose the correct letter, A, B or C.

Example

Richard could not search for information online because

A the library was closed.
B he doesn't own a computer.
C his computer is being repaired.

21 Richard says he cannot ask his friends for help because

  A they are busy preparing for exams.
  B they live too far away from his house.
  C they have not started the assignment.

22 The professor says that extensions are normally only given in the event of

  A changes to the course schedule.
  B sickness or personal problems.
  C a lack of available research materials.

SECTION 3
Questions 21-22

You will hear Richard, a student, talking to one of his professors about a homework assignment. First, you have some time to look at questions 21 to 22. Now, listen carefully and answer questions 21 to 22.

Richard: Excuse me, Professor Wilson, do you have a moment? I'd like to speak with you.

Professor Wilson: Sure, come on in.

R: I'm Richard Duncan. I'm taking your course in Business Management.

P: Oh, yes. Hello, Richard. Is there something I can help you with?

R: Well, the thing is, I'm having some difficulty with the assignment you set us last week. And, it's due in a couple of days.

P: What kind of problems are you having? Didn't you understand the assignment question?

R: Not exactly. The problem is that I've been having trouble getting online to carry out research. My computer at home is being repaired and I don't have enough time to visit the library to use the computers there because it's so far from my home.

P: Hmmm, maybe you should ask a friend if you can use their computer?

R: I wish I could, but they all have assignments due as well, and some of them have exams coming up. They all need their computers I'm afraid.

P: So, let me guess – you came here today hoping that I might give you a few extra days to complete the work?

R: Well, actually, yes. Would that be okay?

P: Well, I'm afraid that according to university policies, I'm only supposed to give you an extension if you're seriously ill, or if you have a problem of a private nature. You see, my course runs on a very tight schedule, as do all the courses at the university, so we can't keep moving deadlines back just because some students haven't done their work. Hmmm, let me see. Is this the first occasion you've asked for more time?

R: Yes. Actually, I've submitted every previous assignment a few days early. Also, I'm not sure if you remember, but I received very high grades in the past.

P: Ah, yes, I can see that you have indeed been working hard this semester.

R: Also, I only think I'll need a few extra days, because I'll be picking up my laptop tomorrow once it has been fixed.

P: Okay, I suppose I can give you an extra week, as long as you don't tell everyone in the class. I understand about your studying problems, but don't let this happen again, Richard.

R: I won't. And, I really appreciate this Professor Wilson.

해석

Questions 21 and 22

숙제에 관하여 교수와 _Richard_의 대화를 들을 것입니다. 먼저, 21~22번 문제를 살펴볼 시간이 있습니다. 이제, 신중히 듣고 21~22번 질문에 답하세요

R: 실례합니다. Wilson 교수님, 시간 있으신가요? 교수님과 이야기를 하고 싶습니다.

P: 물론이지. 들어오게.

R: 저는 Richard Duncan입니다. 교수님의 경영관리 수업을 듣고 있습니다.

P: 아, 반갑네, Richard. 무슨 일로 왔는가?

R: 음, 실은, 지난주 저희에게 내주신 과제에 대해 어려움을 겪고 있는 중인데 기한이 2일 남았습니다.

P: 어떤 문제가 있는가? 과제의 질문을 이해하지 못했나?

R: 그건 아닙니다. 자료를 찾기 위해 인터넷을 사용하는 것에 어려움을 겪고 있습니다. 제 컴퓨터는 수리 중이며, 집에서 멀기 때문에 컴퓨터를 사용하기 위해 도서관에 갈 시간이 부족합니다.

P: 음, 컴퓨터를 사용하기 위해 친구들에게 부탁해보았나?

R: 저도 그렇게 하고 싶지만 친구들도 기한 내에 과제를 해야 하고 친구들 중 일부는 다가오는 시험 공부를 합니다. 유감스럽게도 그들 모두 컴퓨터가 필요합니다.

P: 그러면, 내가 맞춰보겠네 – 자네가 오늘 여기에 온 것은 과제를 완성하기 위한 추가시간을 받고 싶은 건가?

R: 음, 사실은 그렇습니다. 그래도 괜찮을까요?

P: 음, 대학교 방침에 따라서 유감스럽게도 자네가 심하게 아프거나 개인적인 문제가 있을 경우에만 연장이 가능할 것 같네. 자네도 알다시피, 대학에서 모든 과정들이 그렇듯이 내 수업은 매우 빠듯하게 진행되네. 일부 학생들이 숙제를 안 해왔다는 이유만으로 마감시한을 연장해 줄 순 없다네. 흠, 어디 보자.. 추가시간을 요구한 것이 처음인가?

R: 네, 사실은 모든 이전 과제들은 2, 3일 전에 제출해왔습니다. 기억하실지는 모르겠지만 지난번에 매우 높은 점수를 받았습니다.

P: 그래, 이번 학기에 정말로 열심히 과제했다는 것을 알고 있다네.

R: 수리가 된다면 내일 노트북을 가져올 수 있기 때문에, 며칠만 추가로 주시면 됩니다.

P: 알겠네. 수업을 듣는 모든 사람들에게 이야기하지 않는다면 추가시간을 줄 수 있을 것 같군. 자네의 학업과 관련된 사항에 관해 이해는 했지만 이런 일이 다시는 일어나지 않아야 하네, Richard.

R: 네 알겠습니다. Wilson 교수님 정말로 감사합니다.

A, B, C 중 올바른 보기를 고르세요.

[예제]

Richard는 온라인으로 정보를 찾을 수 없었다. 왜냐하면

A 도서관이 문을 닫아서
B 그는 컴퓨터가 없어서
C 컴퓨터가 수리 중이라서

21 **Richard는 친구들에게 도움을 요청할 수 없다고 말한다. 왜냐하면**

A 그들은 시험 준비하는 데 바빠서
B 그들은 너무 멀리 살아서
C 그들은 과제를 시작할 수가 없어서

22 **교수는 이러한 경우에만 기한을 연장할 수 있다.**

A 코스 일정의 변경
B 아프거나 개인적인 문제들
C 가능한 연구자료의 부족

Section 3부터 그 전과 비교해 학술적인 문제들이 출제됩니다. 대학교, 사회, 문화 등의 좀더 상세한 지식을 요하는 내용들이 다뤄집니다. 따라서 Listening 학습과 병행하여 이러한 방면에 배경 지식을 갖추면 더 수월하게 고득점에 다가갈 수 있습니다.

21번과 22번 문제는 뒷말을 이어가는 내용으로 알맞은 것을 고르는 유형입니다. 처음부터 학술적인 내용이 이어지기 보다는 뒤에 말을 이어가기 위한 서론에 해당하는 문제들이라고 보면 됩니다. 따라서 첫 부분부터 화제가 되는 내용이 무엇인지 잘 들어야 합니다.

+ 예제 정답

C

Key sentence

The problem is that I've been having trouble getting online to carry out research. My computer at home is being repaired and I don't have enough time to visit the library to use the computers there because it's so far from my home.

자료를 찾기 위해 인터넷을 사용하는 것에 어려움을 겪고 있습니다. 제 컴퓨터는 수리 중이며, 집이 멀기 때문에 컴퓨터를 사용하기 위해 도서관에 갈 시간이 부족합니다.

해설

주어진 문장에 could not search라는 부분으로 미루어보아, 어떤 문제가 발생해서 조사할 수 없다는 내용임을 예측할 수 있습니다. 따라서 듣기를 할 때 problem, trouble, hard time 등의 단어나 그와 비슷한 단어들, 또는 부정문에 귀를 기울이면 쉽게 문제를 풀 수 있습니다.

+ 21 정답

A

Key sentence

P: Hmmm, maybe you should ask a friend if you can use their computer?
R: I wish I could, but they all have assignments due as well, and some of them have exams coming up. They all need their computers I'm afraid.

P: 음.. 자네가 그들의 컴퓨터를 사용할 수 있는지 친구들에게 물어보는 건 어떤가?
R: 그렇게 하고 싶지만, 그들도 과제를 하는 중입니다. 그리고 몇몇은 다가오는 시험을 준비하고 있습니다. 유감스럽게도 그들은 모두 컴퓨터가 필요한 상황입니다.

해설

앞의 내용을 보면 도움을 요청할 수 없다는 내용이므로, 요청(ask)과 친구(friends), 도움(help)이라는 단어가 어디서 들리는지 잘 체크한 후 A, B, C 보기에 있는 키워드를 보면서 기다려야 합니다. 뒤에 I wish

I could는 '내가 하고 싶지만 현실적으로 그렇게 못한다'라는 내용이므로 뒤에 따라오는 부분이 정답입니다. assignments, exams 등이 들리므로 정답은 A입니다.

+22 정답

B

Key sentence

P: Well, I'm afraid that according to university policies, I'm only supposed to give you an extension if you're seriously ill, or if you have a problem of a private nature. You see, my course runs on a very tight schedule, as do all the courses at the university, so we can't keep moving deadlines back just because some students haven't done their work. Hmmm, let me see. Is this the first occasion you've asked for more time?

P: 음. 유감스럽게도 대학교 방침에 따라서 자네가 심하게 아프거나, 개인적인 문제가 있을 경우에만 연장이 가능할 것 같네. 자네도 알다시피, 대학의 모든 과정처럼 내 수업은 매우 빠듯하게 진행된다네. 그래서 몇몇이 숙제를 못했다고 해서 마감 기한을 옮길 수는 없네. 음, 어디 보자. 자네가 추가시간을 요청한 게 이번이 처음인가?

해설

문제의 extensions, given 등의 단어가 키워드입니다. 또한, The professor says로 시작하고 있으므로 듣기를 할 때 교수가 말하는 부분을 잘 들어야 합니다. 정답에서는 동사 give와 an extension, 그리고 ill, private nature 등이 등장하므로 B가 정답입니다. 이처럼 키워드부터 듣고 답을 찾아내는 연습을 한다면 Listening에 큰 어려움은 없을 것입니다.

What recommendations does Professor Wilson make about the different small businesses? Choose your answers from the box and write the letters A–G next to questions 23-27.

> **A.** must research
> **B.** quite useful
> **C.** not very valuable
> **D.** research later years
> **E.** research sales strategies
> **F.** research marketing
> **G.** don't research

Example Answer

Tryptech Corporation: **A**

Silas Electronics: **23** _______________

Roundhouse Inc.:   **24** _______________

Waller Enterprises: **25** _______________

Gorman Telecom: **26** _______________

Cyberco Company: **27** _______________

P: Okay.... now, did you say you had a problem with the actual assignment question? Did you manage to research any of the small businesses that I listed on the assignment paper? These start-up companies all faced difficulties and ultimately failed. I wanted you to research their histories to investigate why some small companies don't succeed.

R: Well, because I'm a bit behind schedule, I wanted to ask you which ones were the most important to research. There are so many to choose from.

P: Well, they are all important. That's why I included them on the list. But, I suppose you don't need to research all of them, because some of them failed for the same reasons. Let me give you some suggestions.

R: That would be great!

P: Well, it is really essential that you study the history of the Tryptech Corporation.

R: Right, I'll make sure to look into that one.

P: And, you should also investigate Silas Electronics, but you only really need to read about the later years of the company, as it was quite successful when it started out.

R: Okay, Silas Electronics. I'll take a note of that one, too.

P: Then, if you have enough time, Roundhouse Incorporated is worth looking at, although I wouldn't say it's essential that you research it.

R: Right. Well, it sounds like it might be fairly useful, so I'll do my best to read up on it.

P: Now, Waller Enterprises. Actually, you can miss that one out for now. It isn't as relevant to the assignment as some of the other companies.

R: Okay. Now, I'm sure in class you said that the history of Gorman Telecom was quite interesting.

P: Yes, but you should only really focus on the mistakes they made in sales. That particular company had an extremely flawed strategy, which eventually led it to bankruptcy.

R: And, how about the Cyberco Corporation?

P: Well, to be honest, I can't remember why I included that. Researching that company may be of little value to you, but you might want to give it a brief look if you have time.

Questions 23-27

P: 알겠네… 이제, 실제로 과제에 대한 질문과 관련하여 문제점을 겪고 있다고 말했는가? 과제지에 나와있는 중소기업을 연구했나? 이 신생회사들은 모두 어려움에 직면했고, 결국에는 실패했네. 나는 자네가 중소기업이 성공하지 못하는 이유를 조사하기 위해서 그들의 역사를 연구하길 바랬네.

R: 음, 저는 일정보다 조금 늦어지고 있기 때문에 연구를 하기 위해서 가장 중요한 것이 어떤 것들인지를 교수님께 여쭤보고 싶습니다. 선택할 수 있는 회사들이 너무 많습니다.

P: 음, 모두 중요하네. 리스트에 그것들을 포함한 이유네. 그러나 몇몇은 같은 이유로 실패했기 때문에 연구를 위해서 모든 것이 필요하지는 않을 것이네. 몇 가지 제안을 해주겠네.

R: 좋습니다!

P: 음, Tryptech Corporation의 역사를 연구하는 것은 정말로 필수네.

R: 네, 꼭 살펴보겠습니다.

P: 그리고, Silas Electronics도 조사해봐야 하네. 그러나 사업을 시작할 때 꽤 성공적이었으니 이 회사의 후반부에 대해 꼭 읽어볼 필요가 있네.

R: 알겠습니다, Silas Electronics. 그것 또한 적어두겠습니다.

P: 그 다음 시간이 충분하다면 꼭 조사해야 하는 것은 아니지만 Roundhouse Incorporated는 살펴볼 가치가 있네.

R: 알겠습니다. 꽤 유용한 내용인 것 같네요. 최선을 다해 공부하겠습니다.

P: 이제, Waller Enterprises네. 사실, 자네는 지금 그것을 놔둬도 된다네. 과제와 관련 없는 일부 회사들이 있다네.

R: 알겠습니다. 이제 수업시간에 교수님께서 Gorman Telecom의 역사가 꽤 흥미로웠다고 말씀하신 기억이 납니다.

P: 그러나 그들이 판매를 하면서 했던 실수에 집중해야 하네. 일부 회사들은 결국 파산으로 이끌었던 결함이 있는 전략을 꽤 갖고 있다네.

R: 그리고 Cyberco Corporation은 어떻습니까?

P: 솔직히 말해서, 그것을 포함한 이유가 기억나지 않네. 그 회사를 조사하는 것은 자네에게 큰 가치가 없지만, 시간이 있다면 간단히 검토하게.

서로 다른 소규모 사업에 관해 **Willson** 교수는 어떤 것을 추천하나요?

23~27의 정답을 박스의 **A~G** 중 선택하여 적으세요.

A. 반드시 조사해야 함

B. 꽤 유용함

C. 별로 가치가 없음

D. 후반부를 조사함

E. 판매 전략을 조사함

F. 마케팅을 조사함

G. 조사하지 않음

[예시 답안]

Tryptech Corporation: _________________________ A

Silas Electronics: **23** _________________________

Roundhouse Inc.: **24** _________________________

Waller Enterprises: **25** _________________________

Gorman Telecom: **26** _________________________

Cyberco Company: **27** _________________________

많은 학생이 이렇게 들어야 할 것이 많은 긴 지문에 당황스러워합니다. 이런 문제는 듣기 도중 집중력이 흐트러지면 한꺼번에 몇 개씩 틀릴 수밖에 없습니다.

이 유형은 주어진 보기를 각 문제에서 제시하는 단어와 매칭시키는 문제들입니다. 정확하게 언급되는 것도 있지만 페러프레이징 하여 혼동하게 만들기도 합니다. 듣기를 하기 전 주어진 단어들을 기억하고, 그 다음 보기 A, B, C, D, E, F, G를 보며 듣는 것이 가장 좋은 방법입니다.

예시 답안에 주어진 단어는 Tryptech Corporation입니다. 따라서 들을 때 이 단어가 들리는 부분과 그 뒤에 따라오는 단어들을 보기에서 골라야 합니다. P: Well, it is really essential that you study the history of the Tryptech Corporation.이라고 보기에 해당하는 단어가 먼저 나오고, 뒤에 주어진 단어가 언급됩니다. 여기서는 스크립트의 essential은 보기의 must, 스크립트의 that you study는 보기의 research와 매칭이 됩니다. 따라서 정답은 A입니다.

+ 23 정답

D

Key sentence

you should also investigate Silas Electronics, but you only really need to read about the later years of the company, as it was quite successful when it started out.

또한 자네는 Silas Electronics에 대해 조사해야 하네. 그러나 시작단계에서 성공적이었으니 회사의 후반에 관해 읽을 필요가 있네.

해설

Silas Electronics가 주어졌는데, investigate를 듣고 정답에서 A를 선택해서는 안 됩니다. D에도 research라는 단어가 있습니다. read about the later years of the company라고 말하고 있으므로 D, research later years가 정답입니다. 이 유형의 문제는 단어 한 개만 매칭이 되는 것은 함정인 경우가 많기 때문에 적어도 두 단어 이상이 같거나 동의어로 페러프레이징 된 단어들이 들어 있어야 정답입니다.

+ 24 정답

B

Key sentence

P: Then, if you have enough time, Roundhouse Incorporated is worth looking at, although I wouldn't say it's essential that you research it.

R: Right. Well, it sounds like it might be fairly useful, so I'll do my best to read up on it.

P: 그다음. 꼭 조사해야 하는 것은 아니지만, 자네가 시간이 충분하다면, Roundhouse Incorporated는 가치 있을 것이네.

R: 맞습니다. 음, 그거 꽤 유용할 것 같습니다. 최선을 다해 읽겠습니다.

이번 문제는 주어진 단어가 먼저 등장합니다. Roundhouse Inc 뒤에 worth looking at이 들립니다. 따라서 비슷한 의미의 표현이 정답이 됩니다. 후반에 학생이 fairly useful이라고 말하는 것도 들리기 때문에 정답을 더욱 찾기 쉽습니다. B, quite useful이 정답입니다.

+25 정답

G

Waller Enterprises. Actually, you can miss that one out for now. It isn't as relevant to the assignment as some of the other companies.

Waller Enterprises. 사실은, 지금은 그것을 연구할 필요는 없네. 몇몇 다른 회사들처럼 과제와 관계 없다네.

이 문제도 주어진 단어 Waller Enterprises가 먼저 언급되고 뒤에 miss that one out for now라는 표현이 나옵니다. miss 때문에 정답이 이미 결정된 것입니다. G, don't research가 정답입니다.

+26 정답

E

R: Okay. Now, I'm sure in class you said that the history of Gorman Telecom was quite interesting.

P: Yes, but you should only really focus on the mistakes they made in sales. That particular company had an extremely flawed strategy, which eventually led it to bankruptcy.

R: 알겠습니다. 지금, Gorman Telecom의 역사가 꽤 재미있었다고 교수님께서 말씀하신 수업이 기억납니다.

P: 그렇네. 하지만 자네는 오직 판매 실수에 대해서 신경 써야 하네. 그 회사는 결국에는 파산으로 이끌 정도로 심하게 결함이 있는 전략을 가지고 있었네.

학생이 먼저 Gorman Telecom을 언급했습니다. 교수가 하는 말 중 mistakes in sales, 그 후 flawed strategy라는 표현이 들리므로 focus on이 research에 해당하고, mistakes in sales strategy가 sales strategy에 해당하므로 E가 정답입니다.

C

Key sentence

R: And, how about the Cyberco Corporation?

P: Well, to be honest, I can't remember why I included that. Researching that company may be of little value to you, but you might want to give it a brief look if you have time.

R: 그리고 Cyberco Corporation은 어떻습니까?

P: 음, 솔직하게 말해서, 내가 그 회사를 왜 포함했는지 기억나지 않네. 자네에게 큰 가치는 없지만, 시간이 있다면 간략하게 살펴보게.

해설

학생이 마지막 부분에 Cyberco Company를 언급하고, 교수가 하는 말에 Researching과 be of little value를 보면 C가 정답입니다. 여기서 등장하는 [be of+명사] 표현은 [be+형용사]와 같습니다. 예를 들어, be of interest는 be interesting의 의미가 되는 것입니다. 하지만 여기서는 little이라는 부정의 의미가 더해져 be not valuable이라는 의미가 되었습니다.

Questions 28-30

L-07

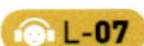

Label the chart below.

Choose your answers from the box below and write the letters A–H next to questions 28-30.

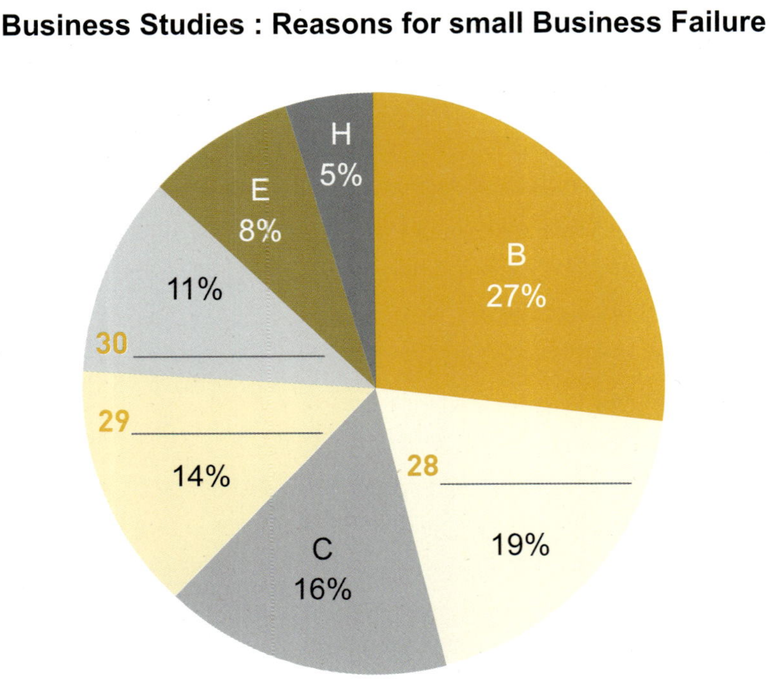
Business Studies : Reasons for small Business Failure
H
5%
E
8%
B
27%
11%
30 ____________
29 ____________
14%
28 ____________
19%
C
16%

Reasons for Failure:

A – Lack of investment

B – Outdated products

C – Poor leadership

D – Insufficient marketing

E – Lack of skilled employees

F – Poor customer service

G – High competitiveness

H – Other

Questions 28-30

Before you hear the rest of the conversation, you have some time to look at questions 28 to 30. Now listen, and answer questions 28 to 30.

P: Now, do you have any other problems regarding the assignment?

R: Well, I do have one more question. I have a problem with the pie chart you handed out in class.

P: What's the problem? It's just a pie chart showing the percentage of small companies that fail for various reasons.

R: Well, this is a bit embarrassing, but my copy of the pie chart got wet in the rain, and I can't read the list of reasons at the bottom of the page. I'm sorry for being so careless.

P: Okay, don't worry about it. Look at the largest section of the pie chart, in the top right corner. That indicates that 27 percent of small companies fail because they take too long to release their products. By the time the product was released, it was already considered to be old and out-of date.

R: Oh, I see. Now, how about the next section, the one that's 19 percent?

P: That section indicates the percentage of companies that failed to attract enough investors, and didn't have enough money coming in to survive.

R: Now, let's look at the next section, which is 16 percent.

P: Another reason start-up companies fail is because they lack an effective leader.

R: Right, I see. Yes, every company needs a good leader to succeed.

P: Now, the section that makes up 14 percent refers to companies that struggled to succeed due to there being too many similar companies in the region. In other words, they faced too much competition, and bigger companies had a hold on the market.

R: Okay, now what about the next part, the section that says 11 percent?

P: Well, that percentage indicates the companies that were unable to adequately market their products or services. This includes poor advertising, bad product packaging, and even having a company logo that wasn't memorable to consumers.

R: I see. And the next section?

P: This shows that 8 percent of failed companies simply had employees that were not skilled enough. If you don't have good employees, it's almost impossible to succeed. And the smallest section of the pie chart shows the percentage of companies that failed for various other reasons.

R: Okay, I've got all that. Thank you so much Professor Wilson.

P: You're welcome, Richard.

나머지 대화를 듣기 전에 28~30번 문제를 살펴볼 시간이 있습니다.
이제 28~30번 문제를 듣고 답하세요.

P: 이제, 과제와 관련된 어떤 다른 문제가 있는가?

R: 음, 질문이 한 가지 더 있습니다. 수업시간에 다뤘던 파이 차트에 문제가 있습니다.

P: 어떤 문제인가? 그것은 단지 중소기업이 실패한 다양한 이유를 비율로 보여준 파이 차트네.

R: 음, 좀 창피하지만 파이 차트의 복사본이 비에 젖었습니다. 그리고 페이지 하단의 원인 목록을 읽을 수 없습니다. 너무 부주의해서 죄송합니다.

P: 알겠네, 걱정하지 말게. 오른쪽 상단에 있는 파이 차트의 가장 많이 차지하는 부분을 살펴보게. 그들의 상품을 출시하는 데 너무 오랜 시간이 걸리기 때문에 중소회사의 27퍼센트는 실패한다고 하네. 상품을 출시했을 때, 그것은 이미 오래되었거나 구식으로 여겨진다네.

R: 오, 알겠습니다. 이제 다음 19% 부분은 어떻습니까?

P: 그 부분은 투자자를 충분히 유치하지 못하고, 살아남기 위한 충분한 돈이 없는 회사의 비율을 나타내네.

R: 이제, 다음 16% 부분을 살펴보겠습니다.

P: 신생회사가 실패하는 또 다른 이유는 유능한 지도자가 부족하기 때문이네.

R: 네, 그렇죠. 모든 회사들은 성공하기 위해서 좋은 지도자가 필요합니다.

P: 이제, 14%를 구성하는 부분은 그 지역에 비슷한 회사가 너무 많기 때문에 성공하기 위해 엄청난 애를 쓰는 회사들을 나타낸다네. 즉, 그들은 너무나 많은 경쟁에 직면했고 더 큰 기업들이 시장을 지배했네.

R: 알겠습니다. 이제 11%를 나타내는 다음 파트는 어떤가요?

P: 음, 그 비율은 상품이나 서비스를 적절하게 홍보하지 못한 회사들을 나타내네. 이것은 저렴한 광고, 좋지 못한 상품 포장, 심지어 소비자들의 기억에 남지 않는 회사 로고까지 포함하네.

R: 알겠습니다. 다음 부분은요?

P: 실패한 회사의 8%는 숙련되지 않은 직원이 있었네. 훌륭한 직원이 없다면 성공하는 것은 거의 불가능하네. 그리고 파이 차트에서 가장 적은 부분은 그 외의 다양한 이유로 실패한 회사의 비율을 나타낸다네.

R: 알겠습니다, 전부 이해했습니다. Wilson 교수님 정말 감사합니다.

P: 천만에. Richard.

박스 안의 보기 A~H에서 정답을 골라 아래의 차트를 채워넣으세요.

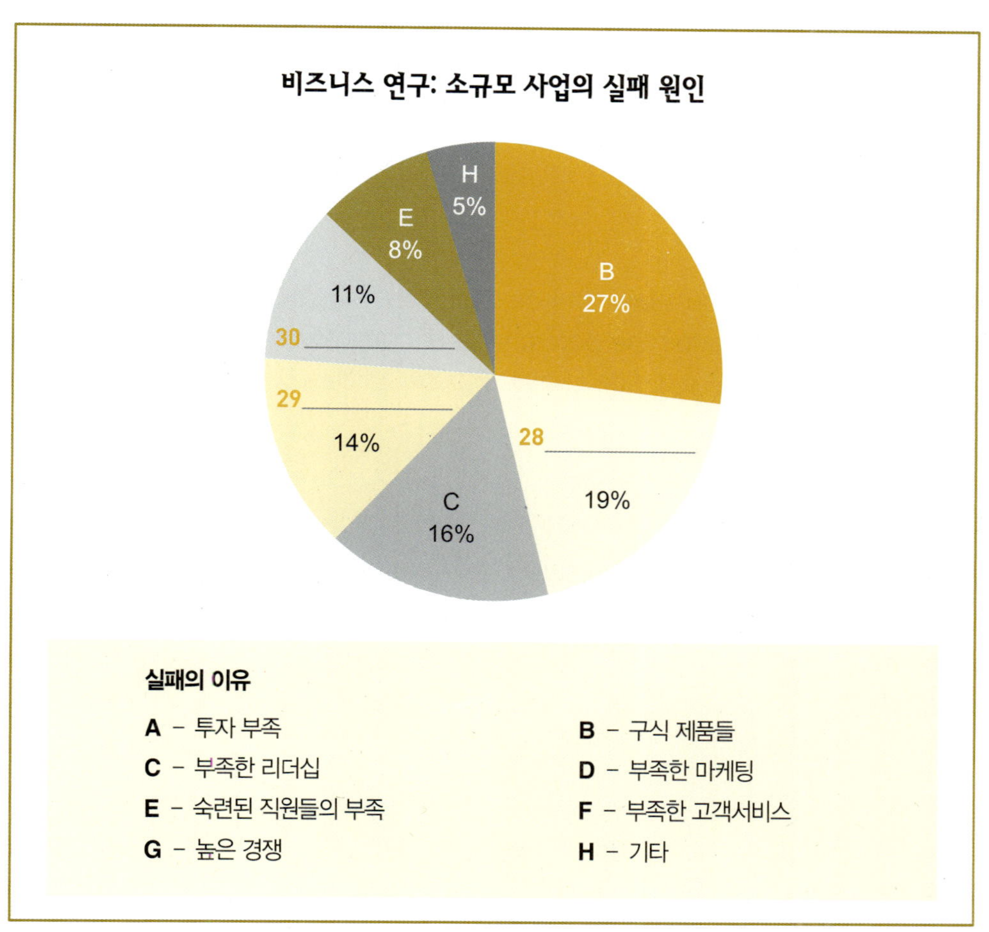

실패의 이유

A – 투자 부족　　　　　　　　B – 구식 제품들
C – 부족한 리더십　　　　　　D – 부족한 마케팅
E – 숙련된 직원들의 부족　　　F – 부족한 고객서비스
G – 높은 경쟁　　　　　　　　H – 기타

28~30번 문제는 파이 차트와 연결되는 내용을 고르는 유형입니다. 듣기 전에 차트를 파악하는 시간이 주어지며, 이 시간에 보기 A~H의 단어에서 키워드를 파악하는 것이 관건입니다. 파이 차트에 %가 있으므로 숫자도 잘 들어야 하는 문제입니다.

+ 28 정답

A

Key sentence

R: Oh, I see. Now, how about the next section, the one that's 19 percent?
P: That section indicates the percentage of companies that failed to attract enough investors, and didn't have enough money coming in to survive.

R: 오, 알겠습니다. 19%인 그 부분은 어떤가요?
P: 충분한 투자자를 끌어 모으지 못해서 살아남을 충분한 돈을 없어 실패한 회사들의 비율이라네.

해설

첫 부분에서 파이 차트에 대한 내용이 나오고, 그 뒤에 나오는 P: Okay, don't worry about it. Look at the largest section of the pie chart, in the top right corner. That indicates that 27 percent of small companies fail because they take too long to release their products. By the time the product was released, it was already considered to be old and out-of date.는 B에 관한 내용입니다. 이어지는 문장에서 학생이 19%를 언급한 후 교수가 failed to attract enough investors라고 말했기 때문에 A, Lack of investment가 정답입니다.

- -

+ 29 정답

G

Key sentence

P: Now, the section that makes up 14 percent refers to companies that struggled to succeed due to there being too many similar companies in the region. In other words, they faced too much competition, and bigger companies had a hold on the market.

P: 이제, 14%를 구성하는 부분은 그 지역에 비슷한 회사가 너무 많아 성공하기 위해 엄청난 애를 쓰는 회사들을 나타낸다네. 즉, 그들은 너무나 많은 경쟁에 직면했고 더 큰 기업들이 시장을 지배했네.

해설

29번은 14%라고 적혀있습니다. 그 부분을 잘 들으면 학생이 14 percent라는 언급을 하고 이어서 too many similar companies, 마지막 부분에 faced too much competition이라고 했으므로 정답은 G, High Competitiveness입니다.

+30 정답

D

Key sentence

R: Okay, now what about the next part, the section that says 11 percent?

P: Well, that percentage indicates the companies that were unable to adequately market their products or services. This includes poor advertising, bad product packaging, and even having a company logo that wasn't memorable to consumers.

R: 알겠습니다. 11%를 나타내는 다음 부분은 어떤가요?

P: 음, 그 비율은 상품이나 서비스를 적절하게 홍보하지 못한 회사들을 나타내네. 이것은 저렴한 광고, 좋지 못한 상품 포장, 심지어 소비자들의 기억에 남지 않는 회사 로고까지 포함하네.

해설

30번 문제는 11%라는 단어를 잘 들어야 합니다. 교수가 the section that says 11 percent라고 언급한 후 학생의 답변에서 정답을 찾을 수가 있는데, unable to market their products or services라고 말했기 때문에 D, Insufficient marketing이 정답입니다.

SECTION 4는 강연자가 특정한 주제의 강의를 하는 형식을 들려주는 문제이기 때문에 길고 복잡하며 가장 어려운 섹션이 될 수 있습니다. 정답이 되는 단어도 들었던 것을 그대로 쓰는 게 아니라 변형해서 써야 하는 경우도 있으므로 문법 실력도 갖추어야 합니다. 정답은 형용사인데 명사 형태로 적어서 감점을 당하거나 오답처리 되는 경우가 상당히 많습니다. 따라서 듣기 연습은 물론, 듣기를 시작하기 전 31~40번까지 주어진 문장을 보면서 정답으로 어떤 품사가 와야 할지 파악하는 훈련도 병행하는 것이 좋습니다.

SECTION 4

Questions 31-40

Complete the notes below.
Write NO MORE THAN TWO WORDS for each answer.

THE PERFECT WAITING ROOM

Two areas of focus:
- the overall layout and design of ideal waiting rooms
- the best **31** _______________ to provide for patients

The reception area:
- it should be treated as an extension of the **32** _______________
- it is the first step in making a good impression
- it is important that patients can easily see the **33** _______________

Important waiting room features to consider:
- at least **34** _______________ • wall coverings • flooring • lighting • seating

Walls and floors:
- installing carpets can help to reduce the **35** _______________
- use wall coverings that can be easily washed

Lighting and seating:
- adequate lighting is important, not only so patients can read, but also for
  36 _______________
- **37** _______________ prefer to sit in chairs rather than sofas

Keeping patients relaxed and occupied:
- studies show that television and **38** _______________ can send a negative message to patients
- the majority of doctors prefer providing music and reading materials in their waiting rooms
- make sure there is a **39** _______________ available to patients if there isn't one in the building
- **40** _______________ can be used to create a room divider and provide more privacy

SECTION 4
Questions 31-40

You will hear a talk on the subject of The Perfect Waiting Room. First, you have some time to look at questions 31 to 40. Now, listen carefully and answer questions 31 to 40.

Good morning, everyone. I've been asked here today to talk to you about what factors doctors consider when designing the waiting rooms in their practices. The appearance of waiting rooms is very important, and provides a good example of using intelligent design to meet customers' needs and make them feel comfortable.

The waiting room is the first impression that a doctor's patients get of the practice, and it can set the overall tone of their visit. There are several steps a doctor can take to make sure that the waiting room reflects the professionalism of his or her practice. Don't forget - patients form opinions about their doctors based on what they see, hear, and smell when they walk through the door. There are two main areas I will focus on - the overall design features and layout of a good waiting room, and the best entertainment options to provide in a waiting room to keep patients occupied and relaxed while they wait and take their mind off their visit to see the doctor.

But first, I should point out that the reception area should be considered as being an extension of the waiting room, and this area is equally important. Inviting patients in with a comfortable entrance area is the first step in making a good first impression. Making sure they can see the receptionist as soon as they enter is the second step. From the moment patients arrive, it should be clear where to sign in. There should always be someone there to greet the patient, so the receptionist should be immediately visible to incoming patients. Having a receptionist hidden behind a sliding glass window will not make patients feel at ease. On the other hand, having a receptionist greet a patient immediately and ask for his or her name makes them feel welcome.

Once a patient has checked in at reception, they almost always take a seat in the waiting room, and this is the main part of my talk. With regard to the furnishings in a waiting room, they should always be kept practical, but comfortable. Several things must be considered: the waiting room should have at least one window, and whoever designs the room should take into account wall coverings, flooring, seating, and lighting.

Windows are of vital importance because natural, outdoor scenes reduce stress levels. If the windows receive too much sunlight, cover them with blinds that let in the light yet prevent glare.

Children tend to wander around the waiting room touching the walls, and it can be very costly to continuously replace wallpaper. To avoid this, opt for washable wall coverings in patterns that don't show wear. Decorate your waiting room in a soft color scheme such as pastel blues or greens, which help to make people feel relaxed.

Carpeting may not be the most practical solution to keeping the floor clean, but it keeps the noise level down. The industrial type in dark patterns that hide stains is most practical. For areas that get the most wear, such as right in front of the reception area, a "welcome mat" can be useful. If patients wipe their feet at that point, it keeps the rest of the carpet cleaner.

Most doctors prefer incandescent rather than fluorescent lighting because it's homier, but make sure your room is well lit for safety as well as for comfortable reading. Plug protectors in electrical outlets are also vital to prevent children sticking their fingers in the sockets.

When choosing seating for the waiting room, bear in mind that mothers like to have their kids close, so they prefer 2 or 3-seater sofas to individual chairs. However, elderly people often have difficulty getting up from a sofa without the help of two sturdy arms, so they much prefer chairs. Choose furniture with washable, good quality fabric covers, and cluster chairs in small groups, as you would in your living room.

Now, suitable decoration is not the only important thing; to keep patients occupied and relaxed, the waiting room should be filled with entertaining diversions. The first thing you might think of is a television. It may surprise you, but according to studies, having a TV or Internet access in the waiting room can send patients the message that they should expect to wait a long time and be inconvenienced. If you really want a TV, playing educational materials is better than network entertainment.

However, most doctors would rather have their patients read or listen to music. Most practices play CDs or a radio station for their patients. They just make sure that music is inoffensive, such as light rock or jazz, or soft classical music like you might hear in the reception area of nice hotels.

Provide a variety of respectable magazines that will appeal to men and women, young and old, but make sure not to include any reading materials that might be considered controversial or overtly political. The important thing is that the issues be recent, clean, and well organized.

Also, and this is extremely important, make sure that there is a patients' restroom connected to the waiting room, especially if the building doesn't supply a convenient one. Patients also appreciate a bulletin board presenting magazine articles about health, notices about counseling sessions, or alerts about toy recalls.

Finally, plants are a good addition to any waiting room, but keeping them alive can be a lot of work, so many practices use silk alternatives. They can also act as a room divider and provide privacy. Oh, and one last thing, if you need to provide an area for children, stock it with quiet toys and books and place an adult chair there to indicate that a parent should supervise the area.

해석

SECTION 4
Questions 31-40

당신은 완벽한 대기실에 관해 들을 것입니다. 먼저, 31~40번 문제를 살펴볼 시간이 있습니다.
이제 신중히 듣고 31~40번 질문에 답하세요

안녕하세요, 여러분. 의사들이 병원의 대기실을 디자인할 때, 어떤 요소를 고려해야 하는지 여러분께 말씀드리기 위해 이곳에 왔습니다. 대기실의 외관은 매우 중요하며, 고객의 요구를 충족시키고 편안함을 느끼게 해주는 지적인 설계를 사용한다는 좋은 본보기를 제공합니다.

대기실은 환자들이 병원에 대해 얻는 첫인상이고 병원의 전체적인 분위기를 만들어 줄 수 있습니다. 대기실이 의사의 업무 전문성을 반영하도록 하기 위한 몇 가지 단계가 있습니다. 잊지 마세요 – 환자들이 문을 나설 때 보고, 듣고, 냄새를 맡은 것에 기초하여 의사에 대한 의견을 만듭니다. 제가 강조하는 구역은 두 군데입니다. – 전반적으로 설계가 잘 되고 배치가 좋은 대기실, 그리고 의사를 보러 왔다는 생각을 없애주고 기다리는 동안 편안하고 관심을 다른 곳에 두도록 해주는 오락적인 요소들입니다.

하지만 우선 접수처는 대기실의 연장으로 간주되어야 하며, 똑같이 중요합니다. 편안한 출입구로 환자들을 이끄는 것은 좋은 첫인상을 만들어주는 첫 단계입니다. 그들이 들어오자마자 접수원을 보도록 하는 것이 두 번째 단계입니다. 환자들이 도착하는 순간쿠터 접수를 어디서 해야 하는지 분명해야 합니다. 그곳에는 항상 환자를 맞이하는 사람이 있어야 하고, 접수원은 환자가 들어오는 것을 즉시 알아채야 합니다. 접수원이 유리창 뒤에서 접수를 받는 것은 환자들이 편안함을 느낄 수 없습니다. 반면에, 접수원이 즉시 환자들을 반겨주고 이름을 물어보는 것은 그들이 환영받는다는 느낌을 줍니다.

접수처에서 환자들이 접수 절차를 거치면 대부분 대기실에 앉아있으며, 이곳이 제 이야기의 주요 부분입니다. 대기실의 가구는 항상 실용적이지만 편안해야 합니다. 몇 가지가 반드시 고려되어야 합니다. 대기실에는 적어도 하나의 창이 있어야 하고, 누가 대기실을 디자인하든지 벽지, 바닥, 좌석, 조명을 고려해야 합니다.

자연적인 야외 경관은 스트레스를 줄여주기 때문에 창문은 매우 중요합니다. 창문으로 빛이 너무 많이 들어온다면 눈부심을 방지할 수 있는 블라인드로 햇빛을 가려야 합니다.

아이들은 벽을 만지면서 대기실 주위에 돌아다니는 경향이 있으며, 지속적으로 벽지를 교환하는 것은 너무 비용이 많이 듭니다. 이것을 피하려면 무늬가 있으면서 해지지 않는 방수 벽지를 선택해야 합니다. 파스텔톤의 파란색 또는 녹색과 같이 사람들이 편안함을 느끼는 부드러운 색상으로 대기실을 꾸며야 합니다.

카펫은 바닥의 깨끗함을 유지하는 실질적인 대책은 아니지만 소음은 줄일 수 있습니다. 얼룩을 숨길 수 있는 어두운 패턴의 산업형이 가장 실용적입니다. 접수처 바로 앞부분처럼 마모가 가장 많이 생기는 공간은 현관 매트가 유용합니다. 환자들이 그곳에 발을 닦는다면 카펫의 나머지 부분은 깨끗해질 것입니다.

대부분의 의사는 더 편안하다는 이유로 형광등보다 백열등을 선호하지만, 대기실은 편안히 책을 읽기 위함뿐만 아니라 안전을 위해서도 채광을 좋게 해야 합니다. 전기 콘센트의 연결 보호 장치 또한 소켓에 손가락을 집어 넣는 아이들을 방지하기 위해 매우 중요합니다.

대기실의 의자를 고를 때는 아이들을 곁에 데리고 싶어하는 엄마를 고려해서 1인용 의자보다는 2~3명이 앉을 수 있는 소파를 선호합니다. 그러나 어르신들은 양쪽 팔로 잡지 않고서는 소파에서 일어나는 것을 힘들어 하므로, 의자를 선호합니다. 당신 집의 거실에 있는 것과 같이 소규모 그룹을 위한 의자들, 물빨래가 가능한 좋은 품질의 직물 커버 가구를 고르세요.

이제, 환자들을 편안하고 무언가에 집중할 수 있게 하기 위해서는 적절한 장식만이 중요한 부분은 아닙니다. 대기실은 환자들에게 즐거움을 줄 수 있는 오락거리들이 있어야 합니다. 당신이 처음 생각 난 것이 아마 TV일

겁니다. 놀랍겠지만, 연구에 따르면 대기실에 TV나 인터넷이 있다는 것은 환자들이 더 오래 기다려야 한다거나 불편한 느낌을 가질 수 있다고 합니다. 만약 여러분이 TV를 원한다면 오락물 보다는 교육 방송이 더 좋습니다.

그러나 대부분의 의사는 환자들이 책을 읽거나 음악을 듣는 것을 선호한다고 합니다. 대부분의 병원에서 CD나 라디오를 들려줍니다-. 음악은 가벼운 록이나 재즈, 또는 좋은 호텔의 안내데스크에서 들려주는 부드러운 클래식과 같이 불쾌감을 주지 않아야 합니다.

남성과 여성, 어린이와 노인의 관심을 끌 수 있는 여러 가지의 좋은 잡지를 제공하세요. 그러나 논쟁이 될만하거나 명백히 정치적으로 보일 수 있는 읽기 자료는 포함하지 않도록 해야 합니다. 중요한 것은 최근의 쟁점이면서 잘 조직된 것이어야 합니다.

또한, 특히 건물에 편한 화장실이 없다면 대기실에 연결된 화장실이 있어야 하는 것은 매우 중요합니다. 환자들은 안내판에 건강이나 상담과 관련한 잡지기사 및 아이들 장난감의 리콜 기사를 붙여 놓는 것을 좋아합니다.

마지막으로 식물은 어떤 대기실에서도 좋은 장식이지만 살아있게 유지하는 것이 상당히 힘든 일이라서 대부분 병원들이 대체로 조화를 사용합니다. 또한 식물은 공간을 나누는 역할을 하며, 사생활을 보호하는 역할을 할 수 있습니다. 오, 그리고 마지막 한 가지, 아이들에게 공간을 제공해야 한다면 조용한 장난감과 책을 함께 비치하고, 부모가 그 공간을 지켜볼 수 있게 어른용 의자를 가져다 놓는 것도 필요합니다.

아래 빈칸을 완성하세요.

각각의 답변은 최대 2단어로 작성하세요.

완벽한 대기실

2가지 초점:

- 전반적으로 이상적인 디자인과 배치의 대기실
- 환자들에게 제공하기 위한 최고의 31________________________

접수처:

- 32 ________________________를 연장선으로 생각해야 한다.
- 처음에 좋은 인상을 남겨야 한다.
- 환자들이 쉽게 33________________________을 볼 수 있는 것이 중요하다.

고려할 대기실의 주요 특징 :

- 적어도 34______________ · 벽지 · 바닥재 · 조명 · 좌석

벽과 바닥:

- 카펫을 설치하는 것은 35________________________를 줄이는 데 도움이 된다.
- 잘 닦이는 벽지를 사용하라.

조명과 좌석:

- 환자들이 읽을 수 있는 것뿐만 아니라 36______________를 위해서도 적절한 불빛이 중요하다.
- 37________________________는 소파보다 의자에 앉는 것을 선호한다.

환자들의 편의성:

- 연구에는 TV와 38______________이 환자들에게 부정적인 영향이 있다고 나타난다.
- 의사들은 대기실에서 음악과 읽을 거리를 제공하는 것을 선호한다.
- 건물에 그것이 없다면 환자들이 이용할 수 있는 39______________이 있어야 한다.
- 40______________ 는 구역을 나누거나 개인적인 공간을 만들 수 있다.

31~40번은 강연을 듣고 요약해서 정답을 쓰는 문제입니다. 문제의 빈칸 앞뒤 단어와 키워드를 파악하여 연관 단어를 들으려고 노력하면 정답 선별이 더 쉽습니다. 만약 한 문제를 놓쳤다고 그 문제에 집착한다면 다음 문제들 전부 놓칠 수 있으니 그러한 경우 과감히 포기하고 다음 문제로 넘어가는 것이 좋습니다.

+ 31 정답

entertainment options 오락 요소들

Key sentence

the best entertainment options to provide in a waiting room to keep patients occupied and relaxed while they wait and take their mind off their visit to see the doctor

환자들이 의사에게 진료받기 위해 마음놓고 기다리며 휴식을 취할 수 있는 대기실에서 제공하는 가장 좋은 오락 요소들

해설

빈칸 앞의 the best가 키워드가 될 수 있습니다. 빈칸 뒤에 to부정사가 왔으므로 앞의 명사와 어떻게든 연관성이 있다는 것입니다. 듣기에서 the best entertainment options to provide라고 했으므로 entertainment options가 정답입니다. 주의사항은 정답이 단수와 복수의 복합형태라는 것입니다. 감점이나 오답 처리될 수 있으니 주의해야 합니다.

+ 32 정답

waiting room 대기실

Key sentence

I should point out that the reception area should be considered as being an extension of the waiting room

접수창구는 대기실의 연장으로 고려되어야 한다는 점을 지적할 수 있습니다.

해설

reception area에 관한 것이고 빈칸 앞에 an extension of가 있으므로 이 부분을 키워드로 잡고 들으면 the waiting room이 정답입니다.

+ 33 정답

receptionist 접수원

Key sentence

receptionist should be immediately visible to incoming patients. Having a receptionist hidden behind a sliding glass window will not make patients feel at ease

접수원은 환자가 들어오는 즉시 보여야 합니다. 유리창 뒤에서 접수받는 것은 환자들이 편안하게 느끼지 않을 것입니다.

빈칸 앞에 patients can easily see가 있으므로 정답은 쉽게 찾을 수 있는 사람, 사물, 지역을 나타내는 단어임을 추측할 수 있습니다. 들려주는 문장에서 receptionists, immediately visible, incoming patients라는 단어들이 모여서 정답을 이룹니다. immediately visible은 문제의 can easily see와 매칭이 되는 단어입니다.

+34 정답

one window 1개의 창문

Key sentence

Several things must be considered: the waiting room should have at least one window

몇 가지 반드시 고려되어야 합니다. 대기실은 최소한 1개의 창문이 있어야 합니다.

waiting room features에 관한 부분이며, 빈칸 앞에 at least가 있으므로 정답은 숫자, 횟수 등임을 예상할 수 있습니다. 정답은 one window입니다.

+35 정답

noise/noise level 소음

Key sentence

Carpeting may not be the most practical solution to keeping the floor clean, but it keeps the noise level down.

카펫은 바닥의 깨끗함을 유지하는 데 실질적인 해결책은 아닙니다. 그러나 소음을 줄일 수 있습니다.

carpets와 동사 reduce로 미루어 보아 '줄일 수 있는 무언가(명사)'가 정답임을 예상할 수 있습니다. reduce와 유사한 단어는 동사로 decrease, refrain, 전치사 down 등이 있습니다. 여기서는 keeps the noise level down으로 표현한 부분이 정답입니다.

+36 정답

safety 안전

Key sentence

Most doctors prefer incandescent rather than fluorescent lighting because it's homier, but make sure your room is well lit for safety as well as for comfortable reading.

대부분의 의사는 더 편안하다는 이유로 형광등보다 백열등을 선호하지만 대기실은 편안히 책을 읽기 위해서 뿐만 아니라
안전을 위해서도 채광을 좋게 해야 합니다.

해설

lighting과 seating에 관련된 내용이며, 문제에 not only~but also '~뿐만 아니라 ~도' 구문이 있습니다.
따라서 두 가지를 이야기하는 것이 정답이 됩니다. 앞에 이미 patients can read라고 한 가지를 언급했으
므로, read와 어울리는 다른 부분을 듣기만 하면 정답을 쉽게 찾을 수 있습니다. 여기서는 as well as라는
동의어를 이용해서 정답을 언급했습니다. for safety as well as for comfortable reading, 즉 safety가 정답
입니다.

+ 37 정답

The elderly/Elderly patients 노인

Key sentence

elderly people often have difficulty getting up from a sofa without the help
of two sturdy arms, so they much prefer chairs.
노인들은 간혹 튼튼한 두 팔의 지지 없이 소파에서 일어나는 것을 힘들어 하므로 의자를 더 선호합니다.

해설

sofa보다는 chair를 더 선호한다는 내용의 문장이므로 정답인 주어는 사람명사임을 알 수 있습니다. 듣기
에서 elderly people과 so, they much prefer chairs라는 언급을 했습니다. 이때 [the+형용사] 형태가 [the+
형용사+people]의 의미로 쓰이기 때문에 정답은 The elderly 또는 Elderly patients가 됩니다.

+ 38 정답

Internet access/The Internet 인터넷

Key sentence

according to studies, having a TV or Internet access in the waiting room
can send patients the message that they should expect to wait a long time
and be inconvenienced.
연구에 따르면, 대기실에서 TV나 인터넷을 할 수 있게 하는 것은 환자들에게 오랜 시간 기다리거나 불편할 수 있다는 메시
지를 전달할 수 있습니다.

해설

빈칸 앞에 television, 뒤에 negative message가 키워드입니다. 듣기에서 TV와 Internet access를 언급했
고 message, a long time, inconvenienced 등 부정적 의미의 단어들만 들으면 TV와 함께 언급한 Internet
access 또는 The Internet이 정답임을 알 수 있습니다. Internet은 고유명사로 취급하기 때문에 항상 대문
자 I로 표기합니다.

+ 39 정답

restroom/bathroom

Key sentence

Also, and this is extremely important, make sure that there is a patients' restroom connected to the waiting room, especially if the building doesn't supply a convenient one.

또한, 이것은 매우 중요합니다. 특히 건물에 화장실이 없다면 대기실에 연결된 환자들의 화장실이 있어야 합니다.

해설

빈칸 앞부분의 make sure와 뒤에 patients가 키워드입니다. 듣기에서 make sure와 patients' restroom이 연결되어 나왔으므로 정답은 patients' restroom입니다. restroom 이외에 bathroom으로 표기해도 무방합니다.

+ 40 정답

Plants

Key sentence

plants are a good addition to any waiting room, but keeping them alive can be a lot of work, so many practices use silk alternatives. They can also act as a room divider and provide privacy.

식물은 어떤 대기실에도 좋은 장식이지만, 살아있도록 유지하는 것은 많은 일이 될 수 있어서 대부분 사무실에서는 조화를 사용합니다. 이는 공간도 나누고, 사생활을 보호할 수 있습니다.

해설

빈칸 뒷부분에 a room divider와 privacy가 키워드입니다. 듣기에서 주어로 언급된 Plants가 정답입니다. 문장의 맨 앞에 오므로 대문자로 시작한다는 것도 꼭 기억하세요.

IELTS Listening 대비 필수 Tip 3

1. 기본적으로 듣기 연습을 매일 꾸준히 한다.
2. 듣고 받아쓰는 연습을 한다.
3. 동의어를 적어도 2~3개 정도는 함께 알아둔다.

IELTS Listening 체력단련

Listening 실력 향상을 위한 효과적인 훈련을 위해 다양한 연습문제를 준비했습니다. 다시 한 번 강조하지만 듣는 연습과 받아쓰는 연습을 병행해야 빠른 시간에 높은 효과를 볼 수 있습니다.

Listening Practice

[Question 1-10] 대화문을 듣고 빈칸에 알맞은 어휘를 써넣으세요. **L-09**
(스펠링에 유의하고, 답변은 두 단어 이상일 수도 있습니다.)

1. M: Hello, can you please _________________ a _________________ for my digital camera?

   안녕하세요, 제 디지털 카메라에 부착할 새로운 줌 렌즈를 찾는데 도와줄 수 있나요?

   W: Sure, I'd be _____________ to help you. We have a _________________ and camera parts for _____________ .

   물론입니다. 얼마든지 도와드릴게요. 우리는 매우 다양한 줌 렌즈를 가지고 있고 모든 모델의 카메라 부품이 있습니다.

2. M: But it's _________________ at $1,500. That's _________________ for me to spend. Do you have anything more _____________?

   1,500달러는 좀 비싸군요. 제가 구매하기에는 좀 부담스럽습니다. 좀 더 저렴한 제품이 있나요?

   W: Maybe last year's model the _____________ is more _____________ . It has _____________ but is of _________________ . Do you want to try it?

   작년 모델인 EF-S 700이 적당할 것 같습니다. 이 모델은 비슷한 옵션을 가지고 있고 가격에 비해 좋습니다. 이것을 보시겠어요?

3. W: Good evening, we are having a _________________ and would like to _________________ for _________________ .

   안녕하세요. 우리는 직원 파티를 열 예정인데. 오후 7시 30분에 35명을 예약하려고 합니다.

   M: I'm _____________ to tell you that we don't have _________________ . There are two other parties tonight. _____________ tomorrow would be better.

   안타깝게도 우리는 여약 가능한 곳이 없습니다. 오늘 밤에는 2개의 파티가 있습니다. 아마도 내일이 더 좋을 것 같습니다.

4. W: Actually, ______________________ would probably be better. Let me

___________ you my information to ______________________ . The name is

______________ .

실은, 내일 오후 7시 30분이 더 괜찮을 것 같습니다. 예약을 위해서 제 정보를 드리겠습니다. 제 이름은 Clarkson입니다.

M: Great, so I will put you down for ______________________ tomorrow.

알겠습니다. 내일 오후 7시 30분으로 3년명 예약해두겠습니다.

5. M: Can you please give me a ______________________ to Narita Airport in Tokyo.

I'd like to take an ______________________ and return on ______________________ .

도쿄에서 Narita 공항으로 가는 왕복 티켓이 있나요? 저는 이른 아침 비행기로 출발하여 화요일 아침에 돌아오고 싶습니다.

W: We have a morning flight ______________ tomorrow at 7 A.M. which

______________ San Francisco ______________________ . Is this ______________ ?

내일 오전 7시에 떠나고 샌프란시스코에 화요일 밤 10시에 도착하는 비행기가 있습니다. 괜찮겠습니까?

6. M: That's fine with me. How long will the ______________ take?

좋습니다. 비행시간이 얼마나 걸리나요?

W: It takes about ______________ including the ______________ in Hong Kong.

홍콩을 경유하여 15시간이 걸립니다.

7. W: Hey, I got our______________ and passes for the seminar session.

저기, 제가 세미나를 들을 수 있는 인증서와 출입증을 받아왔습니다.

M: Yes, but they ______________ my name. I don't ______________________ it since I

need to ______________ my ______________________ . I need to ______________________ and

______________________ and get some ______________ and ______________ .

알겠습니다. 그런데 그들이 제 이름을 잘못 작성했습니다. 프레젠테이션을 준비해야 해서 제 이름을 고칠 시간이 없습니다.
호텔을 떠나 자동차로 가서 슬라이드와 자료를 가지고 와야 합니다.

8. W: Why don't I ______________ it? You go back to the ______________ and

______________________ .

제가 도와드릴까요? 당신은 주차장으로 돌아가서 당신의 짐을 챙기세요.

M: That's perfect. I won't have ______________ .

좋습니다. 오래 걸을 필요가 없겠네요.

9. W: Good morning Helen. This is ______________________ in the management office.

How's the ______________________ coming along?

좋은 아침입니다 Helen. 저는 관리사무실에서 근무하는 Jackson Brewster입니다. 터널 공사는 어떻게 진행되고 있습니까?

10. M: We are only______________________ . There was some ______________
last month. But my team expects to ______________________ by May.

우리는 스케줄보다 3일가량 뒤쳐져 있습니다. 지난 달에 장마가 있었습니다. 그러나 저의 팀은 터널을 5월까지 완공할 것으로 예상하고 있습니다.

W: That's______________________ . Would you let me know ______________
______________________ ?

좋은 소식입니다. 마지막 부분이 완공되면 저한테 알려주시겠습니까?

정답

1. help me find / new zoom lens / happy / wide range of zoom lens / all models
2. rather expensive / too much / affordable / EF-S 700 / suitable / similar options / better value
3. staff party / make a reservation / 35 people at 7:30 P.M. / afraid / anything available / Perhaps
4. tomorrow at 7:30 P.M. / give / reserve our table / Clarkson / 35 people at 7:30 P.M.
5. round-trip ticket / early morning flight / Tuesday morning / departing / comes back to / Tuesday night at 10 P.M. / acceptable
6. trip / 15 hours / stopover
7. credentials / misspelt / have time to fix / prepare / presentation / leave the hotel / go back to the car / slides / materials
8. take care of / parking lot / get your stuff / far to walk
9. Jackson Brewster / tunnel construction
10. 3 days behind schedule / rainy weather / complete the tunnel / great news / when the final section is finished

[Question 11-25] 대화문을 듣고 질문에 알맞은 답을 고르세요.

[11-13] L-10

11. What are the speakers mainly discussing?
(A) A breakfast menu
(B) A job interview
(C) A newspaper article
(D) A sales meeting

12. When will the speakers probably meet each other on Tuesday?
(A) In the early morning
(B) In the late morning
(C) In the late afternoon
(D) In the early evening

13. What does the woman ask the man to do?
(A) Come to her office.
(B) Read a report.
(C) Submit an application.
(D) Attend a conference.

[14-16] L-11

14. What is the woman looking for?
(A) A meeting agenda
(B) A registration package
(C) An engineering student
(D) A telephone number

15. Why is Fred unavailable?
(A) He is on vacation.
(B) He is making a delivery.
(C) He is working overseas.
(D) He is at the dentist.

16. What does the man suggest?
(A) Visiting a website
(B) Making additional photocopies
(C) Speaking to a manager
(D) Reschedule an appointment

[17-19] L-12

17. Why is Bernie going to Portland?

(A) Manage a factory team

(B) Organize a conference

(C) Visit a competitor's factory

(D) Start a business

18. Why was Bernie demoted to his new role?

(A) Knowledge of product development

(B) A university degree in marketing

(C) Lazy attitude at work

(D) A recent language training

19. According to the man, why will Bernie be busy?

(A) Product sales in Asia increased.

(B) Training sessions have been lengthened.

(C) A new advertising campaign has begun.

(D) A branch office has opened.

[20-22] L-13

20. Where does this conversation take place?

(A) In a classroom

(B) In a store

(C) In an auditorium

(D) In a taxi

21. What is the man's problem?

(A) He has lost some of his luggage.

(B) He is not dressed warmly enough.

(C) He is late for conference session.

(D) He does not have directions to a hotel.

22. When does the conference session begin?

(A) At 1 P.M.

(B) At 2 P.M.

(C) At 3 P.M.

(D) At 4 P.M.

[23-25] L-14

23. **What are the speakers discussing?**

    (A) A plan to reduce marketing costs

    (B) A strategy to improve client communications

    (C) A schedule for updating marketing programs

    (D) A policy for improving billboard signs

24. **Who is dissatisfied?**

    (A) Graphics people

    (B) Marketing staff

    (C) Distributors

    (D) Receptionists

25. **What does the man suggest?**

    (A) Ordering new handbooks

    (B) Scheduling some training sessions

    (C) Compromising

    (D) Distributing a survey

[11-13]

M: Jessica, we need to hire a **new account representative** by Friday, Can you help me with the **interview**?

W: Let's see, this week is really busy for me. I have some **meetings with the creative department** and then a conference call. Can't it wait until **next** week?

M: If I **move** some of my **appointments** that would be fine. When will your conference call finish?

W: It might be **done by 3 P.M.** Just **come over** to my office after that and we can discuss it.

M: Jessica, 우리는 새로운 회계 관리자를 금요일까지 고용해야 해요. 인터뷰하는 것을 도와주실 수 있나요?

W: 어디 볼게요. 이번 주는 굉장히 바쁘네요. 제작 부서와 회의가 있고 전화 회담이 있어요. 다음 주까지 기다릴 수는 없나요?

M: 일부 약속을 미루면 괜찮을 거예요. 전화 회담은 언제 끝나세요?

W: 오후 3시에 끝날 것 같아요. 3시 이후에 저의 사무실로 찾아오면 돼요. 그때 상의해 보죠.

11. 무엇을 중점으로 말하고 있나요? 정답 (B)

(A) 아침 식사메뉴

(B) 직업 인터뷰

(C) 뉴스기사

(D) 영업회의

12. 그들은 화요일 언제 만날 예정인가요? 정답 (C)

(A) 이른 아침

(B) 늦은 아침

(C) 늦은 오후

(D) 이른 저녁

13. 여자는 남자에게 무엇을 요청했나요? 정답 (A)

(A) 그녀의 사무실로 와라.

(B) 보고서를 읽어라.

(C) 지원서를 제출해라.

(D) 회의에 참석해라.

W: Mr. Drexel, do you **happen** to have the **registration forms** for the new engineering students? They will be registering **early tomorrow morning**.

M: Oh no, I left the **entire package** in the administration office on Fred's desk. Unfortunately, he is **away for the afternoon** at a **dentist's appointment**.

W: Then how will I get the **package**?

M: If you like, you could **visit the administration office website** and then **print out** the materials from there.

W: Drexel 씨, 공과대학 신입생을 위한 등록신청서를 혹시 가지고 있나요? 그들은 내일 이른 아침에 신청할 거예요.

M: 아니요, 모든 자료를 행정부 Fred의 책상 위에 두고 왔어요. 안타깝게도, 그는 오후에 치과 진료 예약이 있어서 지금 없습니다.

W: 그러면 제가 어떻게 그 자료를 받을 수 있나요?

M: 원한다면 행정부 웹 사이트에 들어가면 자료를 다운받을 수 있습니다.

14. 여자가 찾는 것은 무엇인가요 정답 (B)

(A) 회의 안건

(B) 등록 관련 자료들

(C) 공과대학 학생

(D) 전화번호

15. 왜 Fred를 만날 수 없나요? 정답 (D)

(A) 그는 휴가 중이다.

(B) 그는 배달 중이다.

(C) 그는 해외에 근무 중이다.

(D) 그는 치과에 있다.

16. 남자가 제안한 것은 무엇입니까? 정답 (A)

(A) 웹 사이트를 방문하는 것

(B) 여분의 복사본을 만드는 것

(C) 매니저한테 이야기하는 것

(D) 약속을 다시 잡기

M: Did you hear that Bernie is being **demoted** to our regional office in Portland? It **surprised** me. He's only been working here for **a few months**. So, he's still learning about our business.

W: Yes, he will be **in charge of** the factory team there. **Given** his lazy **attitude** at work, it's not that **surprising**.

M: Well, it **sounds like** he will be busy in the Portland office doing **simple tasks**. Our sales almost **doubled** in Asia in **the last six months**.

M: Bernie가 Portland 지점으로 강등되었다는 거 들었어요? 놀랍네요. 일한 지 몇 개월밖에 안 되어서 아직 배우는 중이잖아요.

W: 맞아요. 그곳에서 공장 팀을 담당할 거예요. 그의 나태한 태도를 본다면 놀랍지 않아요.

M: 음, 그는 Portland 지점에서 단순한 작업으로 바쁘겠네요. 아시아에서의 판매량은 지난 6개월의 거의 두 배였어요.

17. Bernie는 왜 Portland로 가나요? 정답 (A)

(A) 공장 팀을 관리하러

(B) 회의를 구성하러

(C) 경쟁자의 공장을 방문하러

(D) 새로운 사업을 시작하러

18. Bernie는 왜 새로운 직무로 강등당했나요? 정답 (C)

(A) 상품 개발에 대한 ㅈ 식

(B) 마케팅 분야 대학 학위

(C) 일할 때 게으른 태도

(D) 최근 언어 훈련

19. 남자에 의하면, 왜 Bernie가 바빠질까요? 정답 (A)

(A) 아시아에서 상품 판매량이 증가했다.

(B) 교육 기간이 길어졌다.

(C) 새로운 광고 캠페인이 시작되었다.

(D) 지점을 개설했다.

M: This Home Economics classroom is quite cold **with no heat**. The only clothes I packed were a thin **windbreaker**. I **wonder** where I can buy some more clothes?

W: I saw a small clothing store **across from the shopping mall.** Check there. You could probably **walk** right over there.

M: I'll ask some students in the **lecture hall**. They will know the **closest place**. There is enough time **since** the next class doesn't start **until 4 P.M.**

M: 요번 가정 경제 강의실은 온풍기가 없어서 꽤 춥네요. 내가 가져온 옷은 얇은 바람막이 재킷뿐이에요. 옷을 살 만한 곳은 어디에 있나요?

W: 제가 쇼핑몰 맞은편에 조그마한 옷 집을 봤어요. 확인해보세요. 아마 걸어갈 수 있을 거예요.

M: 강당에 있는 학생들에게 물어볼게요. 그들은 제일 가까운 곳이 어딘지 알 거예요. 오후 4시까지 다음 수업이 없으니 시간은 충분하겠네요.

20. 이 대화는 어디서 진행됩니까? 정답 (A)

(A) 교실에서

(B) 상점에서

(C) 강당에서

(D) 택시 안에서

21. 남자의 문제는 무엇입니까? 정답 (B)

(A) 그는 짐의 일부를 잃어버렸다.

(B) 그는 따뜻하게 입지 않았다.

(C) 그는 회의에 늦었다.

(D) 그는 호텔로 가는 길을 잃어버렸다.

22. 언제 수업이 시작하나요? 정답 (D)

(A) 오후 1시

(B) 오후 2시

(C) 오후 3시

(D) 오후 4시

W: **Mr. Reynolds, lately I have received some feedback from our marketing staff about the new billboard sign policy. They are not very happy with it.**

M: **I know that switching from radio commercials to visual ads using billboards sounds good, but they don't like it. What is the problem?**

W: **Actually, the marketing people told me that the graphics on the billboards were complicated to produce cheaply.**

M: **The reason the policy was changed was to bring in more advertising accounts and revenue. Maybe we can compromise on this so everyone is satisfied.**

W: Reynolds 씨, 최근 우리 마케팅 직원으로부터 광고정책에 관한 피드백을 받았습니다. 그들은 그 정책에 대해 별로 반가워하지 않습니다.

M: 라디오 광고에서 광고판을 이용한 시각적 효과로 바뀌는 것은 좋은 생각인데, 그들은 좋아하지 않는군요. 무엇이 문제일까요?

W: 사실은, 마케팅 직원들이 말하기를 광고판의 그래픽은 저렴하게 만들기가 복잡하다고 합니다.

M: 정책을 바꾼 이유는 더 많은 광고와 수입을 얻기 위해서입니다. 모두 만족할 수 있도록 이 문제에 대해 타협점을 찾아야겠네요.

23. 그들은 무엇을 토론하그 있나요? 정답 (D)
(A) 마케팅 비용을 줄이기 위한 계획
(B) 고객소통을 향상시키기 위한 전략
(C) 마케팅 프로그램을 업데이트하기 위한 일정
(D) 광고 효과 개선 정책

24. 누가 불만족스러운가요? 정답 (B)
(A) 그래픽 직원들
(B) 마케팅 직원
(C) 배급업자
(D) 접수원들

25. 남자가 제안한 것은 무엇인가요? 정답 (C)
(A) 새로운 안내서 주문
(B) 일부 교육 일정
(C) 타협
(D) 설문지 배포

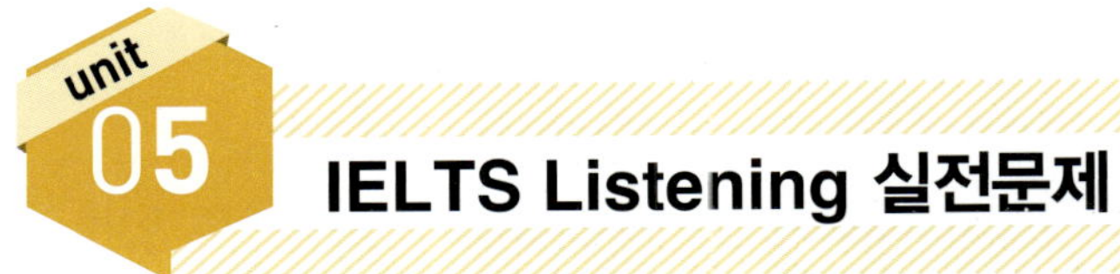

IELTS Listening 실전문제

SECTION 1

Questions 1-10 L-15

You will hear two people, Chris and Emily, having a conversation at the main entrance of an amusement park. First, you have some time to look at questions 1 to 5. You'll see that there is an example that has been done for you. On this occasion only, the conversation relating to this will be played first.

> EMILY: Oh, Chris, you're here. I expected you earlier. Did something hold you up?
>
> CHRIS: Emily, I am so sorry I'm late. What time did you get here? I hope you haven't been waiting too long.
>
> EMILY: Well, I arrived at 8 like we had arranged, so I've been here for twenty minutes. Don't worry about it, though. I've been busy reading about all the amusement park attractions in this visitor's pamphlet. Take a seat. Did you have breakfast yet? There's a restaurant over there. I was considering getting a waffle.

Choose the correct letter, A, B, or C.

> **Example**
>
> How many minutes late was Chris?
>
> A. fifteen minutes
>
> B. twenty minutes
>
> C. thirty minutes

Chris was late by twenty minutes, so B has been circled. Now we shall begin. You should answer the questions as you listen, because you will not hear the recording a second time. Listen carefully, and answer questions 1-5.

1. What does Chris want to eat?
   A. eggs
   B. toast
   C. fruit

2. What caused Chris to be delayed in the car park?
   A. He could not find a space.
   B. He dropped his car key.
   C. He took a wrong turn.

3. Who did Chris talk to in the car park?
   A. a work colleague
   B. a college professor
   C. a former classmate

4. Jason gave Chris a special voucher for
   A. a gift shop
   B. a restaurant
   C. a roller coaster

5. What do Chris and Emily decide to order?
   A. just coffee
   B. just food
   C. coffee and food

Before you hear the rest of the conversation, you have some time to look at questions 6 to 10. Now, listen and answer questions 6 to 10.

Questions 6-8   `L-16`
Complete the notes below using words from the box.

> • Water Park　　　• Butterfly Garden
> • Petting Zoo　　　• Roller Coaster Zone
> • Circus Show

Park attractions/areas open all day: the **6** __________________ *and the Water Park.*

Park attractions/areas NOT open on weekdays: the **7** __________________ *and the Dolphin Show.*

Park attractions/areas included in park admission fee: the **8** __________________ *and the Circus Show.*

Questions 9 and 10
Complete the sentences below.

9. *The first place Chris and Emily will visit is the* __________________
10. *At the Water Park, Chris would really like to* __________________

SECTION 2

Questions 11-20

You will hear part of a workplace orientation given by a human resources supervisor. First, you have some time to look at questions 11 and 12. Now listen carefully and answer questions 11 and 12.

Questions 11-12 `L-17`
Choose the correct letter, A, B, or C.

11. The CCPS orientation will take place
   A. only in the morning
   B. in the morning and afternoon
   C. only in the afternoon

12. The CCPS orientation will NOT cover
   A. how to enroll in benefits programs
   B. how to complain about discrimination
   C. how to create effective lesson plans

Before you here the rest of the talk, you have some time to look at questions 13 to 20. Now, listen and answer questions 13 to 20.

Questions 13-20 `L-18`

Complete the notes below. Write NO MORE THAN TWO WORDS for each answer.

Employee E-mail and Passwords

- Unique passwords assigned to all CCPS employees
- Used for communication between management and staff members
- E-mail accounts created within **13** _________________ of orientation
- Delays may occur if necessary items are not submitted in time, or if there is a large number of **14** _________________
- Contact Mr. **15** _________________ in the event of any problems

The U-LINK System

- This is an multi-purpose intranet system used by CCPS
- Employees can use it to:
  - View salary and benefits information
  - View and print **16** _________________
  - Update personal information
  - Request important documents from **17** _________________

Salary and Sick Leave

- All employees are paid on a monthly or bi-weekly basis
- Employees should talk to the **18** _________________ if they wish to work overtime
- Monthly paid employees are typically paid on the 10th of each month, except in **19** _________________ , when employees will be paid on the 15th
- Employees shall receive a standard annual total of two weeks paid leave
- In the case of a family bereavement, an additional **20** _________________ may be granted
- Unused sick days can be carried forward to the following year

SECTION 3

Questions 21-30

You will hear three friends discussing an end of term project they are going to work on together. First, you have some time to look at questions 21 to 26. Now, listen carefully and answer questions 21 to 26.

Questions 21-24 🎧 **L-19**

Complete the notes below.
Write NO MORE THAN TWO WORDS AND/OR A NUMBER for each answer.

END OF TERM PROJECT

SECTION 1: ESSAY

Title: Investigate **21** _______________________ of Online and Offline Shoppers
Minimum word count: **22** ___________________

SECTION 2: PUBLIC SURVEY

Choose one method of shopping to focus on.
Survey no less than **23** ___________________ members of the public

SECTION 3: ANALYSIS OF SURVEY DATA

Recommended word count: **24** ___________________

Questions 25 and 26

Chose TWO letters A-E.
What two disadvantages of surveying people about online shopping do the students discuss?

A. People tend to forget about transactions they have made online.
B. There is very little seasonal variation in online shopping.
C. Online product prices are quite often not comparable to store prices.
D. Some people avoid shopping online because they worry about security.
E. Very few people in the region have easy access to a computer.

Before you hear the rest of the conversation, you have some time to look at questions 27 to 30. Now, listen and answer questions 27 to 30.

Questions 27-30   L-20

Complete the table below.

*Write **NO MORE THAN THREE WORDS OR A NUMBER** for each answer.*

AUTHOR	BOOK TITLE	BOOK PUBLISHER	PUBLICATION YEAR
27 _________	'The Global Rise of Internet Consumerism'		
Davidson	28 _________	29 _________	
Parker	'Online Shopping: The Death of the Shopping Mall'	Chicago Publishing House	30 _________

SECTION 4

Questions 31-40 `L-21`

You will hear the beginning of one lecture in a series of lectures about neural disorders. First, you have some time to look at questions 31 to 40.
Now, listen carefully and answer questions 31 to 40.

Complete the sentences below.
Choose the correct letter, A, B, or C.

31. The number of cases of diagnosed autism has risen significantly
    A. over the past fifty years
    B. over the past twenty years
    C. over the past thirty years

32. Autism causes impairments to communication and
    A. social interaction
    B. physical movement
    C. mathematical ability

33. Children diagnosed with autism can function better after undergoing
    A. experimental surgery
    B. neurological testing
    C. behavioural therapy

34. Evidence of autism is normally detected by parents
    A. within one year of their child being born
    B. after a child has reached four years of age
    C. within the first two years of a child's life

35. A recent report by the CDC showed that the rate of autism in children had
    A. almost doubled over the past ten years
    B. remained steady until 2002
    C. nearly tripled over the last two decades

36. According to the CDC report, the largest increase was seen in
    A. females
    B. white children
    C. Hispanic children

37. Experts believe that increased rates of autism can be attributed to
    A. better awareness of the disorder
    B. late diagnosis of the disorder
    C. a lack of proper screening methods

38. One of the factors thought to be related to the onset of autism is
    A. insufficient social interaction between children
    B. the poor diet of mothers during pregnancy
    C. the presence of harmful chemicals in foods

39. Health experts often blame genetics for the rise in autism rates
    A. because independent studies have shown this to be true
    B. because they do not want to acknowledge more controversial causes
    C. because other potential causes have been disproven

40. In the case of Gary Smith, the court ruled that
    A. earlier diagnosis might have prevented his condition
    B. his condition improved after receiving the MMR vaccine
    C. vaccines were directly responsible for his condition

1. C	21. spending habits
2. B	22. two thousand
3. C	23. one hundred
4. A	24. 600-800
5. C	25. B and D IN EITHER ORDER
6. Butterfly Garden	26. B and D IN EITHER ORDER
7. Circus Show	27. Sykes
8. Water Park	28. The Global Store
9. Petting Zoo	29. New York Publishing
10. get a suntan	30. 2008
11. B	31. B
12. C	32. A
13. five days	33. C
14. new employees/staff/workers	34. C
15. Brody	35. A
16. payroll history	36. C
17. Human Resources	37. A
18. school principal	38. C
19. December	39. B
20. seven days	40. C

★ 스크립트 및 해석

SECTION 1

Questions 1-10

놀이동산의 입구에서 대화를 하는 **Chris**와 **Emily** 두 사람의 대화를 듣게 될 것입니다. 먼저, *1~5번* 문제를 살펴볼 시간이 있습니다. 여러분을 위해 완성된 하나의 예를 볼 것입니다. 이 경우에만 이와 관련된 대화가 먼저 재생될 것입니다.

EMILY: 오, Chris. 왔구나. 일찍부터 기다렸어. 무슨 일 있었어?

CHRIS: Emily, 늦어서 미안해. 언제 도착했어? 너무 오래 기다린 건 아니었음 좋겠어.

EMILY: 음, 나는 약속한 8시에 도착해서 20분 정도 있었어. 걱정 마. 이 방문객 팸플릿의 놀이공원 명소에 관해 읽고 있었어. 앉아. 아침은 아직이지? 저쪽에 음식점이 있어. 와플을 먹을까 생각하고 있었어.

A, B, C 중 적절한 것을 선택하세요.

[예제]

Chris는 얼마나 늦었나요?

A   15분

B   20분

C   30분

Chris는 **20분**을 늦었습니다. 그래서 **B**에 동그라미가 표시되었습니다. 이제 시작해봅시다. 당신은 음성을 두 번 들을 수 없기 때문에 들으면서 잘 듣고 답변해야 합니다. 주의 깊게 듣고 *1~5번* 문제에 답해봅시다.

CHRIS: I'll just have a banana or something. Are you going to get a waffle?

EMILY: Yes, I think so. Let's sit at one of the tables outside the restaurant. So, why were you late? Was there some kind of problem?

CHRIS: Actually, yes. You know I was worried about finding my way here? Well, it turns out that it was really simple, so I got here quite early. Plus, it was absolutely no hassle finding a parking space. But after I locked the car door and started walking, I dropped my key and accidently kicked it underneath another car. I was having trouble reaching it, and then another guy asked if I needed any help.

EMILY: Oh, really? Was it one of the amusement park's parking attendants?

CHRIS: No, he used to be in my class for Professor Brown's Business Studies class. His name's Jason, and he works for an engineering firm these days. He said his firm often does work at the amusement park so he's here at least once a week checking that all the rides are safe.

EMILY: His job sounds exciting!

CHRIS: Yeah, it does. He recommended some rides that we should go on, and he told me which areas of the park are worth visiting. It's such a huge place. Oh, and he also gave me this voucher that we can use in the gift shop to get a free T-shirt. The shop is right next to the big roller coaster. I told him he's too generous, but he says he has lots of these vouchers.

EMILY: That's still really nice of him. Oh, here's the waitress. Let's order. Do you want anything to drink as well?

CHRIS: Well, I'm pretty tired, and we have a busy day ahead, so let's get two coffees and whatever something to eat.

EMILY: Sounds great!

CHRIS : 나는 바나나 또는 다른 것을 먹을 거야. 와플 먹을 거지?

EMILY : 응, 맞아. 음식점 밖의 테이블에 앉자. 그래, 왜 늦었어? 무슨 문제가 있었어?

CHRIS : 응, 사실은 내가 여기 찾아오는 길을 걱정한 걸 알고 있었지? 음, 정말 간단해서 꽤 일찍 도착했어. 게다가, 주차 공간을 찾는 데 전혀 불편이 없었고. 그런데 차문을 잠그고 걷기 시작한 후에 실수호 내 차 키를 떨어뜨리고 다른 차 밑으로 발로 찬 거야. 찾는 게 어려웠는데, 그때 어떤 사람이 내게 도움이 필요한지 물어봤어.

EMILY : 아, 정말? 놀이동산의 주차원 중 한 명이었어?

CHRIS : 아니, Brown 교수님의 Business Studies 수업을 같이 들은 사람이었어. 그의 이름은 Jason이고, 그는 요즘 엔지니어링 회사에서 일한대. 그의 회사가 자주 이 공원에서 일을 해서 적어도 1주일에 한 번은 놀이기구가 안전한지 확인하기 위해 여기 온다고 하더라고.

EMILY : 일이 참 재미있겠네!

CHRIS : 응, 그렇대. 그는 우리가 탈 만한 놀이기구를 추천해줬어. 그리고 공원의 어느 지역을 가봐야 할지도 말해줬어. 정말 넓은 장소야. 아, 그리고 선물가게에서 무료 티셔츠를 받을 수 있는 쿠폰을 줬어. 그 상점은 큰 롤러코스터 바로 옆에 있대. 나는 그에게 그러지 않아도 된다고 했는데, 그는 이 쿠폰을 많이 갖고 있다고 했어.

EMILY : 정말 좋은 사람이다. 아, 여기 웨이트리스가 왔네. 주문하자. 너 음료도 마실래?

CHRIS : 음, 나 좀 피곤한데, 우리 앞으로 바쁜 하루를 보내야 하니 커피 2잔과 먹을 것을 좀 시키자.

EMILY : 좋아!

1. Chris가 먹고 싶은 것은 무엇인가요?

    A. 달걀

    B. <u>토스트</u>

    C. 과일

2. Chris가 주차장에서 늦은 이유는 무엇인가요?

    A. 그는 주차공간을 찾을 수 없었다.

    B. 그는 그의 차키를 떨어뜨렸다.

    C. 그는 길을 잘못 찾았다.

3. Chris는 주차장에서 누구와 이야기했나요?

    A. 동료 직원

    B. 대학교수

    C. 이전 반 친구

4. Jason은 Chris에게 어떤 쿠폰을 주었나요?

    A. 선물가게

    B. 음식점

    C. 롤러코스터

5. Chris와 Emily는 무엇을 주문하기로 했나요?

    A. 커피만

    B. 음식만

    C. 커피와 음식

나머지 대화를 듣기 전에 6~10번 문제를 살펴볼 시간이 있습니다. 이제, 잘 듣고 6~10번 문제에 답하세요.

CHRIS: Well, let's decide what rides we want to go on and which other things we want to see today. I guess a nice place to start would be a walk through the Butterfly Garden, and then I'd love to see the Dolphin Show. So, when do those two areas open on Fridays?

EMILY: Well, this pamphlet is a little confusing, but I think the Butterfly Garden is only open from noon until closing time at 6 p.m. No, hold on a moment; that's the Roller coaster Zone. The Butterfly Garden is open all morning and afternoon. The Dolphin Show is on from one to three, so we can't see that until after lunch. And, I really want to check out the Petting Zoo, because they've got lots of animals that I'd like to see.

CHRIS: What else should we see?

EMILY: Well, the pictures of the Water Park look great, and the pamphlet description makes it sound worth visiting. Also it's open all day, from nine to six, so we can go there any time. I'd like to see the Circus Show, which starts at 4 o'clock, but… oh… no, wait, that's only on Saturdays.

CHRIS: Well, we'd better forget about the Circus Show. That's a shame.

EMILY: Yes, but the Petting Zoo is only closed on Saturday and Sunday, so at least we're able to go there today. It's only open in the mornings though. Oh dear, I just realized that the Dolphin Show is only on weekends, so that's another thing to strike off the list. Well, I'm glad to see that the Water Park is open all day, 7 days a week.

CHRIS: Are all these places included in the admission fee, or do we have to pay an extra charge to get in? What does the pamphlet say?

EMILY: I think there's a charge for all of them except the Water Park. Oh, and the Circus Show. Both of those are included in the admission fee.

CHRIS: Ok, well, it looks like this is our best plan: first, we'll go to see the animals that you want to see in the zoo, then spend some time in the Butterfly Garden. After lunch, we can ride the roller coasters, and then cool down in the Water Park.

EMILY: Good idea. By the way, it says here that the Water Park here is one of the biggest in Europe.

CHRIS: Really? What I really want to do at the Water Park is get a suntan. I've been so busy working lately that I haven't had any time to get outside in the sun.

EMILY: OK, well, I think we have a busy day ahead. But next time, let's make sure to come on a Saturday so that we can see the Circus Show. I heard that it's really spectacular.

CHRIS: 음, 타고 싶은 놀이기구와 보고 싶은 것을 결정하자. 시작하기 좋은 장소는 나비정원을 산책하는 거야. 그리고 나는 돌고래 쇼를 보고 싶어. 그럼 금요일에 두 군데는 언제 문을 열지?

EMILY: 음. 이 팸플릿이 조금 복잡하긴 한데. 나비정원은 오후 12~6시까지만 하네. 아니. 잠시만. 그건 롤러코스터 존이네. 나비정원은 아침과 오후 내내 한대. 돌고래 쇼는 1~3시에 해. 그래서 점심이 지나야 볼 수 있겠어. 그리고 나는 보고 싶은 동물들이 많아서 정말로 동물원에 가보고 싶어.

CHRIS : 그밖에 또 뭘 볼까?

EMILY : 워터파크 사진이 좋아 보여. 그리고 팸플릿 설명에도 방문하기 좋은 것처럼 보이네. 그리고 9시에서 6시까지 온종일 운영하니까 언제든 갈 수 있겠다. 나는 4시에 시작하는 서커스 공연을 보고 싶 지 만.. 아.. 안돼. 잠시만. 그건 토요일만 가능하네.

CHRIS : 음. 서커스 공연은 잊어버리는 게 좋을 것 같아. 아쉽다.

EMILY : 하지만 동물원은 토요일과 일요일만 휴일이야. 그래서 적어도 오늘은 가볼 수 있겠다. 그렇지만 오전에만 이용할 수 있대. 으. 이것 참. 돌고래 쇼는 주말에만 하네. 이것도 리스트에서 빼야겠다. 음. 워터파크는 1주일에 7번. 온종일 하니 다행이네.

CHRIS : 입장료에는 모든 장소를 이용할 수 있는 가격이 포함된 거야? 아니면 놀이기구를 타려면 추가 비용을 내야 하는 거야? 팸플릿에 뭐라고 적혀있어?

EMILY : 워터파크를 제외한 모든 것은 비용을 내야 하는 것 같아. 아, 그리고 서커스 공연도. 두 가지는 입장료에 포함
되어있대.

CHRIS : 알았어. 이거 좋은 계획인 것 같은데. 첫 번째, 동물을 보기 위해 동물원에 간다. 그 다음 나비정원에서 시간을
보낸다. 점심을 먹은 후 롤러코스터를 타러 간다. 그리고 워터파크에서 열을 식힌다.

EMILY : 좋은 생각이야. 그런데 이곳의 워터파크가 유럽에서 가장 크다고 써있네.

CHRIS : 정말? 워터파크에서 정말로 하고 싶은 것은 일광욕이야. 최근에 밖에서 햇볕을 느낄 시간이 없을 만큼 너무
바빴어.

EMILY : 알았어. 오늘 정말 바쁘겠구나. 그렇지만 다음 번에는 서커스 공연을 보기 위해 꼭 토요일에 오자. 정말 대단
하다고 들었어.

Questions 6–8

박스에 있는 단어를 사용하여 빈칸을 완성하세요.

> • 워터파크 • 나비정원
>
> • 동물원 • 롤러코스터 존
>
> • 서커스 공연

공원 명소/구역들은 하루 종일 열립니다: 6 ______________________ 와 수상공원

공원 명소/구역들은 평일에는 열지 않습니다: 7 ______________________ 와 돌고래 쇼

공원 명소/구역들은 공원 입장료에 포함됩니다: 8 ______________________ 와 서커스 공연

Questions 9 and 10

아래 문장을 완성하세요.

9 Chirs와 Emily가 방문할 첫 번째 장소는 ______________________ 입니다.

10 수상공원에서 Chris는 ______________________ 할 것입니다.

SECTION 2

Questions 11-20

인사관리자에게 받은 업무현장 오리엔테이션의 일부를 들을 것입니다. 먼저, *11~12번 문제를 살펴볼 시간이 있습니다. 이제 주의 깊게 듣고 11~12번 문제에 답하세요.*

It is a pleasure to welcome you all as new employees of Cantrell County Public Schools (CCPS). We are delighted you have joined our CCPS family. My job as the Head of Human Resources is to recruit, develop, and retain outstanding employees who are committed to fostering educational excellence. A large part of my job is to support you throughout your career, starting with today's new employee orientation.

First, I will give you an overview of the orientation. The orientation will be comprised of a morning session and another session after lunch. By the end of today, you will be aware of the many opportunities, programs, and services that are available to help you do your job. You will also understand how and when you are paid, when you can take leave, how your payroll deductions are calculated, and which forms you need to complete so that you are paid correctly.

I will make sure that you are familiar with our excellent benefit programs and how to enroll in them, and make you aware of acceptable conduct when using CCPS computers, network access, and e-mail accounts, as well as considerations for personal use of the Internet.

You will also hear about our policies relating to discrimination and harassment, and where to file complaints. Finally, I will discuss certain safety and security issues and where to find additional information.

CCPS의 새 직원으로서 여러분을 맞이하게 되어 기쁩니다. 여러분이 CCPS 가족으로 함께하게 되어 기쁩니다. 인사부장으로서 저의 업무는 교육의 수월성을 발전시키는 데 공헌할 뛰어난 직원들을 모집하고, 발달시키고, 유지시키는 것입니다. 저의 업무의 가장 큰 부분은 오늘 신입사원 오리엔테이션을 시작하면서 업무를 지원하는 것입니다.

먼저, 오리엔테이션의 개요를 드릴 것입니다. 오리엔테이션은 아침시간과 점심 식사 후 또 다른 시간으로 구성되어 있습니다. 오늘 이 교육이 끝나면 여러분은 일하는 데 도움을 줄 많은 기회들, 프로그램들, 서비스를 깨닫게 될 것입니다. 당신은 급여일과 받는 방식, 휴가를 갈 수 있는 때, 급여 공제 계산하는 방법, 그리고 월급을 제대로 받기 위해 어떤 서식을 완성해야 하는지까지 이해하게 될 것입니다.

우리의 훌륭한 복리후생 프로그램과 그것을 등록하는 방법에 익숙해질 것이며, 인터넷의 개인적 사용을 위한 고려뿐만 아니라 CCPS 컴퓨터, 네트워크 접속, 전자 메일 계정을 사용할 때 허용할 수 있는 행동을 인식하게 됩니다.

여러분은 차별과 괴롭힘에 관련된 정책과 불평을 어디에 제출하는지도 듣게 될 것입니다. 마지막으로, 저는 특정 안전 및 보안 문제와 추가 정보에 대해 이야기할 것입니다.

A, B, C 중 적절한 것을 선택하세요.

11. CCPS의 오리엔테이션은 진행될 것입니다.
    A. 오전에만
    B. 오전, 그리고 오후에
    C. 오후에만

12. CCPS 오리엔테이션은 포함하지 않을 것입니다.
    A. 혜택 프로그램 등록하는 방법
    B. 차별에 대해 불평하는 방법
    C. 효과적인 수업 방법을 만드는 방법

First, I would like to talk about your unique password. All CCPS employees have an individual e-mail address, and CCPS actively uses e-mail to communicate with its staff members. Typically, CCPS creates an e-mail account for you within 5 days after you have attended the orientation. During this time, CCPS staff members are entering your information into the HR/Payroll system. There could be a delay in establishing your e-mail address if you have not submitted all of the items required to finalize the hiring process, or if CCPS is processing a high volume of new employees during the summer. If you have any problems once you have received your user name and password please contact Mr. Brody, B-R-O-D-Y, the employee account specialist in the Information Technology Department. You can reach him at 555-8290.

Another system we use here at CCPS is called U-LINK. This is our intranet, and it allows employees to do various things. Using U-LINK you have direct access to information about school affairs. For example, you can use it to accept or review annual teaching contracts; view your annual salary or pay rate; view current information about your benefits; view how many days of leave you have remaining; view and print your payroll history; update your home address and phone number; and request important payroll change forms or tax forms from Human Resources.

Regarding your salary, CCPS pays its employees either on a monthly basis or a bi-weekly basis. Employees should discuss overtime procedures with their specific school principal, because most schools require that you receive approval prior to working beyond your regularly scheduled hours.

Biweekly paid employees include bus drivers, cafeteria staff, and maintenance workers, but everyone here today is a monthly paid employee, so let's focus on that. As you are monthly paid employees, that means that you are all either teachers, administrators, office support staff, or technical support staff.
CCPS pays you once a month, and pay day is always on the 10th of each month, except in December. In December, CCPS will pay you around the 15th of the month, which is usually the day prior to the winter break.

Once you become a CCPS employee, you will be entitled to a combined yearly total of 14 paid days for sick leave and personal leave. You can use sick leave if you are sick or injured or for the medical care of a family member. Upon request, an additional seven days may also be received in the event of the death of an immediate family member. You may carry unused sick leave forward to the next year without a limit on accumulation.

Now, unless anyone has any questions, I'd like to talk to you in some depth about our various health plans, as well as the company's policies regarding discrimination or harassment in the workplace.

먼저, 당신만의 비밀번호에 관해 이야기하고 싶습니다. 모든 CCPS 직원들은 개인 이메일 주소가 있고, 직원들과 활발히 소통하기 위해 CCPS 이메일을 사용합니다. 일반적으로, 오리엔테이션에 참석한지 5일 이내에 CCPS는 이메일 계정을 만듭니다. 이 기간 동안 CCPS 직원들은 인사부 급여 시스템에 여러분의 정보를 입력합니다. 고용과정을 마무리 짓기 위해서 요구하는 모든 항목을 제출하지 않거나, CCPS가 여름 동안 많은 수의 신입사원을 처리하는 중이라면, 이메일 주소를 만드는 것이 지연됩니다. 당신의 사용자명과 비밀번호를 받는 데 문제가 있다면 정보기술부의 직원 계정전문가인 Brody에게 연락하면 됩니다. 555-8290으로 연락하세요.

우리가 CCPS에서 사용하는 또 다른 시스팀은 U-LINK라고 불립니다. 이것은 우리 내부전산망입니다. 그리고 직원들에게 다양한 것을 할 수 있게 합니다. 당신은 U-LINK를 사용하여 학교 업무에 관한 정보에 직접 접근할 수 있습니다. 예를 들어, 연간 교직 계약서를 수락하거나 검토하기 위해서 그것을 사용할 수 있습니다. 연봉 또는 임금률을 살펴볼 수 있고 복리후생에 관한 최근 정보를 볼 수 있습니다. 남아있는 휴가 일자를 살펴볼 수도 있습니다. 월급내역서를 보고 인쇄할 수 있습니다. 집주소와 전화번호를 갱신할 수 있고 인사부에 중요한 급여변경서 또는 세금 용지를 요청할 수 있습니다.
연봉에 관하여, CCPS는 매달 또는 2주 단위로 직원들에게 급여를 지급합니다. 직원들은 교장과 함께 시간외 근무절차를 토론할 수 있습니다. 대부분의 학교는 예정된 시간보다 초과 근무를 할 경우 사전에 승인받을 것을 요구하기 때문입니다.

격주로 임금이 지불된 직원들에는 버스 운전사, 식당 직원, 정비 직원들이 포함됩니다. 그러나 여러분 모두는 월급으로 임금을 받는 직원들이니 그것에 집중합시다. 월급으로 임금을 받는 것은 교사들, 행정직원, 사무 지원 직원 또는 기술 지원 직원이라는 의미입니다.
CCPS는 한 달에 한 번 임금을 지불합니다. 그리고 임금날짜는 12월을 제외하고 항상 매달 10일입니다. 12월에는 겨울휴가 전인 15일 내외로 지급합니다.

CCPS 직원이 된다면 당신은 병가, 개인휴가로 1년 중 14일 정도의 유급휴가를 누릴 수 있습니다. 당신이 아프거나 다치거나 가족이 치료를 받아야 하는 상황이라면 병가를 사용할 수 있습니다. 신청을 하면 직계가족의 죽음의 경우 추가로 7일도 받을 수 있습니다. 쓰지 않은 병가는 제한 없이 다음 연도에 사용할 수 있습니다.

이제, 질문이 없다면 직장 내에서 차별 또는 괴롭힘에 관한 회사의 정책들뿐만 아니라 다양한 건강계획에 관해 상세히 이야기하고 싶습니다.

직원 E-mail 그리고 비밀번호
- 모든 CCPS 직원들에게 할당된 고유의 비밀번호
- 경연진과 직원들 간의 의사소통을 위해 사용된다.
- E-mail 계정은 오리엔테이션의 13 _______________ 내에 만들어진다.
- 필수 항목들이 제 시간에 제출되지 않거나 많은 수의 14 _______________ 이 있을 경우 늦어질 수 있다.
- 만약 문제가 있을 경우 15 _______________ 에게 연락해라.

U-LINK System,
- 이것은 CCPS에서 사용되는 다양한 목적의 인트라넷 시스템이다.
- 직원들은 다음과 같이 이것을 사용할 수 있다:
    - 급여와 혜택 정보를 검토하기 위해서
    - 16 _______________ 을 출력하고 검토하기 위해서
    - 개인정보를 업데이트하기 위해서
    - 17 _______________ 로부터 중요한 문서를 요청하기 위해서

급여와 병가
- 모든 직원들은 달마다 또는 격주로 급여가 지급된다.
- 만약 초과 근무를 원한다면 직원들은 18 _______________ 에게 이야기해야 한다.
- 직원들이 15일에 월급을 받는 19 _______________ 을 제외하고, 일반적으로 매달 10일에 월급을 받는다.
- 직원들은 일년에 2즈의 유급휴가를 받는다.
- 가족 사망의 경우, 추가적인 20 _______________ 을 받는다.
- 쓰지 않은 병가는 다음 해에 쓸 수 있다.

Questions 21-30

함께 작업하는 마지막 학기 프로젝트를 토론하는 3명의 친구들에 대해 듣게 될 것입니다. 먼저, 21~26번 문제를 살펴볼 시간이 있습니다. 이제 주의 깊게 듣고 21~26번 문제에 답하세요.

ANNA: Hi guys, sorry I'm late, I had to speak to Professor Dawkins about our biology assignment. Have you already made a good start on the project?

MARK: Not really. We've only been here for about 15 minutes.

ANNA: Oh, okay. Then let's put our heads together and figure out what we are going to do. First of all, though, can someone remind me what the project is on specifically? I forgot my class notes.

NATE: Well, the project is made up of three different sections. The first part is an essay about shopping methods.

ANNA: Okay. Does the essay have a specific title?

MARK: Yes, it does. Hold on, I've got it written down. Ah, here it is. 'Investigate Spending Habits of On-line and Off-line Shoppers.'

ANNA: And did the professor tell us how much we have to write?

MARK: For the essay, he said it can be no more than three thousand words, but it has to be at least two thousand. Then, for the second section of the project, we have to choose one method of shopping, either on-line or traditional shopping, and carry out a survey in the city centre, making sure that we speak to at least one hundred shoppers.

ANNA: That actually sounds quite fun. But, did he also mention that we have to write an analysis of the survey findings?

NATE: Yes, that's right, and he said if we want to achieve a good grade, we should aim to make it between six hundred and eight hundred words.

ANNA: Do you have an opinion which form of shopping we should survey people about? On-line or face-to-face shopping?

MARK: Well, I think we should gather data about on-line shopping trends. These days it's really growing in popularity, and I'd say it's just as common as traditional shopping.

ANNA: Yes, I do a lot of on-line shopping myself, as do all my friends. Plus, it just seems like a more interesting topic. And didn't the professor recommend a particular book about on-line shopping that might be quite useful to us?

MARK: He did, but he also made some comments about why it might be preferable to make the survey about traditional shopping.

ANNA: Oh, yes, I remember. He did mention that we might get a better response and a greater range of data if we asked the public about traditional shopping. A fairly large percentage of the general public still have reservations about on-line shopping because they think it isn't safe.

MARK: Yeah, so if we conduct our survey on that topic, it might take us a long time to get one hundred useful responses.

ANNA: I suppose you're right. Another drawback I remember he mentioned is that on-line shopping stays fairly consistent throughout the year, and doesn't show much variation from season to season compared to in-store shopping. So, again, talking to on-line shoppers doesn't really give a broad spectrum of data.

MARK: That may be true Anna, but I still think it would be a more interesting and topical project if we focused on the on-line aspect of shopping. What do you think?

ANNA: Well, I'm still not very sure.

ANNA: 안녕. 늦어서 미안해. Dawkins 교수님과 생물학 과제에 관해 이야기했어. 이미 프로젝트를 시작했어?

MARK: 전혀. 15분 정도 여기 있었어.

ANNA: 아, 그렇구나. 머리를 맞대서 우리가 무엇을 해야 할지 생각해보자. 하지만 우선, 무슨 프로젝트를 하는 것인지 명확하게 설명해줄래? 수업노트를 깜박 잊고 왔어.

NATE: 음, 이 프로젝트는 3개의 다른 부분으로 구성되어 있어. 첫 번째 부분은 쇼핑 방법에 대한 에세이야.

ANNA: 알겠어. 에세이의 구체적인 제목은 있어?

MARK: 응, 있어. 잠시만, 적어뒀거든. 아, 여기 있네. '온라인 및 오프라인 쇼핑객의 소비습관 조사.'

ANNA: 교수님께서 어느 정도의 분량을 작성해야 한다고 했어?

MARK: 에세이의 경우 3,000자를 넘어서는 안 되고 최소 2,000자는 되어야 해. 그리고 두 번째 프로젝트의 경우 우리는 온라인 또는 전통적인 쇼핑 중 한 가지 쇼핑 방법을 선택해야 해. 또한 시내 중심부에서 최소 100명의 쇼핑객에게 질문하는 설문조사를 해야 해.

ANNA: 꽤 흥미롭게 들려. 그렇지만 조사결과 분석도 작성해야 한다고 말씀하셨어?

NATE: 응, 맞아. 그리고 좋은 점수를 받으려면 600~800자 사이로 만들어야 한다고 하셨어.

ANNA: 어떤 형태의 쇼핑을 하는 사람들을 조사할지 좋은 생각이 있어? 온라인 또는 직접 쇼핑?

MARK: 음, 온라인 쇼핑 트렌드에 관한 자료를 모아야 할 것 같아. 요즘에 정말로 인기 있거든. 전통적인 쇼핑만큼 일반적이라고 생각해.

ANNA: 응, 친구들이 하는 것처럼 나도 온라인 쇼핑을 많이 해. 그뿐만 아니라 더 흥미로워 보여. 그리고 교수님께서 우리에게 유용할 수 있는 온라인 쇼핑에 관한 책을 추천해주지 않으셨어?

MARK: 해주셨어. 그러나 전통쇼핑에 관한 설문조사를 하는 것이 더 나을 수도 있다는 말씀도 하셨어.

ANNA: 아, 기억나. 전통쇼핑에 관해 대중들에게 물어본다면, 더 나은 반응과 더 좋은 범위의 자료를 얻을 수 있다고 하셨어. 상당수의 대중들은 온라인 쇼핑이 안전하지 않다는 이유로 아직도 온라인 쇼핑에 대해 거부감을 갖고 있어.

MARK: 응, 그래서 그 주제에 관해 설문조사를 한다면 100명의 유용한 답변을 듣는 데 상당히 오랜 시간이 걸릴 것 같아.

ANNA: 내 생각도 그래. 교수님께서 언급하셨던 것 중에 내가 기억하는 또 다른 것은 바로 온라인 쇼핑은 1년 내내 같은 상태를 유지하며, 직접 상점에 들어가서 쇼핑을 하는 것과 비교할 때 계절이 바뀜에 따라 큰 변화를 보여주지 못한다는 거야. 다시 말하면, 온라인 쇼핑객과 이야기하는 것은 넓은 범위의 자료를 얻을 수 없어.

MARK: Anna 말이 사실이야. 그러나 쇼핑을 온라인에서 한다는 점에 대해 집중한다면, 여전히 그것이 더 흥미롭고, 시사와 관련된 프로젝트가 될 거야. 어떻게 생각해?

ANNA: 나는 확신이 안 서.

다음 표를 완성하세요.

답변에 최대 두 단어 또는 숫자를 적으세요.

학기의 마지막 프로젝트

섹션 1: 에세이

제목: 온라인과 오프라인 쇼핑객의 21 _______________________ 을 조사하세요.

최소한의 단어 수: 22 _______________________

섹션 2: 여론 조사

집중하기 위한 한 가지 쇼핑 방법을 선택하세요.

대중 23 _______________________ 명 이상 조사하세요.

섹션 3: 설문지 자료의 분석

권장된 단어 수: 24 _______________________

A~E 중 2개를 선택하세요.

학생들이 토론하는 온라인 쇼핑에 관한 설문조사의 2가지 단점은 무엇입니까?

A. 사람들은 온라인에서 물건을 산 것을 잊어버리는 경향이 있다.

B. 온라인 쇼핑에서는 계절적 변화가 거으 없다.

C. 온라인 상품의 가격은 상점 가격과 비교할 수 없다.

D. 일부 사람들은 안전하지 않기 때문에 은라인 쇼핑을 피한다.

E. 그 지역에 컴퓨터를 쉽게 다룰 수 있는 사람이 거의 없다.

ANNA: Let's have a look at the book the professor recommended, just to be sure. We can check it out from the library if one of us remembers the name.

MARK: Yes, I took a note of it. It's called 'The Global Rise of Internet Consumerism', and it's written by John Sykes.

ANNA: S-Y-K-E-S?

MARK: That's right. And he also recommended a more recent book, called 'The Global Store' by Davidson. That one is published by New York Publishing.

NATE: And if we want to get a different perspective on the topic, there's another book called 'Online Shopping: The Death of the Shopping Mall' by Parker, published by a Chicago company in two thousand and eight.

ANNA: Okay, I think we have enough sources. Why don't we meet again later today to discuss it all in more detail? I have a class to go to now.

NATE: Sounds good. How about meeting back here at 5 o'clock?

ANNA: Perfect.

MARK: Okay, well I'll try to get hold of those books this afternoon and we can take a look at them together when you get back.

ANNA: 확실히 하기 위해 교수님께서 추천한 책을 살펴보자. 우리 중 하나가 그 책 제목을 기억한다면, 도서관에서 대출받을 수 있어.

MARK: 내가 메모해놨어. 『인터넷 소비의 세계적인 증가』라는 제목이고 John Sykes가 쓴 책이야.

ANNA: S-Y-K-E-S?

MARK: 맞아. Davidson이 쓴 『세계적인 상점』이라 불리는 더 최근에 나온 책도 추천하셨어. New York 출판사에서 출판되었어.

NATE: 그 주제에 대한 다른 관점으로 접근하길 원하면, 저자는 Parker이고 2008년에 Chicago 회사에서 출간한 『온라인 쇼핑: 쇼핑몰의 죽음』이라는 또 다른 책이 있어.

ANNA: 알겠어. 자료는 충분한 것 같아. 더 자세히 논의하기 위해 오늘 오후에 다시 만나는 건 어때? 나는 지금 수업에 가봐야 해.

NATE: 좋아. 5시에 여기서 다시 만나는 건 어때?

ANNA: 좋아.

MARK: 오후에 이 책들을 가지고 올게. 그리고 다시 모였을 때 우리 같이 살펴볼 수 있을 거야.

아래 표를 완성하세요.
각각 세 단어 이상이나 숫자를 쓸 수 없습니다.

작가	책 제목	출판사	출판 연도
27 _____________	인터넷 소비의 세계적인 증가		
Davidson	28 _____________	29 _____________	
Parker	온라인 쇼핑: 쇼핑몰의 죽음	시카고 출판사	30 _____________

SECTION 4

Questions 31-40

신경 장애에 관한 일련의 강의 중 한 강의의 도입 부분을 들을 것입니다. 먼저, *31~40번 문제를 살펴볼 시간이 있습니다. 이제 주의 깊게 듣고 31~40번 문제에 답하세요.*

So far, in these lectures, we've been looking at neural disorders like Down's syndrome and spina bifida - both in terms of their causes and their noticeable trends throughout history - and we've seen that many disorders are seemingly becoming more prevalent in modern society.

But over the past twenty years or so, the most massive increase in prevalence that can be seen is the rise in the number of diagnosed cases of autism. Autism is a neural disorder that is characterized by impaired social interaction and communication, and by restricted and repetitive behavior. It is known to affect information processing in the brain by altering how nerve cells communicate, but how this occurs is not well understood.

Diagnosis of this developmental disorder is dependent on the observation of behavior. Autism cannot be cured, but if it is detected early in a child's development, intensive behavior therapy can help the child to function better. Evidence shows that children who are identified early and undergo therapy have the best chance for reaching their potential. Parents usually notice signs in the first two years of their child's life. The diagnostic criteria require that symptoms become noticeable before a child is three years old.

Now, the main thing I'd like to talk to you about is the apparently increasing rate of autism and the possible reasons for such a rise. Autism's cause remains a mystery, and government researchers are seeking answers. According to a recent report released by Centers for Disease Control and Prevention, or the CDC, the rate of autism among children has almost doubled over the past decade, jumping from about one in 160 children back in 2002 to about one in 85 children in 2012, which is the biggest increase ever seen over such a time period. Rates saw a massive increase in boys and in white children. But the biggest rate increase was among Hispanics, from 1 in 270 in 2002 to about 1 in 125 in 2012.

Experts, including CDC researchers, think broader screening and better diagnosis have largely contributed to the increase. They also believe it is likely due to better awareness of the symptoms of autism, allowing parents and doctors to catch it and diagnose it earlier. The CDC report says there's no strong evidence of any racial or ethnic difference in risk factors for autism and that it's likely the condition was previously under-diagnosed in blacks and Hispanics, resulting in a seemingly larger increase.

As with many disorders of this kind, genetics is believed to play a role in the onset of autism. Studies are continuing into mothers' illnesses or medication during pregnancy. Other factors that have been linked to autism include fluoridated water, MSG, GMOs, toxic chemicals both in the environment and in the food supply, and processed foods in general.

Interestingly, the factor that has caused the most debate is that of childhood vaccinations. Indeed, the steady rise in autism rates appears to coincide directly with CDC-endorsed vaccination schedules that have also risen sharply throughout the 1980s, 1990s, and 2000s.

For example, back in 1983, the CDC recommended only 10 vaccines for children between the ages of one and six. Today, that number has risen considerably to 29 vaccines, many of which are now administered all at one time or in combinations like the controversial (MMR) vaccine used to guard against measles, mumps, and rubella.

And yet many health organizations and their allies in the government and media are consciously ignoring this blatant link, simply blaming "unknown" causes and "genetics" for causing autism, which are two factors which are commonly used when experts are unwilling to acknowledge a more potentially controversial cause. Moreover, in attempting to explain the drastic rise in autism rates over the years, some medical professionals actually claim that there is no rise - that the seemingly elevated autism rates are merely the result of improved autism screening methods that are now identifying more cases.

However, despite claims to the contrary, vaccines continue to show up in independent, non-government-sponsored research into the causes of autism. By and large, independent research shows that vaccines are definitively linked to neurological disorders that were largely non-existent prior to mass-vaccination campaigns.

Apparently, even some of the opponents to this research have quietly admitted to its validity, reaching out-of-court financial settlements with several families whose children were injured by vaccines. Back in 2008, for instance, a vaccine court ruled that Gary Smith, a young boy who apparently developed autism after getting the MMR vaccine, had indeed had his brain adversely affected by the vaccine. The case was one of several that received little or no media attention, and yet it clearly illustrates the dangers associated with vaccines. It also exposes the deception of those in the pharmaceutical industry who have declared that vaccines are in no way related to autism.

Now, I'd like to turn my attention to a few other neurological diseases that have been linked to childhood vaccinations… (fade out)….

And besides vaccines,

지금까지 이 강의들을 통해서 우리는 다운증후군이나 이분 척추증-그것들의 원인과 역사 전반적으로 뚜렷한 경향이라는 측면에서-같은 신경장애를 살펴보았습니다. 그리고 현대 사회에서 많은 장애들이 겉보기에는 더 만연한 것처럼 보입니다.

그러나 지난 이십여 년간, 가장 큰 수적 증가의 양상을 보이는 장애는 자폐증입니다. 자폐증은 사회적 상호작용과 의사소통의 결여, 그리고 제한적이며 반복적인 행동으로 특정지을 수 있는 신경 장애입니다. 그것은 세포 간 의사소통의 방법을 변경함으로써 뇌 속의 정보 처리에 영향을 끼치는 것으로 알려져 있지만, 발생 과정은 알려지지 않았습니다.

이 발달 장애의 진단은 행동관찰을 통해 이루어집니다. 자폐증은 치유할 수는 없지만, 아동 발달의 초기 단계에서 발견한다면 집중 행동 치료를 통해 아이가 좀 더 잘 활동할 수 있도록 도와줄 수 있습니다. 조기 진단과 치료를 받은 아동들은 그들의 잠재력에 도달할 최상의 기회를 가진다는 것이 입증되었습니다. 부모들은 보통 아이가 두 살이 되는 시기에 증상들을 알아챕니다. 그 진단 기준은 아이가 세 살이 되기 전에 증상들이 명확하게 나타나야 한다는 것입니다.

이제, 제가 말하고 싶은 것은 자폐증의 눈에 띄는 증가율과 그에 대한 납득 가능한 이유입니다. 자폐증의 원인은 아직도 미스터리지만, 정부의 연구자들이 해답을 찾고 있습니다. Centers for Disease Control and Prevention 또는 CDC가 발표한 최근 보고서에 따르면 아동들 사이에서 자폐증 비율은 지난 십 년간 거의 두 배로 증가했으며, 2002년 160명 중 1명에서 2012년엔 85명 중 1명으로 급증했고 이런 단시간의 증가는 전례가 없던 것입니다. 소년과 백인 아이들 사이에서 비율이 검청나게 증가했습니다. 하지만 가장 큰 증가율은 2002년 270명 중 1명에서 2012년 125명 중 1명으로 증가한 히스패닉계 사람들입니다.

CDC 연구원들을 포함한 전문가들은 광역감별과 더 향상된 진단법이 그 증가에 크게 기여했다고 생각합니다. 그들은 또한 자폐증의 증상들을 더 잘 이해할 수 있게 된 것 때문에 부모들과 의사들이 그것을 발견하고 조기 진단을 가능하게 해주는 것이라고 믿습니다. CDC 보고서는 자폐증의 위험 요소에 있어 인종이나 문화적 차이에 대한 강력한 증거는 없으며, 흑인이나 히스패닉계 사람들에게 이전에는 진단되지 않던 것이었기 때문에 상대적으로 상승폭이 커 보이는 것이라고 말하고 있습니다.

이런 종류의 많은 장애들과 마찬가지로, 유전이 자폐의 발병을 야기한다고 믿어왔습니다. 임신기간 동안 엄마들의 질병이나 약물복용과 관련하여 연구들이 실행되고 있습니다. 자폐증과 연관된 다른 요소들은 불소화된 식수, MSG, GMOs와 환경이나 음식, 그리고 가공식품에 있는 독성화학물질을 포함하고 있습니다. 흥미롭게도, 가장 논란의 대상이 된 것은 아동의 예방접종입니다. 사실, 자폐증 비율의 꾸준한 증가는 우연히도 1980, 1990년대, 그리고 2000년대까지 급속히 증가된 CDC의 추천 백신 일정과 일치하는 것처럼 보입니다.

예를 들면, 지난 1983년, CDC는 1~6세의 아동들에게 단 10개의 예방접종만을 권장했습니다. 오늘날 그 숫자는 29개로 상당히 늘어났으며, 이 중 많은 수가 한 번에 접종을 맞거나 홍역, 볼거리, 풍진을 막기 위해 사용되는 논란이 많은 MMR 백신과 같이 접종을 합니다.

그럼에도 불구하고 많은 의료기관들과 정부 협력업체 그리고 미디어들은 전문가들이 더욱 논란이 될 가능성이 있는 요인을 알리고 싶지 않을 때 사용하는 두 가지 요소인, 자폐증을 일으키는 알려지지 않은 경우나 유전학적인 부분이라고 간단히 탓하면서 관련성을 의식적으로 무시하고 있습니다.

게다가, 수년에 걸쳐 자폐증의 비율이 급격하게 늘어난 이유를 설명하려다가 몇몇 의료 전문가들은 눈에 보이는 자폐증 비율의 상승은 자폐증을 판별해 내는 더욱 향상된 방법이 더 많은 경우를 발견해낸 결과라는 것으로 증가는 없다고 주장합니다.

하지만 반대 논증에도 불구하고 예방접종은 독립연구나 비 정부지원 연구에서 자폐증의 원인으로 여전히 지목되고 있습니다. 대체로, 대규모 계방접종 캠페인 이전에 독립된 연구에서는 예방접종과 주로 존재하지 않았던 신경 질환들과 확실히 관련이 있다는 것을 보여줍니다.

아래의 문장을 완성하세요. A, B, C 중 올바른 것을 선택하세요.

31. 진단받은 자폐증의 수는 _________년 간 상당히 증가했다.

    A. 5년 넘게

    B. 20년 넘게

    C. 30년 넘게

32. 자폐증은 의사소통과 _________을 손상하는 원인이 된다.

    A. 사회의 상호작용

    B. 신체적 움직임

    C. 수학적 능력

33. 자폐증으로 진단받는 아이들은 _________을 겪은 후 더 잘 행동할 수 있다.

    A. 실험 수술

    B. 신경 검사

    C. 행동 치료

34. 자폐증에 대한 증상은 _________에 부모님에 의해 발견된다.

    A. 아이가 태어난 지 1년 이내에

    B. 아이가 4살이 된 후에

    C. 아이가 태어나고 2년 이내에

35. CDC에 의한 최근 자료에서 아동 자폐증 비율이 _________로 드러났다.

    A. 지난 10년 간 약 두 배 정도 증가하였다.

    B. 2002년까지 변동이 없다.

    C. 지난 20년 동안 거의 세배로 증가하였다.

36. CDC의 보고서에 따르면, 가장 급증한 그룹은 __________이다.

A. 여성

B. 백인 아이들

C. 히스패닉계의 아이들

37. 전문가들은 자폐증의 증가된 비율을 __________때문으로 생각한다.

A. 장애에 대한 더 나은 인식

B. 장애의 늦은 진단

C. 적절한 진단 방법의 부족

38. 자폐증의 시작과 관련된 원인 중의 하나는 __________이다.

A. 아이들 간의 부족한 사회적 상호관계

B. 임신 중 어머니의 두리한 다이어트

C. 음식의 해로운 화학적 성분의 존재

39. 전문가들은 자폐증 비율의 증가로 인해서 종종 유전학을 비판한다. 왜냐하면 __________.

A. 독립적인 연구자료가 사실이라고 규명했기 때문에

B. 그들은 더 많은 논쟁의 원인들을 인정하지 않기 때문에

C. 다른 잠재적인 원인들이 증명되지 않았기 때문에

40. Gray Smith의 사례를 보면, 법원은 __________라는 판결을 했다.

A. 사전 진단은 그의 질환을 막을 수 있다.

B. 그의 질환은 MMR 백신 접종 후 나아졌다.

C. 백신이 그의 질환의 직접적인 원인이다.

Chapter 03

IELTS
Reading

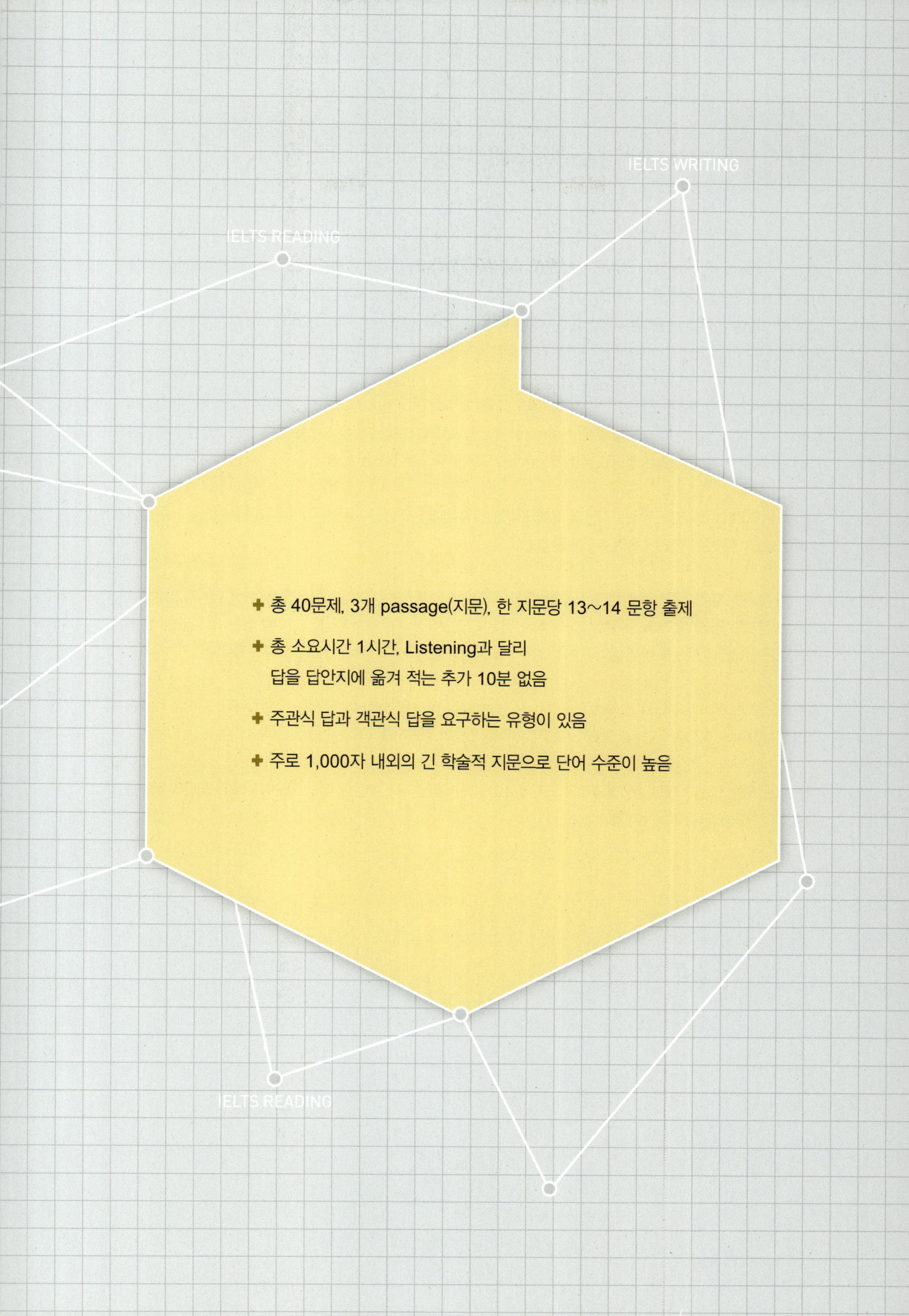

IELTS WRITING
IELTS READING

✚ 총 40문제, 3개 passage(지문), 한 지문당 13~14 문항 출제

✚ 총 소요시간 1시간, Listening과 달리
   답을 답안지에 옮겨 적는 추가 10분 없음

✚ 주관식 답과 객관식 답을 요구하는 유형이 있음

✚ 주로 1,000자 내외의 긴 학술적 지문으로 단어 수준이 높음

IELTS READING

IELTS Reading의 구성

IELTS Reading은 Academic Module과 General Module로 나누어져 있습니다. 모두 40문항씩 출제되며, 둘 다 60분으로 정해져 있지만, 각 Module에 따라 지문의 종류와 난이도는 차이가 납니다.
IELTS Reading은 3~4개의 Section으로 나뉘어 있습니다. 매 시험마다 Section의 개수가 다르게 출제되기 때문에 시험 시작 전 몇 개의 Section인지 확인 후 그에 맞게 시간배분을 해야 합니다.

Academic Module은 고급 지문들이 출제되기 때문에, 토익의 Part 7과는 큰 차이가 있습니다. Academic Module은 학사, 석사, 박사과정을 위한 Reading 능력을 검증하기 때문에 평소 논문이나 학술지 등을 자주 접해야 합니다. 하지만 전문 용어들은 영어로 설명이 되어있으므로 모두 외울 필요는 없습니다.

Reading 파트의 첫 번째 문제는 지문의 주제를 찾는 유형입니다. 주어진 지문의 주제나 그에 해당하는 내용을 찾는 문제인데, 5~7문제가 한번에 묶여서 출제됩니다.

두 번째 문제는 지문을 간략하게 정리한 글의 빈칸에 적절한 단어를 넣는 유형입니다. 빈칸에는 딱 한가지 어휘만 넣어야 하는 문제도 있고, 두 개의 단어를 넣어야 하는 경우도 있습니다. 지문에서 언급된 어휘를 넣는 것이 일반적이지만, 간혹 같은 단어인데 품사를 바꿔 넣어야 하는 경우도 있으므로 품사도 고려해서 정답을 찾아야 합니다.

세 번째 문제는 Yes/No/Not given, 또는 True/False/Not given 중에서 선택하는 유형입니다. 지문의 내용과 주어진 문장이 서로 매칭이 되는지, 그렇지 않은지, 아니면 관련이 없는지를 고르는 유형입니다.

네 번째 문제는 질문에 대한 정답을 4개의 보기에서 고르는 유형입니다. 지문에 대한 질문이 나오면 지문의 내용에 맞게 질문의 정답을 골라내는 문제입니다.

IELTS Reading의 기본기를 익히자

IELTS뿐만 아니라 토익, 토플도 Reading 파트가 가장 어렵다고 느끼는 수험자가 많습니다. IELTS Reading은 상당히 긴 지문들이 출제되고 시간도 충분하지 않습니다. 정해진 시간 안에 모든 문제의 정답을 정확하게 찾기 위해서는 평소 독해습관을 들여야 하는데, 자주 출제되는 지문의 종류와 문제 유형을 정확히 분석해서 학습한다면 더 빠르게 독해실력을 증진시킬 수 있습니다.

① IELTS Reading에 자주 등장하는 필수 어휘를 암기하자.

모든 단어를 암기하는 것은 불가능하기 때문에 IELTS에 자주 등장하는 빈출 어휘를 골라 외우는 것이 좋습니다. 평소 IELTS Reading 문제를 풀면서 지문에 나오는 어휘들을 모두 암기장에 적어놓고 가능한 한 자주 보면서 암기해야 합니다. 긴 시간 단어만 외우는 방법보다 짧게라도 자주 보고 암기하는 방법이 효과가 있습니다.

② 장문의 독해 보다 단문의 독해를 자주 연습하자.

보통 IELTS Reading에서 긴 지문은 1개 Section에만 나오고, 여러 개의 단락으로 나뉘어진 지문들이 출제됩니다. 따라서 각 단락의 주제, 화제를 잘 파악해야 쉽게 문제를 풀 수 있습니다. 또한, 짧은 단락의 독해연습을 많이 해야만 독해 속도가 빨라지고, 긴 지문도 단락은 나뉘어져 있기 때문에 어려움 없이 대처할 수 있습니다. 지문들의 주제나 화제는 보통 맨 첫 머리에 나오는 것이 일반적입니다. 그러므로, 첫 번째 문장의 중요성을 알아두어야 합니다. 하지만, 매번 첫 번째 문장만으로는 전체 40문제를 풀 순 없습니다. 그래서, 어떤 경우에는 전체 문장을 전부 살펴보아야 하는 경우도 있습니다. 그때는 시간의 안배를 위해서 빠르게 읽는 버릇을 길러야 합니다. 그러기 위해서는 각 문장에서 수식어구를 제외한 필수 문장구조인 명사와 동사만으로 독해하는 실력을 길러야 하겠습니다. 어느 정도 익숙해지면 수식어구를 같이 보는 연습을 하는 것이 좋습니다. 처음부터 어휘들도 익숙하지 않은데 모든 문장을 전부 해석하려고 하면 몇 년이 걸릴 수도 있습니다.

③ IELTS Reading에는 Writing이 들어가 있다.

Reading 파트에는 빈칸에 단어를 넣는 문제가 있습니다. 빈칸에 알맞은 단어를 한 개나 두 개 넣는 문제가 최소 5문제 이상 출제됩니다. 이 유형은 단순히 어휘를 넣는 문제라고 생각하면 큰 오산입니다. 문맥을 파악한 후 품사에 맞게 넣지 않으면 감점이나 오답처리 됩니다. 따라서 IELTS Reading을 위해 어휘는 물론, 작문, 문법을 모두 학습해야 하고, 같은 뜻의 다른 품사나 비슷한 의미의 다른 단어를 사용하는 '페러프레이즈' 훈련도 충분히 해두면 많은 도움이 됩니다.

IELTS Reading 실전유형 맛보기

지금부터 IELTS Reading의 실전문제를 맛보겠습니다. 모든 섹션을 전부 다루기에는 내용이 너무 많기 때문에, 여기에서는 일반적으로 자주 등장하는 유형을 맛보고 책의 후반부 실전모의고사를 통해 IELTS Reading의 전체 문제를 다루겠습니다. 맛보기 문제는 반드시 직접 풀어본 후 해설을 통해 내 것으로 만들어야 합니다.

You should spend about 20 minutes on Questions 1–14 which are based on Reading Passage below.

THE STORY OF TEA

A

According to legend, tea was discovered by the Chinese emperor, Shennong, in 2737 B.C. One day, the emperor was sitting beneath a tree in his garden while his servant boiled drinking water, when some leaves from the tree blew into the water and gave off a fragrant, alluring aroma. Being a renowned herbalist, Shennong decided to try the concoction that his servant had unwittingly created. The emperor, upon drinking this brew, discovered it to be refreshing and energizing. He immediately commanded that more tea bushes be planted in his garden, and subsequently the custom of boiling tea leaves in water quickly spread.

B

Due to the health benefits ascribed to it, tea was originally used as a remedy, but in the 5th century, China's upper class began drinking tea at social events and presenting boxes of tea as gifts. Around this time, the Chinese tea ceremony began to develop and news of the beverage reached Japan through Japanese Buddhist monks who had travelled to China to study. By the late 8th century, tea had become so popular in China that a revered scholar called Lu Yu wrote the first book entirely about tea. The rituals described in this book may have served as the roots for the Japanese tea ceremony, which remains a vital part of Japanese culture.

C

At this point in history, tea was unheard of in Europe. It was not until the latter half of the 16th century that written records were produced documenting the drinking of tea by Europeans. Most of these records were written by Portuguese who had traveled around Asia as traders and missionaries. However, it was not the Portuguese who were the first to ship back tea as a commercial import. This was done by the Dutch, who by the end of the 16th century had begun to encroach on Portuguese trading routes to China. At the beginning of the 17th century, they set up a trading post on the island of Java, which facilitated the shipping of the first batch of tea from China to Holland in 1606. Tea quickly grew to be a popular drink among the Dutch, especially among the upper classes, and its spread to other European nations occurred soon thereafter.

D

Britain was historically reluctant to fully embrace continental trends, and it wasn't until the marriage of Catherine of Braganza to Charles II-in the mid-17th century that tea really took off in Britain. Catherine was a Portuguese princess who was rumored to be addicted to tea, and it was her love of the beverage that established tea as a fashionable drink among the affluent classes. In an effort to capitalize on this, the East India Company began to import tea into Britain in 1664, when it placed an initial order for 100lbs of tea to be shipped from China via Java.

E

As the popularity of tea soared, the issue of whether tea drinking was good or bad for the health was frequently debated. Many years later, medical and scientific research would reveal that drinking four cups of tea a day may help maintain your health, but this knowledge was not available to tea drinkers 250 years ago. Wealthy business owners were concerned that excessive tea drinking among workers would result in weakness and depression. The debate continued well into the nineteenth century, until a new generation of wealthy individuals ended the argument by deciding once and for all that tea drinking had a positive effect on temperament and concentration. Subsequently, in an attempt to have the working classes go teetotal, tea was regularly offered as a substitute for alcohol in many establishments.

F

The rise in Western tea consumption in the 20th century can generally be attributed to three factors: the increasingly common aspiration to lead a healthy, simple lifestyle; a massive immigration of Asians, bringing with them their tea-based customs; and an increased number of Western travelers in the east, who returned with stories of exotic teas and ceremonies. Also, the invention of tea bags made tea easier to brew and more suitable for mass consumption, turning it into the world's most popular hot beverage. Today the worldwide tea industry generates more than three billion dollars a year, and tea is cultivated and produced in approximately 50 countries around the world. Over 2.5 million tons of tea is produced annually, with the majority of it coming from Asian countries.

G

The process of harvesting tea leaves from mature tea bushes is known as plucking. Each pluck takes only two most tender and succulent leaves. After around seven days, the bushes grow new leaves are plucked again. A process called withering is then used to pull excess moisture out from the leaves in order to allow a very slight amount of oxidation. This is accomplished by placing the leaves under the sun, or in a cool room. The tea leaves are then shaken and tossed in a bamboo tray in order to quicken oxidation. For teas that require more oxidation, the leaves are then placed in a climate-controlled room where they turn progressively darker. In the tea industry, this process is sometimes referred to as "fermentation". Oxidation is extremely important in the formation of taste and aroma compounds, which give a tea its colour and strength. The leaves are then moderately heated to halt oxidation and remove unwanted scents. In the production of yellow teas, leaves are then allowed to be further heated, or sweltered, in a closed container, which causes the previously green leaves to turn yellow. The tea leaves are then rolled into wrinkled strips, either by hand or by machine. The process of drying is performed to "finish" the tea and make it ready for sale. This can be done by a variety of techniques including sunning, air drying, or baking. This final drying of the tea is particularly important in green teas, as it produces many new flavour compounds that are required in that type of tea.

The reading passage titled The Story of Tea has 7 paragraphs A – G.

From the list of headings below choose the most suitable headings for paragraphs B – G.

NB There are more headings than paragraphs, so you will not use them all.

i.   Tea Reaches Britain

ii.   Problems with Manufacture

iii.   Processing the Leaves

iv.   Accidental Discovery

v.   Chinese Growing Practices

vi.   Tea Varieties

vii.   Modern Tea

viii.   The Spread of Tea in Asia

ix.   Concerns About the Effects

x.   Regions of Tea Growing

xi.   The Beginning of the Tea Trade

Answer

[Example Answer] **Paragraph A: iv**

1. Paragraph B: viii
2. Paragraph C: xi
3. Paragraph D: i
4. Paragraph E: ix
5. Paragraph F: vii
6. Paragraph G: iii

해석

아래의 읽기 지문을 바탕으로 1-14번 문제를 풀어보세요. 약 20분의 시간이 주어집니다.

A

전설에 따르면, 차는 B.C. 2737년 중국의 황제 신롱에 의해 발견 되었다. 어느날 하인들이 마시는 물을 끓이는 동안에 황제는 자신의 정원 나무 밑에 앉아 있었다. 그때 나무에서 떨어진 나뭇잎이 바람에 흩날려 물에 들어갔고, 그 물에서는 향기롭고 매혹적인 향이 났다. 유명한 약초상인 신롱은 하인들이 모르고 만든 혼합물을 마셔 보기로 했다. 황제는 그것을 마시자마자, 생기가 돌고 기운을 북돋는다고 했다. 그는 자신의 정원에 더 많은 차나무를 심으라 즉시 명령하였고, 그 후에 찻잎을 끓이는 풍습이 빠르게 전파되었다고 한다.

B

건강상의 이점으로 인해 차는 원래 약으로 사용 되었지만, 5세기에 중국의 상류층이 사교모임에서 차를 마시기 시작했고, 차가 담긴 상자를 선물하기 시작했다. 이맘때쯤, 중국의 다도가 성장하기 시작했고 이 음료에 대한 정보는 공부를 하기 위해 중국으로 여행 왔던 일본 승려들을 통해 일본이 전해졌다. 8세기 후반이 되어서, 중국에서 차의 인기가 높아져 존경 받는 학자로 불리는 루유는 차에 관한 내용으로만 구성된 첫 번째 책을 썼다. 이 책에서 묘사된 의식들은 일본의 중요한 문화인 다도의 근원이 되었을 수 있다.

C

역사의 그 시점에 유럽에서는 차에 대해 전혀 알지 못했다. 유럽인들이 차를 마셨다는 서면 기록은 16세기 후반까지 없었다. 대부분의 기록은 아시아를 여행한 포르투갈 상인과 선교사들로부터 작성되었다. 하지만 처음으로 차를 상업 수입품으로 들여온 것은 포루투갈인이 아니라 16세기 말 중국을 통해 포르투갈의 무역로를 침해한 네덜란드인들이었다. 17세기 초, 1606년 그들은 중국에서 네덜란드로 첫 차의 운송을 용이하게 할 교역소를 자바섬에 만들었다. 차는 네덜란드인들 중 특히 상류층 사이에 빠르게 인기 음료가 되었고, 다른 유럽 국가들에도 이내 전파가 되었다.

D

역사적으로 영국은 유럽 대륙의 추세를 완전히 받아들이기를 꺼려했으며, 포르투갈의 공주인 캐더린과 찰스 2세가 결혼한 17세기 중반에 이르러서야 영국에서 차가 인기를 끌었다. 들려오는 이야기에 따르면 캐서린은 차에 푹 빠져 있다고 소문이 자자했던 포르투갈 공주였고, 부유층 사이에서 유행하는 음료로 차를 만들었던 것은 그 음료에 대한 그녀의 사랑이었다. 이를 활용하기 위한 노력의 일환으로, 동인도회사는 1664년에 자바를 경유해 중국으로부터 100파운드 가량의 차를 처음으로 주문했고, 그때부터 차가 영국으로 수입되기 시작했다.

E

차의 인기가 급증하여, 차를 마시는 것이 건강에 좋은지, 나쁜지에 대해 논란이 되었다. 많은 시간이 지난 후, 의학적, 과학적 연구를 통해 하루에 4잔의 차를 마시는 것은 건강을 유지하는데 도움을 준다는 것이 밝혀졌다. 그러나 이 지식은 250년 전 차를 마시던 사람들은 몰랐다. 부유한 경영주들은 직원들이 과도하게 차를 마시면 약해지고 우울증을 초래할 것을 우려했다. 그 논란은 새로운 세대의 부유층들이 차를 마시는 것은 신경안정과 집중력에 좋은 영향을 미친다고 결론내린 19세기 들어서까지 계속되었다. 나중에, 노동계급들을 금주시키기 위한 노력으로 많은 기관들은 정기적으로 알코올 대신 차를 권했다.

F

20세기 서양의 차 소비 증가는 세 가지 요인 때문이라고 할 수 있다: 더 건강하고 간소한 생활 방식을 원하는 공통적인 열망, 차 문화를 가진 아시아인들의 대규모 이민; 그리고 동양의 이국적인 차와 다도에 대한 이야기를 가져오는 서양 여행객들의 수 증가. 또한 가장 인기 있는 뜨거운 음료가 되면서 티백의 개발은 차를 우려내는 것이 쉬워지고 대량 소비를 하기에 적절하게 만들었다. 오늘날 차 산업은 전세계적으로 1년에 30억 달러 이상을 벌며, 차는 세계적으로 약 50 국가에서 재배되고 생산된다. 매년 250만 톤 이상 생산되는 차는 대부분 아시아 국가에서 재배된다.

G

다 자란 차나무에서 찻잎을 수확하는 과정은 plucking으로 알려져 있다. 두 개의 가장 연하고 즙이 많은 잎을 채취한다. 약 일주일이 지나면, 관목에는 새로운 잎이 자라며, 그 잎들은 다시 채취된다. 그리고 나서 withering 이라는 과정은 아주 적은 양의 산화를 하기 위해 잎에서 많은 양의 수분을 빼는데 사용된다. 이 과정은 잎을 햇볕이나 시원한 방에 둠으로써 진행된다. 그 다음 찻잎은 대나무로 만들어진 쟁반에서 빠르게 산화하기 위해 흔들어지고 던져진다. 더 많은 산화가 필요한 차들은 점점 어두운 색으로 변하게 해줄 온도조절방에 둔다. 차 산업에서는 이 과정을 "발효"라고 한다. 산화는 맛과 색, 강도를 주는 향기 화합물을 형성하는 데 굉장히 중요하다. 그 후 잎들은 산화를 멈추고 좋지 않은 향을 없애기 위해 적당히 가열된다. 홍차의 생산은 이전의 녹색잎을 노란색으로 만들기 위해 밀폐용기에서 추가적으로 열을 가하거나, 더 워진다. 찻잎들은 기계 또는 사람의 손을 이용해 긴 막대모양으로 만든다. 말리는 작업을 통해 차를 "완성"하면 판매 준비가 끝난다. 건조작업은 일광, 건조, 또는 굽는 것과 같이 다양한 기술들로 완성된다. 차의 마지막 건조는 특히 녹차에서 중요하다. 그러한 종류의 차에 요구되는 많은 새로운 맛을 내는 화합물을 생산하기 때문이다.

Questions 1-6

The Story of Tea라는 제목의 읽기 지문은 7개의 단락 A-G가 있습니다.
아래 제목들 중 B-G 항목에 해당하는 가장 적합한 제목을 선택하세요.

항목보다 더 많은 제목이 있으므로 전부 사용할 수 없습니다.

1. 차가 영국에 도착하다
2. 제조의 문제
3. 찻잎의 처리 과정
4. 우연한 발견
5. 관습이 성장하는 중국
6. 차의 다양성
7. 현대의 차
8. 아시아의 차 보급
9. 효과에 대한 우려
10. 차 재배 지역
11. 차 무역의 시작

1번~6번 문제는 각 단락을 읽고 주제를 찾는 문제입니다. 보통 단락의 주제는 첫 번째 문장에 언급하는 경우가 많으므로 유심히 살펴볼 필요가 있으며, 특히 보기에 주어진 주제와 관련 있는 표현을 중점적으로 파악해야 합니다.

1. B 단락의 주제를 찾아야 합니다. 첫째 줄의 originally부터 Chinese ~ developed, reach Japan, travelled와 같이 Asia 국가와 움직임을 나타내는 단어들이 나왔으므로 viii. The spread of tea in Asia가 정답입니다. 이렇게 단락에 등장한 비슷하거나 연관된 단어들을 찾으면 모든 문장을 읽고 해석하지 않아도 문제를 풀 수 있습니다.

2. C 단락의 주제를 찾아야 하는데, first to ship back tea ~ import, trading routes to China, trading post ~ shipping와 같은 문장으로 tea를 운반하거나 거래를 했다는 것을 알 수 있습니다. 따라서 보기 중 xi. The beginning of the tea trade가 정답입니다.

3. D 단락을 보면 Britain ~ in Britain, import tea into Britain 처럼 어휘가 반복 사용됩니다. 분명히 주제는 Britain과 관련된 단어가 있어야 한다는 예상을 할 수 있습니다. 정답은 i. Tea reaches in Britain 입니다.

4. E 단락의 whether tea drinking is good or bad for the health 부분만 봐도 정답을 충분히 고를 수 있습니다. 정답은 ix. Concerns about the effects입니다.

5. F 단락의 내용은 계속 오래 전 과거의 역사를 말하다가 갑자기 20th로 넘어왔습니다. Western tea consumption in 20th century로 근대 이후 이야기로 넘어왔다는 것을 알 수 있으며, Over 2.5 million tons of tea is produced annually에서 현대까지 언급하는 것을 알 수 있습니다. 따라서 정답은 vii. Modern tea입니다.

6. G는 첫 번째 문장으로 쉽게 정답을 알 수 있습니다. The process of harvesting tea leaves로 정답 iii. Processing the leaves를 고를 수 있습니다.

Read the passage about **_The Story of Tea_** again and look at the statements below.
Write your answer:

TRUE if the statement is true
FALSE if the statement is false
NOT GIVEN if the information is not given in the passage

7. Portuguese traders were the first to import tea to Europe commercially.
8. Japanese tea growers used cultivation techniques learned from Chinese literature.
9. Tea is historically more popular with the working classes than the rich.

Questions 7–9

차 이야기 지문을 다시 읽고 아래 서술을 살펴보세요.
당신의 답을 작성하세요:

사실이다 설명이 사실일 경우
사실이 아니다 설명이 사실이 아닐 경우
주어지지 않았다 지문에 정보가 나와 있지 않은 경우

7. 포르투갈 상인들이 처음으로 유럽에 차를 상업적으로 수출하기 시작했다.
8. 일본의 차 재배자들은 중국 문학에서 배운 재배 기술을 사용했다.
9. 차는 역사적으로 부유한 계급보다 노동자 계급에서 더 많은 인기를 얻었다.

[해설]

7번~9번 유형은 TRUE/FALSE/NOT GIVEN 문제로 가장 혼동되는 유형입니다. 이번 유형은 주어진 문장이 실제 지문에 존재하는지부터 찾아내야 하며, 주어진 문장이 사실인지 아닌지 키워드의 어휘와 부정어의 유무에 따라 달라질 수 있다는 것도 알아두세요.

7. 주어진 문장이 Portuguese traders were the first to import tea to Europe commercially.입니다. 지문에서 이러한 내용을 찾아야 하는데 처음부터 다시 읽고 찾는 것이 아니라, 앞의 문제 1~6번의 주제를 활용해서 시간을 줄여야 합니다. C 단락의 주제가 import 였는데, 주어진 문장에서도 import를 언급했습니다. 그렇다면 단락 C에서 Portuguese traders가 첫 번째로 import를 했는지의 유무를 찾습니다. However, it was not the Portuguese who were the first to ship back tea as a commercial import.라고 이야기했기 때문에 주어진 문장은 FALSE입니다.

8. Japanese tea growers used cultivation techniques learned from Chinese literature.의 사실관계를 찾아야 합니다. Japanese tea growers와 cultivation techniques learned, Chinese 등 관련 내용을 지문에서 찾아야 합니다. Japanese와 Chinese가 언급되는 것은 단락 B인데, 지문에서는 차가 전파된 경위만을 언급했고 cultivation techniques를 누구로부터 배웠는지 언급하지 않았으므로 정답은 NOT GIVEN입니다.

9. Tea is historically more popular with the working classes than the rich.에서 Tea와 popular with working class를 키워드로 찾습니다. D 단락에 princess, fashionable drinking among affluent classes(부유계층)라고 언급했기 때문에 working class는 거리가 멀다는 것을 알 수 있습니다. 어떤 계층에서 즐겼는지는 언급되어있지만, 그 계층을 잘못 서술했으므로 FALSE가 정답입니다.

Questions 10-14

Using the information in the passage, complete the flow chart below.
*Use **NO MORE THAN THREE WORDS** from the passage for each answer.*

The Tea Production Process

Two tea leaves are **(eg)** _______________ every seven days. ***ANSWER: plucked***

The leaves are left in the sun to remove **10** _______________ and allow oxidation to take place.

The oxidation process is accelerated by **11** _______________ the tea leaves.

Fermentation is carried out for teas that require extra oxidation.

Undesirable aromas are removed by **12** _______________ the leaves to stop the oxidation process.

Sweltering of the tea leaves causes the **13** _______________ of the leaves to change.

The tea leaves are fashioned into strips either by a machine or by hand.

Various drying techniques may be employed to produce **14** _______________ that are desirable in green teas.

Questions 10-14

지문의 정보를 이용해 아래 순서도를 완성하세요.
각 답변은 세 단어 이상 쓸 수 없습니다.

차 생산 공정

2개의 찻잎을 7일마다 **(예)**________ . **정답:** *Plucked*

10________을 제거하기 위해 햇볕에 잎을 말려 산화시킨다.

산화과정은 찻잎의 **11**______ 에 의해 가속화된다.

추가 산화를 해야 하는 차들은 발효된다.

산화과정을 멈춘 찻잎들을 **12**________에 의해 좋지 않은 향은 제거된다.

찻잎을 데우는 것은 잎들의 **13**________을 바꾸는 이유이다.

찻잎은 기계나 사람 손에 의해 조각으로 관들어진다.

좋은 녹차가 가져야 할 **14**________을 만들기 위해 다양한 건조기술이 사용된다.

해설

10~14번은 밑줄 친 빈칸에 알맞은 어휘를 넣는 유형입니다. 3단어 이상 쓸 수 없다는 점에 유의해야 합니다. 이 유형은 빈칸의 앞 뒤 문맥을 파악하여 문법에 맞는 품사와 내용의 어휘를 골라야 합니다.

10. leaves와 oxidation 등의 단어가 언급된 지문을 찾아야 합니다. 이 단어들은 다른 단어로 대체하기 쉽지 않기 때문에, 페러프레이즈 없이 같은 단어로 사용되는 경우가 많습니다. 지문 G에서 A process called withering is then used to pull excess moisture out from the leaves in order to allow a very slight amount of oxidation. 부분을 찾아낼 수 있습니다. 문제와 지문의 문장을 비교해보면, pull something out from이 '~에서 ~을 추출하다'라는 표현으로 문제에 등장한 동사 remove와 같은 의미가 되므로 정답은 excess moisture입니다.

11. oxidation, accelerated, tea leaves가 키워드입니다. 지문 G의 문장 The tea leaves are then shaken and tossed in a bamboo tray in order to quicken oxidation.이 The tea leaves, oxidation을 포함하고, 문제의 accelerated가 지문에서는 quicken으로 대체되었습니다. 따라서 정답은 shake와 toss라는 의미의 어휘가 되는데, 주의할 점은 문제와 지문의 문장 형태가 다르다는 점입니다. 문제에는 뒤에 목적어로 the tea leaves가 나왔으므로 지문의 수동형인 p.p 형태가 아니라 동사ing 형태를 써야 합니다. 정답은 shaking과 tossing입니다.

12. aromas, remove, oxidation process가 키워드입니다. 지문 G에서 Oxidation is extremely important in the formation of taste and aroma compounds, which give a tea its colour and strength. The leaves are then moderately heated to halt oxidation and remove unwanted scents.라고 언급했습니다. oxidation과 remove가 사용되었고 문제의 halt는 지문에서 stop으로 대치되었습니다. 따라서 정답은 동사 stop 앞에 moderately heating입니다. 주의할 점은 빈칸 다음 명사가 목적어이기 때문에 지문에 제시된 그대로 moderately heated가 아닌 moderately heating으로 써야 한다는 것입니다.

13. 키워드는 sweltering, causes, 그리고 change입니다. 지문 G의 문장 In the production of yellow teas, leaves are then allowed to be further heated, or sweltered, in a closed container, which causes the previously green leaves to turn yellow.에 sweltered, cause, turn으로 디루어보아 이 부분에 정답이 있다고 볼 수 있습니다. 동사 cause 뒤에 올 명사를 찾아야 하므로 지문에서도 cause 뒤의 green leaves to turn yellow, 즉 color를 써넣으면 됩니다.

14. 키워드는 techniques, produce, desirable입니다. 지문 G의 This final drying of the tea is particularly important in green teas, as it produces many new flavour compounds that are required in that type of tea. 문장에서 동사 produce 뒤에 오는 명사를 찾으면 many new flavour compounds가 있습니다. 하지만 세 개 이상의 단어를 쓸 수 없으므로 정답은 flavour compounds입니다.

지금까지 문제를 풀어본 것처럼 IELTS Reading 지문은 상당히 학술적이고 깁니다. 따라서 모든 문장을 하나하나 해석해가며 읽을 것이 아니라 키워드를 찾아 전반적인 내용을 파악하는 연습이 필요합니다. 이러한 능력은 10줄 안팎의 지문들을 빨리 읽고 요점을 찾는 연습으로 향상시킬 수 있습니다.

IELTS Reading 체력단련

이제부터는 지문을 읽고, 좀더 빠르고 정확하·게 글의 주제와 내용을 파악했는지 확인을 위한 문제들을 풀어보겠습니다.

[Reading Practice]

Biologists have long known that plants can remember things. Although there are no neurons in plants and they do not "think" in the way that humans do, they do take in information, remember it, transmit the information from leaf to leaf, and react to it accordingly. In spite of this knowledge, there remains some contempt in both scientific and public circles and sceptics continue to criticize the results of many studies on plant perception.

Based on observations of plant characteristics, information is transmitted across the whole organism by an integrated signalling, communication, and response system, strikingly similar to the human central nervous system. Not only are they able to respond to signals, but plants are also capable of using short-term memory to store information for future processing to bolster their defense mechanisms against seasonal pathogens and diseases.

Plant neurobiology research has confirmed that plants transmit electro-chemical signals in response to a stimulus, just as nerves do. The stimuli detected by the bundle sheath cells surrounding the veins of one leaf, triggers long-range electrical impulses which are then transported to the whole plant via a "nervous system".

So, if they are capable of sensing their environment, communicating through chemical signals, and responding to stimuli, can they also respond to humans and sound? Just because we humans cannot hear them, doesn't mean that plants cannot hear us.

If they are capable of identifying danger, signalling that danger to other plants, and employing defences against perceived threats, does their rudimentary nervous system also contain receptors that can register pain and suffering?

Because they can respond to tactile cues, compute information encrypted in different wavelengths of light, and "listen" and "talk" to each other through chemical signals, it can be interpreted that plants respond in such a way that mimics emotion. Touch, sight, hearing, and speech are all sensory modalities and abilities normally only associated with humans and animals.

Theoretical concepts of plant perception, or biocommunication, denote that plants have the ability to feel, perceive, be conscious, and have subjective experiences, and that they may respond to humans in a manner suggestive of extrasensory perception (ESP). Proponents of such theories argue that plants are intelligent, can feel pain, and can understand affection. Some researchers even suggest that plants can anticipate negative and positive events, including weather changes, and have the ability to react to a nearby individual who has committed an act of violence.

Scientific evidence certainly suggests that the life of plants is more complex and sophisticated than we once thought, and that biocommunication exists between living organisms. The concept that plants are capable of feeling emotions dates back to 1848, when Dr Gustav Theodor Fechner, a German experimental psychologist, recorded that plants are capable of feeling emotion and that healthy, optimal growth was enhanced with talk, attention, and affection.

An Indian scientist, Sir Jagadish Chandra Bose, made a number of pioneering discoveries in plant physiology. Using his own invention called a crescograph, he did further research and experiments to measure plant response to various stimuli in the year 1900. He claimed that plants responded to shock by experiencing a spasm, just as an animal muscle does, showing that plants can feel, in their own way.

Based on his observations, he contended that a plant treated with care and affection gives out a different vibration compared to a plant subjected to physical abuse. He also found that pleasant music had a positive impact on plant growth, whereas loud or harsh sounds had a negative impact on the rate of growth.

The notion of plants having extrasensory perception (ESP) was further expounded in 1927 in a book written by naturalist Joseph Sinel, and again in 1955, when the psychiatrist Gotthard Booth promoted similar ideas when he published his paper titled "An Observation on Psi Function in Plants".

Inspired by the implications of those studies, Cleve Backster, an Interrogation Specialist with the CIA, embarked on a series of experiments in the 1960s using a polygraph, or "lie detector", to measure the electrical resistance in plants. Not only did he conclude that plants are sensitive to the emotions of humans in close proximity to them, he concluded that everything in the universe is interconnected and capable of producing emotional responses.

His article titled "Evidence of a Primary Perception in Plant Life", published in an edition of the International Journal of Parapsychology in 1968, generated intense interest from the scientific community and many experiments followed to verify or disprove his concept of "primary perception" in plants.

Marcel Vogel, a chemist, claimed to have successfully replicated some of his experiments in 1974, and Russian scientists reported changes in the electrical activity of plants relating to human activity in 1982.

It is obvious that the more scientists learn about the complex sensitivity of plants, the more fascinated they become. Although plants have the ability to sense and respond to other plants, plant physiologists remain committed to ongoing research to unravel the molecular and cellular reasons for this.

Questions 1-4

Complete each of the following statements (Questions 1-4) with words taken from Reading Passage.

Write *NO MORE THAN THREE WORDS* for each answer.

1. The system used by plants to transmit information has much in common with the _____________________ of humans.

2. Plants use short-term memory to store information that helps them to defend against disease and _____________________.

3. In plants, _____________________ detect stimuli and respond by transmitting electro-chemical signals.

4. In the early 20th century, an Indian scientist showed that sound could have a positive or negative effect on the _____________________ in plants.

Questions 5-11

Do the following statements agree with the views of the writer of Reading Passage 2?

YES if the statement agrees with the writer
NO if the statement doesn't agree with the writer
NOT GIVEN if it is impossible to say what the writer thinks about this

5. Some studies on plant perception have been met with opposition by the scientific community.
6. Plants are able to replicate senses normally associated with humans or animals.
7. Scientists agree that it is impossible for a plant to perceive pain.
8. There is a lack of evidence to show that biocommunication exists between organisms.
9. Dr Gustav Theodor Fechner showed that talking to plants results in healthy plant growth.
10. Gotthard Booth and Joseph Sinel were responsible for the most important research on plant perception.
11. Marcel Vogel conducted experiments to verify the theories of Cleve Backster.

From the list below choose the most suitable title for Reading Passage.

A The Physiology of Plants
B The Evolution of Plant Defence Mechanisms
C Do Plants Have Feelings?
D Cultivation of Plant Species
E Does Talking To Plants Help Them To Grow?

지문 해석

생물학자들은 식물들이 기억할 수 있다는 것을 오래 전부터 알고 있었다. 식물에는 신경 세포가 없고 사람처럼 "생각"을 하지 않지만, 정보를 받아 들이고, 기억하고, 정보를 잎에서 잎으로 전달하고, 그에 따라 반응한다. 이런 지식이 있음에도 불구하고, 과학계나 공공 집단과 회의론자들 모두에게 무시당하고 식물 인식에 대한 연구결과들을 계속해서 비판한다.

식물의 특징들을 관찰한 결과, 정보는 인간의 중추 신경계와 현저히 유사한 통합적인 신호, 의사소통, 그리고 반응 시스템에 의해 생물 전체로 전송된다. 식물들은 신호에 반응하는 것뿐만 아니라 계절별 병균과 질병에 대비하여 방어기제를 강화시키는 향후 과정을 위해 단기간 기억을 사용해 정보를 보관할 수 있다.

식물 신경생물학 연구는 식물이 마치 신경이 하는 것처럼 자극에 대한 반응을 전기화학신호로 전송한다는 것을 확인했다. 한 잎의 잎맥을 둘러싸고 있는 유관속초 세포들에 의해 발견된 자극은 식물 전체의 "신경계"를 통해 운반되는 원거리 전기 충동을 촉발시킨다.

그래서, 식물이 정말 주변환경을 감지할 수 있고, 화학적 신호를 통해 의사소통을 할 수 있고, 자극에 반응할 수 있다면, 식물이 인간과 소리에도 반응을 할 수 있을까? 인간들이 식물의 소리를 듣지 못한다고 해서 식물들도 우리를 듣지 못한다고 할 수는 없다.

만약 식물들이 위험을 감지할 수 있고, 그 위험 요소를 다른 식물들에게 신호로 알리고, 인지된 위협을 대비하여 방어할 수 있다면, 기본적인 신경계에는 고통과 괴로움을 느끼는 감각기도 있을까?

식물들이 촉각의 신호에 반응할 수 있고, 여러 빛의 파장으로 암호화된 정보를 산출할 수 있고, 화학적 신호를 통해 서로 "듣기"와 "말하기"를 할 수 있기 때문에, 식물들은 감정을 모방하는 방법으로 반응한다고 볼 수 있다. 촉각, 시각, 청각, 그리고 언어 능력은 오직 인간과 동물에게만 연관된 모든 감각형태이며 능력이다.

식물 인식 또는 생물적 의사소통의 이론적 개념은 식물이 느끼고, 감지하고, 의식하는 능력을 가지고 있으며, 개인적 경험을 가지며, 식물들이 초감각 지각(ESP)을 연상케 하는 방식으로 인간들에게 반응을 보인다는 것을 나타낸다. 이런 이론을 지지하는 사람들은 식물이 똑똑하고, 고통을 느낄 수 있으며 애정을 이해할 수 있다고 주장한다. 일부 연구원들은 심지어 식물들은 날씨 변화를 포함하여 좋은 일과 나쁜 일들을 예측할 수 있고, 근처에서 행해지는 폭력에 반응한다고 한다.

과학적 증거는 식물의 삶은 우리가 생각했던 것 보다 훨씬 더 복잡하고 정교하다는 것과 살아있는 유기체 사이에 생물적 의사소통이 존재한다는 것을 분명히 나타낸다. 식물들도 감정을 느낄 수 있다는 개념은 1848년으로 거슬러 올라가는데, 독일의 실험학자인 Gustav Theodor Fechner 박사는 식물들이 감정을 느낄 수 있고, 건강하고 정상적인 식물의 성장은 대화, 관심, 그리고 애정을 통해 향상되었다고 기록했다.

인도 과학자 Jagadish Chandra Bose 경은 식물 생리학에서 수많은 선구적인 발견을 했다. 자신이 발명한 크레스코그래프를 이용해서, 1990년에 다양한 자극에 대한 식물의 반응을 측정하기 위해 추가적인 연구와 실험을 했다. 그는 동물들의 근육이 반응하는 것처럼 식물들도 자신만의 방법으로 충격에 경련을 일으키며 반응했다고 주장했다.

그의 관찰에 따르면, 보살핌과 애정을 받으면서 키워진 식물은 물리적 학대를 받았던 식물과 다른 진동을 보였다고 주장했다. 또한 시끄럽고 귀에 거슬리는 소리들은 식물의 성장에 악영향을 끼치는 반면, 즐거운 음악은 식물의 성장에 좋은 영향을 미친다는 것을 발견했다.

식물이 초감각 지각을 (ESP) 가지고 있다는 개념은 자연 연구자인 Joseph Sinel이 1927년 집필한 책에 더 자세히 설명되어있고, 1955년도에 정신과 의사 Gotthard Booth가 비슷한 아이디어를 "식물의 초감각적 지각 기능 관찰"이라는 글을 통해 출판했다.

이러한 연구 결과로부터 영감을 받은 CIA 심문 전문가 Cleve Backster는 1960년대 식물의 전기 저항력을 측정하기 위해 거짓말 탐지기를 사용하여 일련의 연구에 착수했다. 식물이 가까운 곳에 있는 인간의 감정에 민감하다는 결론를 내렸을 뿐만 아니라, 우주에 있는 모든 것은 서로 이어져있고 정서적 반응을 보일 수도 있다고 했다.

1968년 초심리학 국제 저널에 "식물 삶에서 1차 인식 증거"라는 제목으로 게재된 그의 기사는 과학계의 열정적인 관심을 유발했고, 후에 많은 실험들이 식물의 "1차 인식"을 확인하거나 틀렸음을 입증하려고 했다.

Marcel Vogel이라는 화학자는 1974년에 그의 실험을 통해 성공적으로 동일한 결과를 도출했다고 주장하였고, 러시아의 과학자들은 1982년도에 인간 활동과 관련된 식물의 전기 활동에 대한 변화를 보고했다.

과학자들이 식물들의 복잡한 정서에 대해 더 닳이 알아 갈수록, 더 흥미롭다고 느끼는 것은 명백하다. 식물은 감지능력도 있고 다른 식물들에게 반응을 보일 수 있음에도 불구하고, 식물 생리학자들은 분자적, 그리고 세포적인 이유를 알아내기 위해 계속해서 연구하고 있다.

Questions 1-4

다음 빈칸을 읽기지문으로부터 적합한 단어를 이용하여 완성하세요.

각 답변은 세 단어를 넘지 않게 작성하세요.

1. 식물들이 정보를 전달하기 위해 사용되는 체계는 인간의 ______________와 매우 유사하다.

정답

Central nervous system 중추신경계

관련 지문

Based on observations of plant characteristics, information is transmitted across the whole organism by an integrated signalling, communication, and response system, strikingly similar to the human central nervous system.

식물의 특징들을 관찰한 결과, 정보는 인간의 중추신경계와 현저히 유사한 통합적 신호, 의사소통, 그리고 반응 시스템에 의해 생물 전체로 전송된다.

- -

2. 식물은 질병과 ________________을 방어를 하는데 도움이 되는 정보를 저장하기 위해 단기간 메모리를 사용한다.

정답

seasonal pathogens 계절별 병균

관련 지문

Not only are they able to respond to signals, but plants are also capable of using short-term memory to store information for future processing to bolster their defence mechanisms against seasonal pathogens and diseases.

식물들은 신호에 반응하는 것뿐만 아니라 계절별 병균과 질병에 대비하여 방어기제를 강화하는 향후 과정을 위해 단기간 기억을 사용해 정보를 보관할 수 있다.

3. 식물에서 _____________________는 전기 화학신호를 전송할 때 자극을 느끼고 반응한다.

정답

bundle sheath cells 유관속초 세포

관련 지문

Plant neurobiology research has confirmed that plants transmit electro-chemical signals in response to a stimulus, just as nerves do. The stimuli detected by the bundle sheath cells surrounding the veins of one leaf, triggers long-range electrical impulses which are then transported to the whole plant via a "nervous system".

식물 신경생물학 연구는 식물이 마치 신경이 하는 것처럼 자극에 대한 반응을 전기화학신호로 전송한다는 것을 확인했다. 한 잎의 잎맥을 둘러싼 유관속초 세포들에 의해 발견된 자극은 식물 전체의 "신경계"를 통해 운반되는 원거리 전기 충동을 촉발한다.

---

4. 20세기 초반 인도 과학자들은 음향이 식물의 ___________에 긍정적이거나 부정적인 영향을 준다고 발표했다.

정답

growth rate 성장률

관련 지문

Based on his observations, he contended that a plant treated with care and affection gives out a different vibration compared to a plant subjected to physical abuse. He also found that pleasant music had a positive impact on plant growth, whereas loud or harsh sounds had a negative impact on the rate of growth.

그의 관찰에 따르면, 보살핌과 애정을 받으면서 키워진 식물은 물리적 학대를 받은 식물과 다른 진동을 보였다고 주장한다. 또한 시끄럽고 귀에 거슬리는 소리는 식물 성장률에 악영향을 끼치는 반면 즐거운 음악은 식물의 성장에 좋은 영향을 미친다는 것을 발견했다.

Questions 5-11

다음 서술은 읽기지문을 쓴 글쓴이의 견해에 일치하나요?

일치한다 글쓴이의 의견에 일치할 경우
일치하지 않는다 글쓴이의 의견에 일치하지 않는 경우
주어지지 않았다 글쓴이의 의견이 정확하게 나와있지 않은 경우

5. 식물인식에 관한 일부 연구는 과학계에서 반대한다.

YES

Biologists have long known that plants can remember things. Although there are no neurons in plants and they do not "think" in the way that humans do, they do take in information, remember it, transmit the information from leaf to leaf, and react to it accordingly. In spite of this knowledge, there remains some contempt in both scientific and public circles and sceptics continue to criticize the results of many studies on plant perception.

생물학자들은 식물이 기억을 할 수 있다는 것을 오래 전부터 알고 있었다. 식물에는 신경세포가 없고 사람처럼 "생각"을 하지 않지만, 정보를 받아 들이고, 기억하고, 잎에서 잎으로 전달하고, 그에 따라 반응한다. 이런 지식이 있음에도 불구하고, 과학계와 공공 집단과 회의론자들 모두에게 무시당하고, 식물 인식에 대한 연구 결과들을 계속 비난한다.

---

6. 식물들은 사람이나 동물과 관련된 감정을 모사할 수 있다.

YES

If they are capable of identifying danger, signalling that danger to other plants, and employing defences against perceived threats, does their rudimentary nervous system also contain receptors that can register pain and suffering?

만약 식물들이 위험을 감지할 수 있고, 그 위험 요소를 다른 식물들에게 신호로 알리고, 인지된 위협을 대비하여 방어를 할 수 있다면, 기본적인 신경계에는 고통과 괴로움을 느낄 수 있는 감각기도 있을까?

---

7. 과학자들은 식물이 고통을 인지하는 게 불가능하다는 것에 동의한다.

NO

If they are capable of identifying danger, signalling that danger to other plants, and employing defences against perceived threats, does their rudimentary nervous system also contain receptors that can register pain and suffering?

식물들이 위험을 감지할 수 있고, 그 위험 요소를 다른 식물들에게 신호로 알리고, 인지된 위협을 대비하여 방어를 할 수 있다면, 기본적인 신경계에는 고통과 괴로움을 느낄 수 있는 감각기도 있을까?

8. 유기체 간의 생물적 의사소통이 존재한다는 것을 입증할 증거가 부족하다.

NO

Theoretical concepts of plant perception, or biocommunication, denote that plants have the ability to feel, perceive, be conscious, and have subjective experiences, and that they may respond to humans in a manner suggestive of extrasensory perception (ESP). Proponents of such theories argue that plants are intelligent, can feel pain, and can understand affection. Some researchers even suggest that plants can anticipate negative and positive events, including weather changes, and have the ability to react to a nearby individual who has committed an act of violence.

식물 인식 또는 생물적 의사소통의 이론적 개념은 식물이 느끼고, 감지하고, 의식하는 능력이 있으며, 개인적 경험을 가지며, 초감각 지각(ESP)을 연상케 하는 방식으로 인간들에게 반응을 보인다고 나타난다. 이런 이론을 지지하는 사람들은 식물은 지능이 있고, 고통을 느낄 수 있고, 그리고 애정을 이해할 수 있다고 주장한다. 일부 연구원들은 심지어 식물들은 날씨변화를 포함하여 좋은 일과 나쁜 일들을 예측할 수 있고, 근처에 폭력행위를 저지르는 사람에게 반응할 수 있는 능력이 있다고 한다.

---

9. Gustav Theodor Fechner 박사가 식물과 대화하는 것은 건강한 식물 성장을 야기한다는 것을 입증했다.

YES

The concept that plants are capable of feeling emotions dates back to 1848, when Dr Gustav Theodor Fechner, a German experimental psychologist, recorded that plants are capable of feeling emotion and that healthy, optimal growth was enhanced with talk, attention, and affection.

독일의 실험적 철학자인 Gustav Theodor Fechner 박사는 1848년에 식물들은 감정을 느낄 수 있고 건강하고, 정상적인 식물의 성장은 대화, 관심, 그리고 애정을 통해 향상된다고 기록했다.

10. Gotthard Booth와 Joseph Sinel는 식물 인식에 관한 매우 중요한 연구에 책임이 있었다.

정답

NOT GIVEN

관련 지문

The notion of plants having extrasensory perception (ESP) was further expounded in 1927 in a book written by naturalist Joseph Sinel, and again in 1955, when the psychiatrist Gotthard Booth promoted similar ideas when he published his paper titled "An Observation on Psi Function in Plants".

식물은 초감각 지각(ESP)을 가지고 있다는 개념은 자연 연구자인 Joseph Sinel의 1927년 집필한 책에 더 자세히 설명이 되었고, 정신과 의사인 Gotthard Booth가 1955년도에 비슷한 아이디어를 "식물의 초감각적 지각 기능 관찰"이라는 글을 통해 출판했다.

---

11. Marcel Vogel는 Cleve Backster의 이론을 확인하기 위해 실험을 했다.

정답

YES

관련 지문

Marcel Vogel, a chemist, claimed to have successfully replicated some of his experiments in 1974, and Russian scientists reported changes in the electrical activity of plants relating to human activity in 1982.

Marcel Vogel이라는 화학자는 1974년에 그의 실험을 통해 성공적으로 동일한 결과를 도출했다고 주장하였고, 러시아의 과학자들은 1982년에 인간 활동과 관련된 식물의 전기 활동에 대한 변화를 보고했다.

Question 12

아래 보기 중 지문에 가장 적합한 제목을 선택하세요.

A 식물의 생리학

B 식물 방어절차의 진화

C 식물들은 감정이 있는가?

D 식물 종의 재배

E 식물과 대화가 성장에 도움을 주는가?

정답

C

IELTS Reading 실전문제

Reading Passage 1

You should spend about 20 minutes on Questions 1–14 which are based on Reading Passage 1 below.

Tourette syndrome (TS) is a neurological disorder that begins in childhood, usually between the ages of 3 and 9. It is characterized by repetitive involuntary vocalizations and movements, which are most commonly referred to as tics. The condition was first identified in an 86-year-old French noblewoman by the renowned French neurologist Dr. Georges Gilles de la Tourette, for whom the condition was named. TS affects people from all ethnic groups, and it occurs in males around three to four times more often than in females. Approximately 200,000 Americans have the most severe form of TS, and almost one person in 100 exhibits a milder form with less complex symptoms.

Although the precise cause of TS is unknown, medical research would indicate that abnormalities in the frontal lobes and cortex of the brain are responsible. In addition, problems affecting the neurotransmitters that are responsible for nerve cell communication are thought to play a significant role. However, due to the complex nature of the disorder, the causes are likely to be equally complex.

Scientific research suggests that TS is an inherited disorder. Although early studies indicated that only one copy of the defective gene, inherited from one parent, is necessary to produce the disorder, more recent research shows that the inheritance of TS is far more complicated, and it is very likely that many genes play a role in the development of the disorder. It is important to note that receiving a defective gene from a parent may not necessarily result in a child inheriting full-blown TS. The gene may instead manifest itself as a milder tic disorder or obsessive-compulsive behaviors. In some cases, the gene-carrying child may not develop any TS symptoms at all. The gender of the person also determines how the TS gene is physically expressed. Males are more likely to exhibit tics, while females are more prone to developing obsessive-compulsive symptoms.

Doctors typically diagnose TS after verifying that the patient has displayed vocal and motor tics for at least one year. No blood, laboratory, or imaging tests are required for diagnosis. Although uncommon, magnetic resonance imaging (MRI) or an electroencephalogram (EEG) is sometimes used in order to rule out other conditions that may be confused with TS. Occasionally, a formal diagnosis of TS is made only after patients have exhibited symptoms for a relatively long time. One reason for this is that family members, and even physicians, might be unfamiliar with the disorder and its symptoms, so mild tics may be considered inconsequential or the result of another neurological condition. For instance, some parents might mistakenly attribute their child's eye blinking to vision problems, and sniffing is often presumed to be a result of seasonal allergies. In many cases, patients remain undiagnosed until they, their family, or their friends happen to learn about TS and its symptoms.

The tics exhibited by patients can be categorized as being either simple or complex. Simple motor tics are sudden, repetitive movements such as eye blinking, facial grimacing, and jerking of the head or shoulders. Simple vocal tics include repetitive sniffing, throat-clearing, and grunting noises. Complex motor tics may actually appear purposeful, such as touching objects, hopping, or jumping. In more severe cases, complex vocal tics may include the uttering of random words or phrases. The most well-known and severe type is coprolalia, which is the uttering of socially inappropriate words. This is often mistakenly perceived by the public as a purposeful action, when in reality it is completely involuntary.

Tics become less controllable when a patient is anxious or excited, and more controllable when a patient is calm or focused on an activity. Certain environmental factors can trigger or worsen tics. For example, hearing another person sniff or clear their throat may cause the patient to mimic the sound. Although tics can come and go over time, most patients experience their most severe tics as a teenager, with a noticeable improvement occurring in their late teens and continuing into adulthood. In many cases, individuals with TS experience other neurobehavioral symptoms such as hyperactivity, depression, and difficulty with reading, writing, and mathematics.

Although there is no cure for TS, the disorder is not a degenerative condition and has no impact on a patient's life expectancy. Because tic symptoms often do not cause impairment, the majority of people with TS require no medication for tic suppression. In patient cases where symptoms interfere with normal day-to-day functioning, physicians often prescribe medication that reduces the frequency and severity of the tics. Neuroleptics are the most consistently effective medications for tic suppression. Unfortunately, there is no one medication that is helpful to all people with TS, nor does any medication completely eliminate symptoms. Furthermore, all medications have side effects, including sedation, weight gain, and cognitive dulling.

There are several other treatments that can help patients to control their symptoms. However, while a certain treatment may work for one patient, it may not necessarily be effective for another. Patients are often encouraged to 'practice their tics'. This involves physical exercises where a patient deliberately acts out their tic repeatedly, which can help them to control the tic. Another method is to find an activity that the patient enjoys and can focus on. Precise and controlled activities, such as table tennis, basketball, and table football, have proven to help patients to suppress tics. Simple relaxation techniques such as breathing exercises can decrease stress and tic frequency. There is also a wide range of behavioural treatments aimed at helping patients to control tics more effectively, and supportive therapy in the company of other patients can not only help a person with TS to deal more effectively with their symptoms, but also help them to cope with any social and emotional problems they may be experiencing .

Do the following statements reflect the views of the writer in Reading Passage 1?

YES *if the statement agrees with the information*
NO *if the statement contradicts the statement*
NOT GIVEN *if there is no information on this in the passage*

1. Females are more likely to develop TS than males.

2. Inheriting one defective gene will cause a child to develop TS.

3. Males are less likely than females to develop obsessive-compulsive behaviors.

4. Parents often fail to recognize that their child's symptoms are a result of TS.

5. Most patients experience more severe tics as they get older.

6. Vocal tics are more easily suppressed than motor tics.

7. Neuroleptics may prove ineffective for some TS patients.

Questions 8-11

Complete the following statements with the best ending from the box.
Write the appropriate letters **A-H**.

8. TS is usually diagnosed by a physician after...

9. Patients who experience complex vocal tics may experience...

10. The onset of TS is thought to be caused by problems with...

11. For some patients, TS symptoms can be alleviated by…

A	magnetic resonance imaging
B	repetitive sniffing
C	coprolalia
D	neurotransmitters
E	blood tests
F	one year
G	seasonal allergies
H	playing sports

According to the text which of the following are symptoms of Tourette Syndrome?
Choose THREE letters (**A–G**).

A weight loss
B mimicking sounds
C increased concentration
D repetitive movements
E impaired vision
F breathing difficulty
G depression

You should spend about 20 minutes on Questions 15–26 which are based on Reading Passage 2 below.

Revolutionary Fish Farming in Spain

Human consumption of fish has increased 14.4% over the last 5 years, chronically depleting the world's oceans of fish and leaving wild fish stocks at a dangerously unsustainable level around the globe. So, how can we manage the resources wisely and keep up with the demand for fish?

Aquaculture has emerged as perhaps the only viable and sustainable solution for managing the world's wild marine fish populations. It is one of the fastest growing food production sectors in the world and is a fundamental element in the global solution to meet the current fish demands, as it provides large and consistent quantities of fish and seafood while lessening the strain on stressed commercial fisheries. Aquaculture, also known as aqua farming, is the cultivation of freshwater and saltwater fish populations under controlled conditions - in tanks, ponds, or ocean enclosures. This is very different to commercial fishing, which is the harvesting of wild fish.

Veta La Palma is a revolutionary fish farm located on the southern point of Isla Mayor, an island ten miles inland of the Atlantic Ocean on the Guadalquivir River, in the Seville province of Spain. Originally built by Argentinean farmers, it is a labyrinth of canals that was used to drain the wetlands for cattle farming. However, it proved to be an economical and ecological disaster, and 90 percent of the bird population died and the ecosystem began to collapse.

In 1982, the 28,000 acre wetland estate was purchased by Hisparroz, a Spanish rice company with an environmental conscience. The company focused its energies on restoring the property to its natural state, and they managed to reverse the process of ecological destruction by literally "flipping the switch". They reversed the direction of water flow in the existing canals and instead of draining the life out of the fertile marshlands, as the previous owners had done, the farm's new owners used the powerful pumps to bring water back into the parched land from the Atlantic Ocean via the nearby micronutrient-rich Gualdalquivir River.

This feat of engineering has clearly been the secret to the farm's success. Because the water comes directly from the ocean, it is rich in phytoplankton, microalgae, naturally occurring shrimp, and other aquatic invertebrates. As a result, the ecosystem has recovered and is now so healthy that it is totally self-renewing. The marshland has become such a rich environment teeming with life that the fish, which include high quality sea bass, bream, red mullet, meagre and sole, are now eating natural food that they would be eating in the wild.

The forty-five ponds serviced by the pumps are widely dispersed, reducing the amount of parasites. The ponds are also surrounded by vegetation, which filters pollutants and debris out of the water. As a result, the farm acts as a natural water purification plant, and when the water leaves the plant it is cleaner than when it entered.

Re-flooding the wetlands has had other positive effects, and if you were to visit Veta La Palma today, you might think you had strayed into a nature reserve. A healthy fish population attracts many predators, and Veta La Palma has inadvertently become one of the largest privately owned bird sanctuaries in Europe. The bird population has re-grown and the area has become a refuge for aquatic migratory birds, many of them endangered, which are thriving on the new diet of shrimp and fish. Today there are approximately 600,000 birds on the farm, comprised of 250 species, and the farm loses about 20% of its fish eggs to these birds. However, this is ultimately viewed as a positive sign that the ecosystem is flourishing.

You might think that a thriving bird population is undesirable on a fish farm, but this is one of many complex relationships that can benefit a natural ecological network. While some fish are lost, thousands of others swim below the surface of the ponds, feasting on the rich shrimp that feed upon the abundant microalgae. Ultimately, the ecosystem is strengthened. It is a place where fish harvests are shared between the farmers and the resident birds in a relationship that is viewed as beneficial and self-sustaining. The fact that it also provides a habitat for migrating birds is yet another benefit.

Veta La Palma seems to have got it just right - a place where nature and people both appear to benefit from increased food production. Furthermore, the quality of the farmed fish is so high that they are regarded as a gourmet alternative to unsustainable "wild" fish.

Do the following statements agree with the views of the writer of the reading passage 2 on *Revolutionary Fish Farming in Spain*?

YES *if the statement agrees with the writer*
NO *if the statement doesn't agree with the writer*
NOT GIVEN *if it is impossible to say what the writer thinks about this*

15. Aquaculture is one of several successful practices for managing global fish populations.
16. Demand for fish as a food source has risen over the past few years.
17. Aqua farming is based on the harvesting of wild fish from the ocean.
18. Veta La Palma was built by Spanish farmers to aid cattle farming.
19. Veta La Palma was not a successful venture when it was first constructed.
20. The Gualdalquivir River contains large populations of shrimp.
21. The ponds at Veta La Palma are situated in close proximity to one another.
22. Plants surrounding the fish farm ponds help to reduce the amount of pollutants in the water.

Questions 23-26

Complete each of the following statements (Questions 23-26) with words taken from Reading Passage 2.

Write **NO MORE THAN THREE WORDS** for each answer.

23. The increased bird population means that the fish farm loses approximately one-fifth of its ___________________.

24. As well as providing large quantities of fish, the aquaculture industry alleviates the demand placed on___________________.

25. The farm acts as a ___________________ by removing pollutants and debris from the water.

26. Veta La Palma is seen as a___________________for migrating birds.

You should spend about 20 minutes on Questions 27–40 which are based on Reading Passage 3 below.

Early Newspapers in England

Print news began to be circulated in England in the 16th century in publications that were called 'Relations'. These are regarded as the forerunners of the English newspaper, and the first known example is a small pamphlet describing the Battle of Flodden in 1513. In 1542, another pamphlet was published, titled Heavy Newes of an Horryble Earthquake, which was an account of an earthquake that occurred near Florence, Italy. A Copye of a Letter Contayning Certayne Newes, & the Articles or Requestes of the Devonshyre & Cornyshe Rebelles, which is often cited as the first English newsletter, was published as a large pamphlet in 1549. These publications appeared in greater numbers toward the end of the 16th century, but news was not printed on a regular basis in England until the early 17th century.

While a few countries in continental Europe established news periodicals soon after 1600, England was forbidden to publish news because of the Star Chamber decree of 1586. The first English language news periodicals, called corantos, were published in The Netherlands. The earliest of these corantos, dated December 2, 1620 and titled The New Tydings Out of Italie Are Not yet Come, was a single sheet of news relating to the Thirty Years War. Several months later, the first coranto to be printed in England appeared. Dated September 24, 1621, Corante, or Newes from Italy, Germany, Hungarie, Spaine and France contained continental news translated from an original German publication. Its printer, Nathaniel Butter, acquired an official licence and continued printing such corantos until at least 1640.

The corantos gradually evolved from single sheets to small pamphlets to newsbooks. A period of rapid change occurred when the Long Parliament opened in November 1640, at the start of the English Civil War. The first newsbook containing domestic news was titled The Heads of Severall Proceedings in This Present Parliament, and it was first published in November 1641. As the Civil War raged on, newsbooks were used by both sides to circulate propaganda. Mercurius Aulicus, which was first published on January 8, 1643, supported King and court, while Mercurius Britanicus supported Parliament. The demand for news was so high during the Civil War that over 300 different newsbooks appeared during the 1640s and 1650s.

After Charles II regained the throne in 1660, control over the press was tightened. The Printing Act of 1662 stated that all writing must be licensed before it could be published. In 1665, the Oxford Gazette was established as a government newsbook, and it was renamed the London Gazette in 1666. This single sheet, printed on both sides, came to be regarded as the first English newspaper. Even though the Printing Act was not strictly enforced, it served to greatly limit the publication of new titles. When it ended and was not renewed in 1695, the effect on the press was considerable. The number of new titles greatly increased, and numerous successful newspapers were established. Whereas the early newsbooks had been published weekly, these new morning newspapers were published three times a week, which highlighted the public's thirst for regular news. Two of the most popular were the Post Boy (1695-1728) and the Post Man (1695-1730).

The 18th century was a time of considerable evolution for English newspapers. The most notable development was the publication of the first daily morning newspaper, the Daily Courant, with the first issue appearing on March 11th, 1702. The next development was the publication of an evening newspaper called The Evening Post (1709-1732), which was published three times a week. Many evening newspapers became successful and remained in print for many years, such as the Whitehall Evening Post (1718-1801). Although the Printing Act was not renewed after 1695, newspapers were still subject to government control.

The Stamp Acts of 1712 and 1725 gave rise to taxes on advertisements and paper. They also affected the format and content of newspapers. The Universal Spectator (1728-1746) was one of several newspapers to switch to a four-page format. This format typically included an essay on the front page, general news stories on the middle pages, and advertisements on the back page.

By the mid-18th century, a smaller format of newspaper appeared, which was comprised of eight pages rather than four. One of the first to be published in this format was the London Chronicle (1757-1765). Another innovation was the daily evening newspaper, the first of which was the Star (1788-1831). However, these did not sell nearly as well as the morning publications. Near the end of the 18th century, with competition increasing, some newspapers made innovative changes to layout and presentation. Rather than only featuring essays and articles, many newspapers contained book and theatre reviews and a large selection of advertisements.

The 18th century was without doubt a period of substantial growth in newspaper circulation. By 1801, annual circulation had reached around 16 million copies, compared to 2.4 million copies in 1713, and 7.3 million in 1750. This indicates that by the turn of the century, newspapers were being read regularly by almost everyone in England.

Do the following statements agree with the views of the writer of the reading passage 3 on *Early Newspapers in England*?

YES *if the statement agrees with the writer*
NO *if the statement doesn't agree with the writer*
NOT GIVEN *if it is impossible to say what the writer thinks about this*

27. The first printed news in England described an earthquake in Italy.
28. Corantos are considered to be the forerunners of 'Relations'.
29. England was not the first European country to produce a news periodical.
30. News publications became very popular during the Civil War.
31. The Printing Act greatly increased the number of circulated newspapers.
32. Post Man was one of the most popular daily newspapers.
33. The Universal Spectator was the most successful newspaper to adopt a four page format.
34. Mid-18th century evening newspapers were outsold by morning newspapers.

Questions 35-40

Match the events (35-40) with the dates (A-H) listed below.
Write the appropriate letters.

35. First English news periodical published
36. The end of the Printing Act
37. First daily English evening newspaper produced
38. Newspapers used for government propaganda
39. Taxes applied to advertisements in newspapers
40. First daily English morning newspaper produced

DATES	
A 1586	**B** 1620
C 1695	**D** 1662
E 1709	**F** 1712
G 1643	**H** 1788
I 1702	

1. FALSE
2. FALSE
3. TRUE
4. TRUE
5. FALSE
6. NOT GIVEN
7. TRUE
8. F
9. C
10. D
11. H
12. B (In any order)
13. D (In any order)
14. G (In any order)
15. NO
16. YES
17. NO
18. NO
19. YES
20. NOT GIVEN
21. NO
22. YES
23. fish eggs
24. fisheries
25. (water) purification plant
26. habitat/sanctuary/refuge
27. NO
28. NO
29. YES
30. YES
31. NO
32. NO
33. NOT GIVEN
34. NO
35. B
36. C
37. H
38. G
39. F
40. I

읽기 지문 1
아래 읽기 지문 1을 바탕으로 **1~14번** 문제를 풀어보세요. 약 **20분**의 시간이 주어집니다.

투렛 증후군은 유년기 시절, 보통 3~9세 정도에 생기는 신경성 증후군이다. 투렛 증후군은 보통 틱 장애라고 일컬어지며, 특징적인 점은 무의식적인 반복적 발성과 움직임이다. 이 증상은 유명한 프랑스의 신경학자, Georges Gilles de la Tourette가 86세의 프랑스 귀족 여성에게서 처음으로 발견했으며, 그의 이름을 따서 투렛 증후군으로 명명했다. 투렛 증후군은 모든 인종에 영향을 끼치며, 남성의 발생률이 여성보다 약 3배에서 4배 정도 높다. 약 이십만 명의 미국인들이 가장 심각한 종류의 투렛 증후군을 앓고 있으며, 대략 100명 중 한 명은 덜 복합적인 증상을 앓고 있다.

투렛 증후군의 정확한 원인은 알려지지 않았지만, 의학연구는 비정상적인 뇌의 전두엽과 대뇌피질이 투렛 증후군의 원인이라고 지적했다. 또한, 신경세포 사이의 통신을 담당하는 신경전달물질에 영향을 주는 문제점들이 중추적인 역할을 한다고 여겨진다. 하지만, 복잡한 속성 때문에, 투렛 증후군을 일으키는 원인들도 마찬가지로 복잡해지는 경향이 있다.

과학 연구자료는 투렛 증후군이 유전병이라고 추측한다. 초창기 연구자료들은 한 쪽의 부모로부터 한 개의 결함이 있는 유전자 만으로 투렛 증후군을 일으킨다고 했지만, 최근 연구는 유전적 요인은 훨씬 복잡하며 많은 유전자들이 투렛 증후군을 형성하는데 중추적인 작용을 한다고 밝혔다. 한 아이가 한쪽 부모로부터 결함이 있는 유전자를 받았다고 해서 그것이 꼭 완전히 발달된 투렛 증후군 유전자를 받은 것은 아니라는 점을 알아두는 것이 중요하다. 결함이 있는 유전자는 가벼운 틱 장애 또는 강박적인 행동을 야기할 수 있다. 유전적인 결함이 있는 아이들 중 투렛 증후군 증상을 전혀 보이지 않은 경우도 있다. 또한, 성별에 따라 투렛 증후군이 외형적으로 어떻게 나타나는지를 결정한다. 남자들은 틱 장애를 보이는 경우가 더 많지만, 여자들은 강박적인 증상들을 보이는 경향이 있다.

의사들은 일반적으로 환자가 음성 틱과 운동성 틱을 최소 1년 동안 보였는지 확인한 후 투렛 증후군을 진단한다. 혈액, 실험, 영상 진단법은 진단에 필요하지 않다. 비록 드물게, 투렛 증후군과 혼동되는 다른 증상을 배제하기 위해 자기공명영상 또는 뇌전도를 사용한다. 가끔씩 환자가 증상이 비교적 오랜 시간 나타난 다음에서야 투렛 증후군의 공식적인 진단이 내려질 수 있다. 이러한 한 가지 이유는 가족들과 의사들마저도 투렛 증후군과 그 증후군의 증상에 대해 잘 알지 못하기 때문이다. 그렇기 때문에 증상이 약한 틱 장애는 대수롭지 않게 여겨질 수 있으며 다른 신경학적인 질환으로 보여질 수 있다. 어를 들어, 몇몇의 부모들은 자녀들의 눈 깜박임을 시력 문제 탓으로 잘못 생각할 수도 있고, 코 훌쩍임을 계절성 알레르기로 생각한다. 많은 사례에서, 부모들은 그들 자신, 가족, 또는 친구들이 우연히 투렛 증후군과 증상에 대해 알기 전까지 미확진 상태로 남겨진다.

환자들에게서 보여지는 틱 장애는 단순형 또는 복잡형으로 분류될 수 있다. 단순형 운동성 틱 장애는 발작성이며 반복적으로 움직이는데, 예를 들어 눈을 깜박이고 얼굴을 찡그리며 머리와 어깨의 경련을 일으킨다. 단순한 음성 틱은 반복적으로 코를 훌쩍이고 헛기침을 하며 코를 그르렁거린다. 복잡한 운동성 틱은 의도적으로 보일 수 있는데 예를 들어 물건을 만지거나, 깡충깡충 뛰어다닌다. 더 심각한 경우, 복잡한 음성 틱은 단어와 문장을 닥치는 대로 내뱉는다. 가장 널리 알려진 심각한 형태의 틱 장애는 강박적 외설증으로 사회적으로 부적합한 단어들을 내뱉는 것이다. 사람들은 강박적 외설증 환자들이 고의적으로 이런 말을 내뱉는다고 생각하지만, 사실 이러한 행동들은 자기도 모르게 하는 행동이다.

틱 장애는 환자가 흥분했을 때 통제되기 어렵고, 환자가 평온할 때나 어떠한 일에 집중하고 있을 때 더 잘 통제할 수 있다. 특정한 환경 요인들이 틱 장애를 유발하거나 더 악화시킬 수 있다. 예를 들어, 다른 사람이 코를 훌쩍거리거나 헛기침을 하면 환자는 그 소리를 따라 한다. 틱 장애는 시간이 흐르면 증상을 보이다가 사라짐에도 불구하고, 대부분의 환자는 그들의 틱 장애가 가장 심각했을 때는 청소년기였고, 십대 후반에 눈에 띄게 심해졌으며 성인이 될 때까지 이어졌다. 많은 경우, 투렛 증후군을 경험한 개개인은 다른 신경행동적 증상들, 예를 들어 과다 활동, 우울함, 그리고 읽기, 쓰기, 수학문제 풀기에 어려움을 겪는다.

투렛 증후군의 치료약은 없지만, 투렛 증후군은 퇴행성 질환이 아니며 환자의 수명에 영향을 끼치지는 않는다. 틱 장애의 증상들은 장애를 일으키지 않기 때문에, 대부분의 환자는 틱 억제를 위해 약물을 필요로 하지 않는다. 일상생활에서 정상적인 활동에 지장을 주는 증상인 경우 의사들은 흔히 틱 장애의 빈도와 강도를 줄이는 약을 처방한다. 신경억제성 마취는 경련억제에 가장 지속적으로 효과적인 처방이다. 불행히도, 투렛 증후군을 가진 모든 사람에게 유익한 약은 없으며, 증상을 완전히 없애는 약도 없다. 뿐만 아니라, 모든 약은 진정, 체중 증가, 인지능력을 무디게 하는 부작용이 있다.

환자들이 증상을 조절할 수 있는 다른 방법의 치료법들이 있다. 하지만 일부 치료법은 어떠한 환자에게 도움이 될 수 있어도 다른 환자에게는 효과적이지 않을 수도 있다. 환자들은 종종 그들의 틱 장애를 습관화 하도록 권장받는다. 여기에는 그들의 틱 장애 조절에 도움이 되는 환자가 의도적으로 그들의 틱 장애를 반복적으로 연습할 수 있는 운동법이 포함된다. 다른 방법은 환자가 즐길 수 있고 집중할 수 있는 활동을 찾는 것이다. 탁구나 농구 그리고 테이블 축구게임과 같이 정확하고 통제된 활동들은 환자가 틱 장애를 억제할 수 있도록 돕는다는 것을 증명했다. 숨쉬는 활동과 같은 간단한 명상방법은 스트레스를 줄이고 틱 장애의 빈도를 줄일 수 있다. 또한 환자들이 더욱 효과적으로 틱을 통제할 수 있게 도와주는데 초점을 맞춘 다양한 행동 치료들이 있으며, 다른 환자들과 함께하는 지지요법은 그들의 증상을 더욱 효과적으로 다루는 데 도움을 줄 뿐만 아니라 환자들이 겪을지도 모르는 사회적 감정적인 문제들을 잘 다룰 수 있는데 도움을 준다.

Questions 1-7

다음 글이 읽기 지문 1 글쓴이의 견해를 반영하고 있는가?

YES 정보에 일치할 경우
NO 정보에 일치하지 않을 경우
NOT GIVEN 정보가 나와 있지 않은 경우

1. 여성은 남성보다 TS 발병률이 높을 것이다.

2. 결함 있는 유전자를 아이에게 물려주는 것이 TS가 발병의 원인일 것이다.

3. 남성은 여성보다 강박적인 행동을 덜 유발한다.

4. 부모들은 종종 아이의 증상이 TS 증상라는 것을 인식하지 못한다.

5. 대부분의 부모는 나이가 들수록 더 심해지는 틱 장애를 경험한다.

6. 음성 틱장애는 운동 틱보다 쉽게 억제할 스 있다.

7. 신경이완제는 일부 TS환자들에게 효력이 없다는 것이 입증됐다.

Questions 8-11

박스 안의 알맞은 결말을 찾아 다음 문장을 완성하세요.
8-11의 답변을 A-H 중 적절한 글자를 골라 쓰세요.

8. TS는 보통 ___________________ 후에 의사에게 진단을 받는다.

9. 복잡한 음성 틱을 겪은 환자들은 ___________________을 경험할 수 있다.

10. TS의 시작은 ___________________ 이 질병의 원인이 된다고 생각된다.

11. 일부 환자들은 TS 증상이 ___________________ 에 의해 완화될 수 있다.

> **A** 자기공명화상법
> **B** 반복적인 훌쩍임
> **C** 강박적 외설증
> **D** 신경전달물질
> **E** 혈액검사
> **F** 1년
> **G** 계절별 알레르기
> **H** 스포츠 하기

지문에 따르면 다음 중 투렛증후군 환자의 증상은 무엇입니까?
A-G 중 3개의 단어를 골라 12-14번의 답을 작성하세요.

A 체중감량

B 소리흉내내기

C 집중력 강화

D 반복적인 움직임

E 손상된 시력

F 호흡곤란

G 우울증

스페인의 혁신적인 물고기 양식

전 세계 바다 물고기의 수를 점차적으로 그갈시키고 야생 물고기의 개체 수를 위험수위에 머무르게 하면서 인간의 물고기 소비량은 지난 5년 동안 14.4% 증가했다. 그렇다면, 우리는 어떻게 물고기 자원을 현명하게 유지하고 물고기의 수요에 대응할 수 있을까?

물고기 양식이 바다 물고기의 수를 유지하고 지속 가능한 해결책으로 떠 올랐다. 물고기 양식은 많고 꾸준한 양의 물고기와 해산물 식품을 제공함과 동시에 어업에 가해진 부담감을 줄여주기 때문에 세계에서 가장 빨리 성장하는 음식 제조업 분야의 하나이고, 현재 물고기 수요를 맞출 수 있는 근본 해결방안이다. 일명 수경 농사라 알려진 양식은 민물고기와 바닷고기를 탱크, 연못 또는 바다 근처의 통제된 환경에서 기르는 것을 말한다. 이러한 방법은 바다에서 물고기를 잡아오는 상업적 고기잡이와는 매우 다르다.

Veta La Palma는 스페인의 Seville주어 대서양으로부터 이어진 Guadalquivir 강의 10마일 내륙에 위치한 Isla Mayor라는 섬의 남쪽지점의 혁신적인 양식장이다. 아르헨티나 농부들이 축산업을 하려고 미로같은 수로를 건설하여 습지대의 물을 마르게 할 목적으로 사용했다. 하지만, 이는 경제적, 생태학적 재앙임이 밝혀졌고 90퍼센트의 조류의 개체 수가 죽었으며 생태계가 파괴되기 시작했다.

1982년, 환경의식이 있는 Hisparroz라는 미곡회사가 28,000 에이커의 습지대를 사들였다. 그 회사는 그 지역의 땅을 원래의 자연상태로 되돌리는 데 흔을 쏟았고, 그 결과 생태계 파괴 과정을 역으로 되돌릴 수 있었다. 그들은 이전의 땅 주인이 비옥한 습지대를 말라죽게 했던 행동 대신 수로의 흐름을 뒤바꾸고, 강력한 펌프로 대서양에서 미량 영양소가 풍부한 Gualdalquvir 강을 통해 이 매마른 땅으로 물이 다시 들어오도록 했다.

이러한 기술적 업적은 양식장의 명백한 성공의 비결이었다. 바닷물이 직접적으로 들어오기 때문에 플랑크톤, 미세조류, 자연산 새우, 그리고 다른 해양 무척추동물이 풍부해졌다. 그 결과로 생태계는 회복되어 외부의 도움 없이 생태계 스스로 완벽한 회복이 가능해졌다. 습지대의 환경은 굉장히 풍족해졌으며 농어, 도미류, 노란촉수, 서대기 같은 물고기가 살고 있고 그들은 야생에서 먹을법한 자연 먹이를 섭취하고 있다.

펌프들로 돌아가는 45개의 연못은 기생충의 수를 줄여가면서 널리 분포되어있다. 연못들은 물에서 나오는 오염물질이나 쓰레기들을 걸러주는 초목들로 둘러 싸여져 있다. 그 결과 양식장은 천연수 공장과 같은 역할을 하며, 물이 그 연못을 빠져나갈 때면 들어왔을 때보다 더 깨끗해진다.

습지대를 재관수하는 것은 다른 긍정적인 효과가 있으며, 만약 당신이 오늘 Veta La Palma를 방문한다면 자연 보호구역에 있다는 생각이 들 수도 있다. 싱싱한 물고기는 많은 포식자(birds)들을 불러들이며, Veta La Palma는 의도하지 않게 유럽에서 제일 큰 개인 소유의 조류 보호구역이 됐다. 새의 개체 수가 다시 증가했고 멸종 위기 철새들의 피난처가 되었으며, 그 철새들은 이곳에서 새우와 물고기를 새로운 먹이로 먹으며 번성하고 있다.

오늘날 250 종류 600,000마리의 새들이 양식장에 있으며 물고기 알의 20%가 새의 먹이가 된다. 하지만 이것은 결과적으로 생태계가 번성하고 있음을 보여주는 신호이다.

당신은 새의 개체수가 번성하는 것이 물고기 양식장에는 바람직하지 않는 일이라고 생각할 수도 있다. 하지만 새의 개체 수 번성은 자연 생태계 망에 도움을 주는 여러 복잡한 요인들 중 하나이다. 약간의 물고기를 잃지만. 천여 마리의 다른 물고기들은 미세조류를 섭취하는 영양분이 풍부한 새우를 섭취하면서 연못을 헤엄친다. 결과적으로 생태계는 강화되는 것이다. 이곳은 서로 득이 되고 자급자족이라고 여겨지는 관계에 있는 양식자들과 그곳에 살고 있는 새들의 물고기 수확이 이루어지는 곳이라고 말할 수 있다. 철새들의 서식지가 된다는 사실 또한 또 다른 혜택이다.

Veta La Palma는 증가된 식품 생산으로부터 혜택을 얻는 자연과 사람 모두 공존하는 장소라는 것을 올바르게 보았던 것 같다. 더 나아가. 양식된 물고기의 질은 굉장히 높아져서 지속적으로 공급될 수 없는 자연산 물고기의 대체 식품으로 여겨진다.

Questions 15-22

다음 글은 **스페인의 물고기 양식업**에 관한 읽기 지문 2 글쓴이의 견해와 일치하는가?

YES 글쓴이의 의견에 일치할 경우
NO 글쓴이의 의견에 일치하지 않을 경우
NOT GIVEN 글쓴이의 의견이 정확하게 나와있지 않은 경우

15. 수경 재배는 전 세계 물고기 수를 관리하기 위한 성공적인 사례 중 하나이다.

16. 음식 재료로서의 생선 수요는 지난 몇 년간 증가해왔다.

17 수경 재배는 바다의 야생물고기 잡이를 기본으로 했다.

18. Veta La Palma는 축산업을 돕기 위해 스페인 농부들이 지은 것이다.

19 Veta La Palma는 처음 지어졌을 때 성공적인 사업이 되지 못했다.

20 Gualdalquivir 강에는 많은 수의 새우가 있다.

21. Veta La Palma에 있는 연못들은 다른 연못들과 인접해 있다.

22 양식장을 둘러싸고 있는 식물들은 물에 있는 오염물질 제거를 돕는다.

Questions 23-26

읽기 지문 2로부터 23-26번 문제에 적합한 단어를 완성하세요.
각각의 답변은 세 단어를 넘지 않게 작성하세요.

23. 증가된 새의 수는 양식장 ________________________의 약 1/5을 잃는다는 것을 뜻한다.

24. 많은 양의 생선을 제공하는 것뿐만 아니라 수경 재배 산업이 ________________________ 에서 수요를 완화시킨다.

25. 농장은 ________________________ 로써 물에 있는 오염물질과 잔해들을 제거한다.

26. Veta La Palma는 철새들의 ________________________ 로 비춰진다.

영국의 초창기 신문들

16세기 영국에서는 인쇄된 뉴스, Relation이라고 불리는 간행물이 유포되기 시작했다. 이는 영국 뉴스의 전신으로 여겨지고 처음 달려진 것은 1513년에 일어난 Flodden 전투를 설명한 조그마한 팸플릿이다. 1542년에는 Heavy News of an Horrible Earthquake라는 다른 팸플릿이 출판되었고 이 팸플릿은 이탈리아의 Florence 도시 근처에서 일어난 지진에 대해 설명했다. A Copye of a Letter Contayning Certayne Newes, & the Articles or Requestes of the Devonshyre & Cornyshe Rebelles는 영국의 첫 번째 신문으로 간주되고, 1549년 큰 팸플릿으로 출판되었다. 이러한 간행물은 16세기 말 엄청나게 많은 수로 늘어났지만 17세기 이전까지 인쇄된 뉴스는 정기적으로 출판되지 않았다.

몇몇 유럽국가들은 1600년 이후 곧바로 신문 간행물을 만들었지만, 영국은 1586 Star Chamber 법령 때문에 뉴스 출판이 금지였다. Corantos라고 불리는 영어로 된 첫 번째 간행물은 네덜란드에서 출판되었다. Corantos의 초창기 간행물은 1620년 12월 2일에 출판되었으며 제목은 The New Tydings Out of Italie Are Not yet Come으로 30년 전쟁에 관한 글이 한 장의 종이에 실렸다. 몇 달 후, Corantos는 영국에서 출판되기 시작했다. 1621년 9월 24일 Corante, or Newes from Italy, Germany, Hungarie, Spaine and France는 유럽대륙의 정보를 담고 독일 출판물로부터 번역되었다. 그 출판물의 인쇄업자 Nathaniel Butter는 공식적인 자격증을 땄으며, Corantos와 같은 인쇄 작업을 적어도 1640년까지 계속했다.

Coratos는 한 장의 종이서부터 조그마한 팸플릿 그리고 신문으로 바뀌었다. 1640년 11월 Long Parliament(장기의회)가 열리고 영국 내전이 시작되면서 급속하게 성장했다. 국내 소식을 담은 첫 번째 신문은 The Heads of Severall Proceedings in This Present Parliament였으며, 1641년 11월에 출간되었다. 영국 내전이 계속됨에 따라, 양쪽 진영은 허위선전 신문을 배포했다. 1643년 1월 8일에 처음으로 출간된 Mercurius Aulicus 신문은 왕과 법정을 지지한 반면, Mercurius Britanicus는 의회를 지지했다. 영국 내전 중 신문 수요가 굉장히 높아 1640년과 1650년 사이 300개가 넘는 신문들이 등장했다.

1660년 찰스 2세가 옹좌를 되찾은 후, 신문에 대한 억압이 강해졌다. 1662년 인쇄진흥법에 따르면 모든 집필은 출판되기 전에 허가를 받아야 한다고 명시했다. 1665년 Oxford Gazette라는 정부 신문이 발행되었고 London Gazette로 1666년 이름을 바꾸었다. 양면으로 프린트된 이 한 장의 종이가 첫 번째 영어신문으로 여겨졌다. 비록, 인쇄진흥법이 강하게 집행되지는 않았지만, 이 법은 새로운 간행물들이 출현하는 것을 상당히 제한했다. 1695년 인쇄진흥법이 더 이상 재개되지 않았을 때, 출판에 대한 영향은 상당했다. 새로운 출판물들의 수가 상당히 증가했으며, 수닳은 성공을 이룬 신문들이 출간되었다. 신문들은 원래 주마다 출판되었지만 새로이 출판된 조간신문들은 한 주에 세 번 출판되었고, 이러한 점은 대중들이 일상적인 뉴스에 갈망하게 했다. Post Man과 Post Boy는 가장 인기 있었던 두 개의 신문이었다.

18세기는 영국 신문이 눈에 띄는 진화를 하는 시기였다. 가장 눈에 띄는 발전은 1702년 3월 11일에 발행된 Daily Courant라는 일간 조간신문이었다. 그 다음으로 발전한 것은 The Evening Post 라는 석간신문으로 일주에 3번 출판되었다. Whitehall Evening Post같은 많은 석간신문들은 다년간 굉장한 성공을 했고 계속해서 유포되었다. 비록 1695년에 인쇄진흥법이 재개되지 않았지만 정부는 여전히 신문에 대한 통제권을 쥐고 있었다.

1712년과 1725년의 (The Stamp of Acts)인지조례는 신문과 광고에 대한 세금을 올리게 만들었다. 또한 인지조례는 신문의 내용과 형태에 영향을 미쳤다. Universal Spectator 신문은 4면의 형식으로 바꾼 여러 신문 중 하나였다. 이 형식은 전형적으로 앞 면에 글을 싣고 가운데에는 일반적인 소식글을 실었으며 끝장에는 광고글을 올렸다.

18세기 중반 4페이지가 아닌 8페이지로 구성된 보다 작은 형태의 신문이 나타났다. 이 형태의 최초 출간 신문은 London Chronicle이었다. 또 다른 혁신은 바로 Star라는 일간 석간신문이었다. 하지만 석간신문들은 조간신문들처럼 많이 팔리지 않았다. 18세기 말 무렵. 경쟁이 증가함으로써, 몇몇 신문사는 신문의 형식과 외형을 바꿨다. 글이나 기사만 보여주는 것 대신 많은 신문은 책이나 연극의 논평을 실었으며 다양한 광고들을 실었다.

18세기는 한치의 의심 없이 신문의 배포가 엄청나게 성장한 시기라고 할 수 있다. 1801년에는 1713년의 2천 4백만 부. 1713년의 7천 3백만 부에 비해 신문 배포 수가 16만부까지 치솟았다. 이는 세기가 바뀌면서 영국에 있는 거의 모든 사람이 정기적으로 신문을 읽었다는 것을 나타낸다.

Questions 27–34

다음 글은 **영국의 초창기 신문**에 관한 읽기 지문 3 작가의 견해와 일치하나요?

YES 글쓴이의 의견과 일치할 경우
NO 글쓴이의 의견과 일치하지 않을 경우
NOT GIVEN 글쓴이의 견해가 정확하게 나와있지 않은 경우

27. 영국에서 처음으로 인쇄된 신문은 이탈리아의 지진에 대해 다루었다.

28. Corantos는 'Relation'의 전신으로 간주된다.

29. 영국은 뉴스 정기 간행물을 생산하는 최초의 유럽 국가가 아니었다.

30. 내전 중 뉴스 간행물이 굉장히 인기가 있었다.

31. 인쇄진흥법은 배포되는 신문의 수를 크게 증가시켰다.

32. Post Man은 굉장히 인기 있는 일간 신문이었다.

33. Universal Spectator는 4면의 형식을 적용한 매우 성공적인 신문이었다.

34. 18세기 중반. 석간신문은 조간신문의 판매량보다 많았다.

Questions 35-40

아래 보기의 날짜(A-H)와 사건(35-40)을 일치시키세요.

35. 첫 번째 영국 신문 간항물이 출판됨

36. 인쇄진흥법의 마지막

37. 첫 번째 일간 석간신문이 생산됨

38. 정치적 선전을 위해 신군이 사용됨

39. 신문 광고에 세금이 부과됨

40. 첫 번째 일간 조간신문이 생산됨

연도

A 1586	**B** 1620
C 1695	**D** 1662
E 1709	**F** 1712
G 1643	**H** 1788
I 1702	

Chapter
04

IELTS
Writing

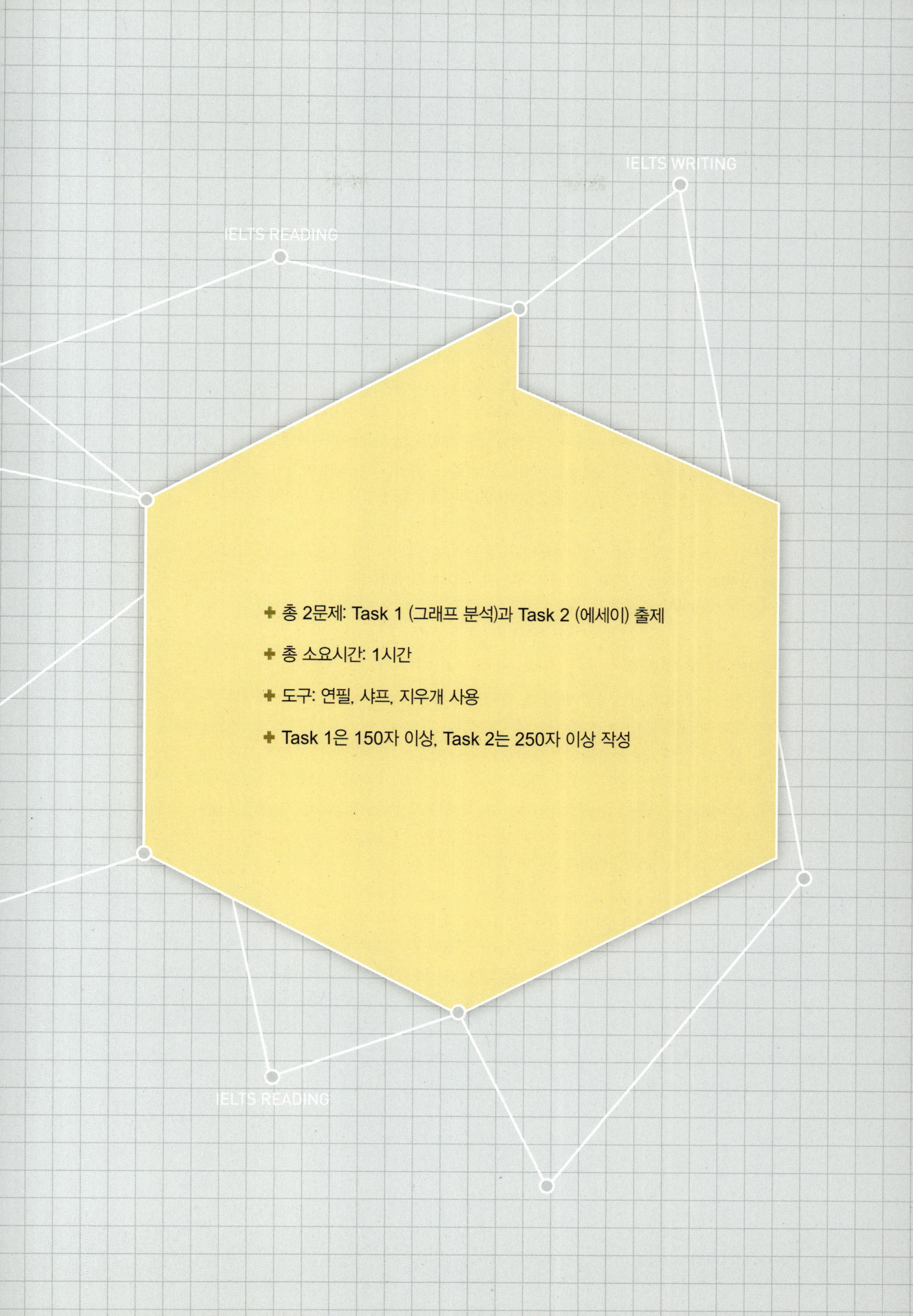

IELTS WRITING
IELTS READING
✚ 총 2문제: Task 1 (그래프 분석)과 Task 2 (에세이) 출제
✚ 총 소요시간: 1시간
✚ 도구: 연필, 샤프, 지우개 사용
✚ Task 1은 150자 이상, Task 2는 250자 이상 작성
IELTS READING

IELTS Writing의 구성

IELTS Writing은 Academic module과 General module의 두 가지 형태로 나누어져 있습니다. 각각 60분씩 총 2개의 문항이 주어집니다.

① Academic module

Task 1에서는 자료를 분석하는 문항이 출제가 되는데, 150~180자 이내로 글을 써야 합니다. 이때 분석 자료로 제시되는 종류들은 Line graph, Bar graph, Pie chart 그리고 Table 등이 있습니다. 물론, 이 부분에서의 승패는 얼마나 잘 쓰냐가 아니라 얼마나 정확하고 문법에 맞게 어휘를 잘 활용하여 주어진 그래프를 잘 분석했느냐가 관건입니다. Writing 6.0을 받기 위해서는 생전 본적도 없는 어휘를 쓰는 것이 아니라 일반적으로 널리 알고 있고 거리감이 없는 단어를 선별하고, 그에 맞게 적절하게 활용하는 방법을 알고 있어야 합니다.

Task 2에서는 기본적으로 250자로 써야 하며, 특정 문제나 논의에 대한 의견 또는 해결방법을 제시하거나 그것에 동의하거나 반대하는 이유를 설명해야 합니다. General module에서도 비슷하게 출제되지만, 화제와 난이도의 차이는 있을 수 있습니다.

② General module

Task 1에서는 자료 분석이 아닌 불평 및 흠만, 제안 등과 관련된 내용의 편지쓰기가 출제됩니다. TOEIC 시험을 한 번이라도 보았던 수험자에게 조금 더 익숙할 것입니다. 대략 160~180자 정도를 적어야 하므로 평소에 글자수를 160~180자 정도에 맞추는 글쓰기 연습을 해야 합니다. 생각보다 많지 않은 분량이며, 오히려 더 많이 쓰기 위해 시간을 투자하는 학생들도 있는데, 너무 장황하게 쓰다 보면 쓸데없는 정보로 인해 시간도 낭비하고 좋은 점수를 받을 확률이 줄어듭니다. TOEIC 독해의 편지 지문을 잘 봐두면 많은 도움이 됩니다. 편지에서의 기승전결을 생각하고 그에 맞게 쓸 수 있는 어휘들을 미리 선별해서 글 쓰는 연습을 한다면 6.0이라는 점수가 멀게만 느껴지진 않을 것입니다.

Task 2에서는 Academic Writing의 Task 2와 같이 250자를 써야 하는데, 연습이 잘 되어있지 않으면 정해진 시간 내에 쓰기 힘들 수도 있습니다. 그리고 자칫 글의 흐름이 전혀 다른 방향으로 갈 수도 있기 때문에 평소 충분히 연습을 해두어야 합니다. 또한, 글의 구성이 좋지 않으면 아무리 분량을 맞춰서 썼다고 해도 원하는 점수를 받기 힘듭니다. 그러므로 좋은 점수를 받기 위해서는 좋은 구성, 정확한 문법 그리고 적절한 어휘의 활용이 필수입니다.

그럼 이제부터 IELTS Writing에서 원하는 점수를 받으려면 무엇을 준비해야 하는지, 어떻게 준비해야 하는지 차근차근 알아보도록 하겠습니다.

IELTS Writing의 기본기를 갖추자

한국인이 한국어로 글을 쓰는 것도 쉬운 일은 아닙니다. 하물며, 우리의 언어도 아닌 영어로 글을 쓴다는 것은 얼마나 더 어려울까요? 정확한 어구를 이용해 논리적으로 완벽한 글을 쓴다는 것은 상당히 어려운 일입니다. 그렇다면 좋은 글을 쓰기 위해서는 무엇을 공부해야 하는지 지금부터 확실하게 알아보도록 하겠습니다. IELTS writing의 기본기를 3가지로 나눠서 설명하겠습니다.

① 문법의 기본기를 다져라!

Writing에서 가장 먼저 생각해야 하는 부분은 문법(Grammar)입니다. 많은 아이디어와 엄청난 양의 어휘, 글을 쓰는 요령을 알고 있다고 해도 그것들을 어떻게 배열해야 하는지 모른다면 그보다 더 큰 문제는 없을 것입니다. 사전에서 찾아본 단어, 책에서 봤던 단어를 두서없이 나열한다거나, 그 쓰임을 정확히 모르고 대충 연결해 놓으면 절대 원하는 점수를 받을 수 없습니다.

문장을 만들 때 그 문장에서 필요한 접속사나 부사의 쓰임과 문장의 시제 또는 수동태나 능동태의 쓰임을 정확히 알지 못하면 감점의 대상이 된다는 것입니다. 그래서 IELTS Writing에서는 어휘를 닥치는 대로 암기하는 것이 아니라, 문장을 만들 때 필요한 문법 패턴을 먼저 익히는 것을 가장 기본적으로 해야 합니다.

필자는 영국에서 오랫동안 머물고 공부하면서 IELTS 시험과 깊은 인연을 쌓았습니다. 영국의 한 랭귀지스쿨에서 IELTS 강의를 했을 때 writing을 가장 잘하던 학생이 한국인이라는 것이 저를 매우 기쁘게 했습니다. 물론, Speaking을 가장 못하는 학생도 한국인이라는 것이 마음을 아프게도 했지요.

한국 학생들이 writing을 가장 잘 했다고 말할 수 있는 이유는 바로 탄탄한 문법실력에 있습니다. 물론 전체적인 아이디어나 구성은 서양 학생들이 더 뛰어났지만, 전반적인 글의 완성도는 한국 학생들이 월등했습니다. 따라서 이 책을 읽고 있는 여러분도 글을 잘 쓰고 싶다면 문법의 중요성을 잘 깨닫고 있어야 합니다. 그러므로 이 책에서는 본격적인 writing 훈련에 앞서 기본적인 문장을 만드는 연습부터 시작하도록 하겠습니다.

② 정확한 어휘를 구사하라!

다음으로 writing에서 중요한 부분은 정확성(accuracy)과 연어(collocation)입니다. 많은 양의 단어를 암기하고 있다 할지라도 정확하고 적절하게 쓰지 못한다면 좋은 점수를 받을 수 없습니다.
예를 들면, quick car와 fast car 중 어떤 표현이 정확하다고 느낄까요? 혹시 둘 다 맞는 표현이라고 느낄까요? 그렇다면 increase라는 단어는 동사로 쓰일까요, 아니면 명사로 쓰일까요? 명사로 쓰이면 가산명사인가요? 동사로 쓰일 때는 자동사일까요, 타동사일까요? 그리고 implement, conduct, fulfill 등의 단어는 우리말로는 뜻이 거의 비슷한데, 각각의 차이점은 무엇일까요? 어떤 단어를 써야 내가 원하는 말을 잘 전달할 수 있을까요?

위 질문에 정확한 답변을 못했다면 아직 IELTS Writing에 완벽한 준비가 되지 않은 것입니다. 내가 아는 단어라도 어떤 단어와 어떤 유형으로 쓰이는지 잘 모른다면 원하는 글을 쓸 수 없습니다. 따라서 이 책에서는 기본적인 문법학습 후 IELTS Writing을 위한 필수 단어와 표현, 그리고 활용법에 대해 학습하겠습니다.

③ 좋은 글을 모방하라!

Writing을 잘하려면 좋은 글을 쓰기 위한 요령, 즉 스킬을 배워야 합니다. 기본적인 문법체계를 알고 내가 아는 단어의 쓰임을 배웠다면, 그것을 잘 활용할 수 있는 글쓰기 요령도 배워야 합니다. 어휘력과 문법실력이 좋은 데 제대로 된 글이 나오지 않는다면 글을 쓰는 방법과 요령을 모르기 때문입니다. 다시 말해 많이 써보지 않은 겁니다.

그렇다고 무턱대고 시간을 투자해 많은 생각을 하고 아이디어를 짜내는 것은 시간 낭비일 수 있습니다. 시간도 절약하고 글쓰기 능력을 향상시키는 가장 빠른 길은 좋은 글을 많이 접해서 모방해보는 것입니다. 좋은 글귀를 적어두고 자신이 이미 알던 어휘들이 어떻게 쓰이는지 새롭게 다시 보는 기회를 만들어 글쓰기 실력을 늘리는 것이 좋습니다.

자, 간단하게 IELTS Writing에서 좋은 점수를 받기 위한 방법을 3가지로 나누어 설명했습니다. 먼저 좋은 글의 보기를 실전문제 유형에서 살펴보고, 연습문제를 통해 좋은 글을 쓰는 연습을 하겠습니다. 또한 각 파트에 필요한 어휘와 기본 문법을 함께 익히도록 하겠습니다. IELTS는 절대 혼자서 공부하는 시험이 아닙니다. 특히 writing과 speaking은 이 책이 많은 도움이 될 것이라 확신합니다. 중도하차 하지 말고 끝까지 저와 함께 달려 주길 바랍니다.

IELTS Writing 실전유형 맛보기

IELTS를 막 준비하는 학습자를 위해 앞으로 우리가 어떤 것을 배우고, 어떻게 공부해 나갈지에 대해 잠시 언급하겠습니다.

지금까지 했던 IELTS Writing에 대한 설명만으로 시험을 처음 접하는 독자를 100% 이해시키는 것은 불가능합니다. 따라서 실제 문제 유형을 살펴본 후 문제를 풀기 위해 어떤 훈련을 해야 하는지 알아보고, 마지막에는 실전문제를 직접 풀어보며 IELTS Writing에 대비하겠습니다.

① Academic Writing

Academic Writing의 Task 1은 주어진 도표를 분석하는 문제이며, Task 2는 정치, 경제, 문화, 사회 전반에 걸친 화제가 주어지는데, 이에 대한 자신의 의견이나 생각, 동의 여부를 묻는 질문이 출제됩니다.

WRITING TASK 1

The line graph below shows the number of annual visits to the United Kingdom by international tourists. Write a report for a university professor describing the information given.

You should spend about 20 minutes on this task. Write at least 150 words.

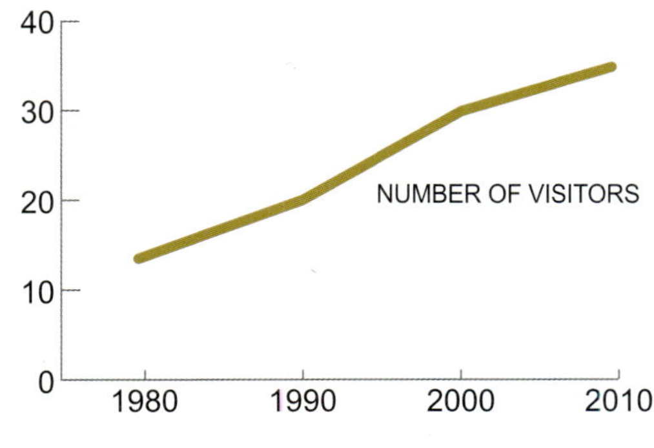

NUMBER OF VISITORS(millions)	1980	2010
France	3.0	3.6
Germany	1.2	3.0
The united States	0.9	2.7
Republic of Ireland	1.3	2.6
Spain	1.1	1.8
Other	7.5	16.3
TOTAL	15.0	30.0

아래 선 그래프는 해외여행객들이 매년 영국을 방문한 숫자를 보여줍니다. 대학 교수에게 제출할 주어진 정보를 설명하는 보고서를 작성하세요.

이 과제에 주어진 시간은 20분입니다. 최소 150 단어 이상 작성하세요.

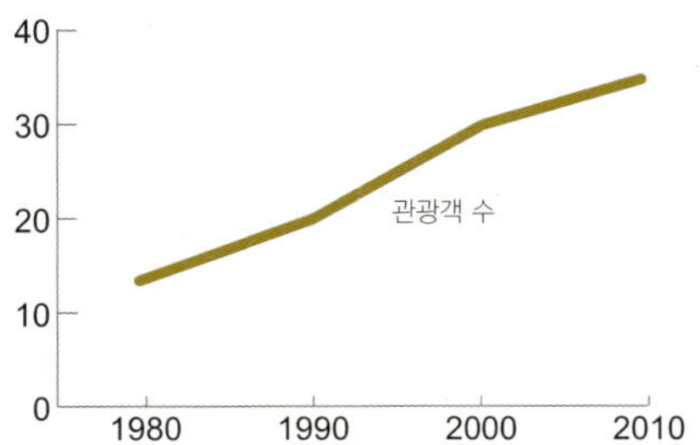

방문자 수 (백만)	1980	2010
프랑스	3.0	3.6
독일	1.2	3.0
미국	0.9	2.7
아일랜드공화국	1.3	2.6
스페인	1.1	1.8
그 외	7.5	16.3
총계	15.0	30.0

Model Answer

The line graph shows information on the number of international tourists visiting the United Kingdom. It displays the data as millions of people by year.

Overall, the number of tourists visiting the United Kingdom has increased steadily since 1980. For example, there were approximately 20 million more visitors to the United Kingdom in 2010 than in 1980.

The second table gives statistics showing which countries' visitors to the United Kingdom came from, between 1980 and 2010. In both years, the largest number of visitors came from France. From 1980 to 2010, there was a marked increase in the number of visitors originating from France, Germany, the United States, the Republic of Ireland, and Spain. Between 1980 and 2010, Germany and the United States show the biggest increase, while France showed the smallest increase.

In conclusion, it can be seen that visitors to the United Kingdom must come from a wide variety of countries, as about half of the total number of visitors come from a country other than the 5 listed in the table.

이 선 그래프는 영국을 방문하는 해외여행객 수에 관한 정보를 보여줍니다. 이것은 연도별, 백만 명 단위로 자료를 보여줍니다.

전체적으로, 영국을 방문하는 관광객 수는 1980년부터 꾸준히 증가했습니다. 예를 들어서, 2010년 관광객 수는 1980년 관광객 수보다 대략 2,000만 명 더 많았습니다.

두 번째 표는 1980년과 2010년 사이 어느 나라의 관광객이 영국을 방문했는가에 대한 통계를 보여줍니다. 두 해 모두, 프랑스에서 온 관광객들이 가장 많았습니다. 1980년에서 2010년까지 프랑스, 독일, 미국, 아일랜드공화국, 그리고 스페인에서 온 관광객들이 현저히 증가했습니다. 1980년에서 2010년 사이에 독일과 미국이 가장 크게 증가했고, 프랑스가 가장 낮은 증가율을 보였습니다.

끝으로, 전체 방문객 수의 절반 가량은 명단에 제시된 5개의 국가가 아닌 그 외 국가의 방문자 수이기 때문에, 영국을 방문한 방문객들은 다양한 국가에서 왔다는 것을 알 수 있습니다.

Task 1의 출제 및 채점 포인트
1. 주어진 자료를 읽을 수 있는지 검증합니다.
2. 얼마나 올바르고 정확한 수치로 자료를 분석할 수 있는지 검증합니다.
3. 주어진 자료에서 적절한 어법에 맞게 썼는지 검증합니다.

해설

자료 분석 유형의 표 종류는 크게 Line graph, Bar graph, Pie chart와 Table 등으로 나누어져 있으며, 보통 시험에서는 위와 같이 하나의 자료보다는 두 개 이상의 자료를 주고 분석을 요하는 경우가 많습니다. 따라서 첫 번째 도표를 먼저 분석하고, 그 다음 두 번째 도표를 분석하는 순서로 풀어나가는 것이 가장 무난하고 일반적인 순서입니다.

① 첫 번째 도표 Line graph에 대해 분석하겠습니다. 그래프 분석에서 제일 먼저 해야 할 부분은 그래프의 내용 분석입니다. 이 그래프가 무엇을 나타내는지에 대한 설명을 말합니다. 시작은 보통 [The graph shows+명사구]의 형태를 취합니다.

② 도표에서 가장 두드러진 특징을 설명합니다. 이때 두드러진 특징은 그래프가 상승하는지 감소하는지 설명하고, 상승이나 감소 폭이 얼마나 큰지도 설명합니다. 예를 들어 [The number of/The percentage of+명사+increases/decreases] 형태로 나타낼 수 있습니다. 보통 Line graph에서는 수치가 나오기 때문에 증감과 관련된 동사들이 많이 쓰입니다.

③ 다음으로 Table은 무엇을 나타내는지에 대한 설명을 하는데, 마찬가지로 [The table shows+명사]의 형태로 시작합니다. 다음 위의 graph에서 분석했던 것과 같이 가장 두드러지는 특징을 서술합니다. 여기에서 가장 두드러진다는 것은 증감의 폭이 다른 부분보다 크게 보이는 것을 말합니다. [The largest number of/The greatest number of+명사]의 형태로 나타냅니다.

④ 결론 부분은 위에서 언급된 것들을 다시 한 번 총정리하고 분석한 자료를 통해 전체적인 상황을 분석하는데, 보통 In conclusion 등의 표현으로 문장의 결론을 시작합니다.

위 문제에서 보면 알 수 있듯이 Task 1에서는 여러 종류의 그래프나 도표가 출제되는데, 일반적으로 두 가지의 서로 다른 도표를 주고 분석을 요하는 경우가 일반적입니다. 이 부분에서는 증감이나 크기 등을 묘사하는 어휘가 주로 쓰이며, 첫 단락에서는 첫 번째 도표의 특징을 묘사하고, 두 번째 단락에서는 두 번째 도표의 특징을, 마지막에서는 전반적으로 두드러진 특징을 나열하면서 마무리합니다.

따라서 Task 1에서 꼭 연습해야 할 부분은 증감과 관련된 어휘들과 그 어휘와 잘 쓰이는 수식어구들, 그리고 비교와 최상급과 관련하여 정도를 나타내는 방법 등입니다.

You should spend about 40 minutes on this task.

Write about the following topic:

> **Is it wise for an industry to replace its experienced but old workers with new and young experience less individuals?**

Give reasons for your answer and include any relevant examples from your own knowledge or experience.
Write at least 250 words.

이 과제에 주어진 시간은 **40분**입니다.
다음 주제에 관해 작성하세요.

> 사업을 위해 나이가 많지만 경험이 많은 사람을 새롭고 어리지만 경험이 많지 않은 사람으로 대체하는 것이 현명한 일일까요?

당신의 지식 또는 경험으로부터 관련된 예시를 포함하여 답변을 작성하세요.
최소 250자 이상 작성하세요.

Model Answer

I think that employers who place great emphasis on college degrees while discounting an individual's experience are usually making a mistake. However, the argument of "education versus experience" is not black and white, and there is no "right" or "wrong" answer.

One thing to consider when hiring people is about the field or industry a person works in. Employers often believe that people with degrees may show a proven ability to comprehend complex data and systems. While generally true, in many cases these assumptions are misguided. Those with a degree might answer interview questions but there is no guarantee that they will be able to perform the job as effectively as an experienced worker. For example, a graduate degree, particularly one from a top school, may give a candidate an edge in a technical field, such as engineering or computing. However, in a field like sales, no technical ability is required, employers look towards an individual's personal characteristics and communication ability rather than any particular technical skill.

Another thing to consider is that not all experience is equally valuable. For instance, if a candidate has had experience in a large company, and you're hiring for a start-up company, his or her experience may not be worth considering. Also, some people have lots of experience, but have never been successful. This might imply that they have failed to learn from their past business mistakes.

Employers need to consider many factors when trying to hire the individuals that are best suited to the company. Therefore, as the business world evolves, certain industries will require a greater number of experienced professionals, while more technical fields may seek the graduates with the best degrees.

저는 학사 학위를 특별히 강조하고 개인의 경험을 무시하는 고용주들은 실수를 하고 있다고 생각합니다. 하지만, "교육 대 경험" 논쟁은 흑백 논리가 아니며 "맞거나 틀린" 답은 없습니다.

사람을 고용할 때 한 가지 고려해야 할 점은 일하는 분야나 산업에 관한 것입니다. 고용주는 보통 학위가 있는 사람들이 복잡한 자료와 시스템을 이해할 수 있는 인증된 능력을 보여줄 수 있다고 믿습니다. 일반적으로 사실이지만, 이 추정은 많은 상황에서 잘못되었습니다. 학사 학위가 있는 사람들은 인터뷰 질문에는 답을 할 수 있지만 경험이 풍부한 노동자보다 효과적으로 일을 해낸다는 보장은 없습니다. 예를 들어서, 공학이나 연산과 같이 기술적인 분야에서 명문 대학의 석사 학위는 지원자에게 장점이 될 수 있습니다. 하지만, 영업과 같이 기술적 능력이 요구되지 않는 분야에서 고용주는 기술적 능력보다는 개인의 특징과 의사소통 능력 쪽으로 기우는 경향이 있습니다.

고려해야 할 다른 점은 모든 경험이 동일한 가치가 있는 것은 아닙니다. 예를 들어서, 만약 지원자가 과거에 대기업에서 일한 경험이 있고, 당신은 시작 단계인 회사를 위해 직원을 찾는 중이라면, 그들의 경험을 고려하는 것은 아무런 가치가 없을 수도 있습니다. 또한 일부 사람들은 경험은 많지만, 성공을 하지 못한 경우도 있습니다. 이것은 그들이 과거의 업무 실수로부터 배우지 못 했다는 것을 의미합니다.

고용주들은 회사에 가장 적합한 사람을 고용하기 위해 많은 요소를 고려해야 합니다. 그러므로, 업계가 진화함에 따라 기술적인 분야에서는 가장 뛰어난 학위를 가진 졸업자를 찾는 반면, 특정 사업들은 더 많은 수의 경력이 있는 전문가들을 필요로 할 것입니다.

Task 2의 출제 및 채점 포인트

1. 주어진 상황에 대한 정확한 해석인지 검증합니다.
2. 주제에 대한 어휘 구사 능력을 검증합니다.
3. 문장의 기승전결을 토대로 짜임새 있는 문장 배열을 했는지 검증합니다.

Task 2는 주어진 화제를 잘 이해하는 것이 중요합니다. 그 후 결정을 내리고 그 결정에 대해 어떤 예시를 들 것인지 생각하고 써 내려갑니다. 4개의 단락으로 나눠서 쓰는 것도 좋은 방법입니다. 장문의 글을 빨리 써야 하기 때문에 평소에 충분히 준비하지 않으면 좋은 점수를 받을 수 없습니다. 질문은 사회, 문화, 정치, 경제 등의 주제에 동의하는지 여부, 장단점 설명, 문제점의 해결방안 제시 등이 출제됩니다. 위 문제와 같이 자신의 의견을 묻는 문제가 나오면 옳다고 생각하는지 그르다고 생각하는지 밝히는 것으로 시작하는 것이 좋습니다. 영어는 주제와 목적부터 말하고 그 다음 이유를 서술하는 형식의 두괄식 문장이 많습니다. 따라서 주제부터, 자신의 의견 결정부터 밝히고 시작하는 것이 좋습니다.

이 문제는 경험은 부족하지만 젊고 유능한 청년들을 고용하는 것이 경험 많고 연륜 있는 사람들을 고용하는 것보다 나은지에 대한 의견을 물었습니다. 먼저 자신의 의견이 무엇인지 밝혀야 합니다. 시작은 I think~로 하는 것이 일반적입니다. 모범답변에서는 어느 한쪽으로 치우치지 않고 상황에 따라 다르다는 중립적이며 혼합된 의견을 제시했습니다. 하지만 이러한 답변은 자신의 의견이 모호하게 들릴 수 있기 때문에 조심해야 하며, 일반적으로는 둘 중 한가지를 택해서 답변하는 것이 쉽습니다.

① 시작 부분에서는 두 가지의 경우를 혼합해서 상황에 따라 다를 수 있다는 의견을 냈습니다.

However, the argument of "education versus experience" is not black and white, and there is no "right" or "wrong" answer.

② 그 후 다음 단락에서는 경험과 학벌 양쪽 측면을 봐야 하는 이유와 예시를 적절하게 언급했습니다.

One thing to consider when hiring people is about the field or industry a person works in.

③ 그 다음 단락에서 또 다른 이유와 예시를 들었습니다.

Another thing to consider is that not all experience is equally valuable.

④ 마지막 단락에서는 첫 부분에서 언급한 자신의 의견을 결론으로 정리했습니다.

Therefore, as the business world evolves, certain industries will require a greater number of experienced professionals, while more technical fields may seek the graduates with the best degrees.

이처럼 자신의 의견을 확고히 전달하기 위해서는 2~3가지의 이유와 예시를 들어야 하는데, 평소에 자신의 생각과 의견을 말하는 연습이 되어 있지 않으면 절대로 장문의 글을 쓸 수 없습니다.

Task 2는 전반적으로 글의 길이가 길기 때문에 40분이라는 정해진 시간 내에 아이디어도 떠올리고 글을 마무리 지어야 한다는 부담감이 클 수 있습니다. 이 문제에서 가장 중요한 것은 자신의 주장, 생각, 의견이 얼마나 설득력 있게 쓰여졌는가 입니다. 글의 길이가 길다고, 어려운 어휘를 사용했다고 해서 점수가 잘 나오는 것은 아닙니다. 자신의 의견을 뒷받침하는 적절한 예와 근거가 필요합니다. 따라서 평소에 사회적인 이슈나 상식을 많이 접하여 IELTS Writing에 해당 주제가 출제되면 어떻게 답변을 전개할지 평소에 연습해야 합니다.

자, 지금까지 실제 Academic Module의 Writing 문제를 살펴보았습니다. 지금은 원하는 글을 쓸 수 있는 실력이 안 되겠지만, 앞에서 언급한 것처럼 좋은 글을 읽고 모방하며 쓰는 연습을 많이 하면 6.0 수준 이상의 답변을 작성할 수 있게 될 것입니다.

General Writing의 Task 1은 편지 형식이며, Task 2는 Academic Writing과 비슷하게 정치, 경제, 사회, 문화 등과 관련된 의견이나 동의 여부를 묻는 문제입니다.

WRITING TASK 1

You should spend about 20 minutes on this task.

> **You have ordered an item from a company, but you have received a wrong item.**
>
> **So write a person who is in charge about the wrong item, describing the purpose of the letter and what you want from the company.**

Write at least 150 words.
You do NOT need to write any addresses.
Begin your letter as follows:
Dear Sir or Madam,

이 과제에 주어진 시간은 20분입니다.

당신은 어느 회사에 물건을 주문했습니다. 그러나 잘못된 물건을 받았습니다.
그래서, 잘못된 물건에 대해 담당자에게 편지의 목적과 회사로부터 원하는 것이 무엇인지 설명하는 글을
작성하세요.

최소 150자 이상 작성하세요.
주소를 쓸 필요는 없습니다.
아래 단어로 편지를 시작하세요:
Dear Sir or Madam,

Model Answer

Dear Sir/Madam,

I am writing to ask about an order I placed a few days ago from your company.
Much to my disappointment, a black leather watch was delivered this morning. I
actually made an order for a white leather watch.

Immediately after I received the watch, I called one your staff in Customer
Services. She told me that it was their new ordering system error, so she could
send it again tomorrow. But there is a big problem. I ordered it for my holiday and
I do not want to go on a holiday without my watch. I have been your customer
for several years and satisfied with the items so far but it is the first time this
happened.

Would it be possible if you could send me the original white leather watch
by express mail at your expense? It is clearly your fault, so I think you are
responsible for the expense incurred.
Thanks in advance for your cooperation.

Julie Kim

담당자에게.

저는 며칠 전 당신의 회사에서 주문한 내용에 대해 여쭤보기 위해 글을 씁니다. 매우 실망스럽게도, 검은 가죽 시계가 오늘
아침에 배달되었습니다. 사실 저는 하얀 가죽 시계를 주문했습니다.

시계를 받은 즉시, 저는 고객 서비스부서의 직원에게 전화를 했습니다. 그녀는 회사의 새로운 주문 시스템의 오류라고 설명했고, 내일 다시 보내주겠다고 얘기했습니다. 하지만 큰 문제가 있습니다. 저는 주문을 휴가 때문에 했던 것이었고, 제 시계 없이 휴가를 떠나고 싶지 않습니다. 저는 수 년 간 귀사의 고객이었고, 지금까지의 제품들은 모두 만족했었습니다. 하지만 이런 일은 이번이 처음입니다.

당신의 비용으로 특급 우편을 이용하여 원래의 하얀 가죽 시계를 보내주실 수 있으신가요? 이것은 분명히 당신의 잘못이므로, 발생한 비용에 대한 모든 책임이 당신에게 있다고 생각합니다.

당신의 협조에 미리 감사드립니다.

줄리 김

> **Task 1의 출제 및 차점 포인트**
> 1. 편지 형식의 글을 쓸 수 있는지 검증합니다.
> 2. 해당 상황에서 자신이 필요한 것, 원하는 것에 대한 표현을 할 수 있는지 검증합니다.
> 3. 자신의 의견이나 생각을 적절하게 전달할 수 있는지 검증합니다.

해설

Task 1의 답변은 주어진 상황을 잘 파악하고 편지 형식의 글을 작성해야 합니다. 위 문제는 물건을 주문했는데 잘못된 물건이 와서 담당자에게 편지를 쓰는 상황입니다. 답변은 보통 3개의 단락으로 나누어 쓰는데, 첫 번째 단락에서는 편지를 쓰는 이유, 두 번째 단락에서는 상황에 대한 상세한 설명, 마지막 단락에서는 자신이 원하는 바를 다시 한 번 정리합니다.

① 편지의 시작은 보통 [I am writing (to you) to ask about+명사] 혹은 [I am writing regarding+명사] 의 형태를 사용합니다.

② 두 번째 단락에서는 상세한 상황 설명을 하는데, 이때 동사의 시제에 주의해야 합니다. 시제를 혼동하면 상당한 감점을 당할 수 있습니다. 과거에 일어난 일에 대한 것인지, 앞으로 일어날 일에 대한 것인지 명확하게 전달해야 합니다.

③ 마지막 단락에서는 다시 한 번 자신이 원하는 것을 말하는데 [Please+동사원형], Would it be possible if you could~, I would appreciate it if you could~ 등의 표현을 사용합니다.
    편지를 잘 마무리하기 위해 Thank you for your cooperation, [I am looking forward to+-ing], Thank you again. 등의 표현으로 끝인사를 합니다.

Task 1의 편지글은 세 단락으로 구성하고 각 단락에 맞는 내용을 적절하게 써야 하며, 전반적으로 제시된 모든 항목을 전부 정리하여 언급하는 것이 포인트입니다. 첫 단락에서는 글을 쓴 사람의 소개와 글의 목적이 분명히 드러나야 하고, 두 번째 단락에서는 세부사항들이 언급되고, 마지막 단락에서는 다시 한 번 편지의 목적을 분명히 언급하면서 글을 마무리해야 합니다.

You should spend about 40 minutes on this task.

Write about the following topic:

> **The media often intrude in and disrupt the lives of celebrities. Should famous people be given more privacy, or is the invasion of their private lives a price of fame that they must accept?**

Give reasons for your answer and include any relevant examples from your own knowledge or experience.

Write at least 250 words.

답변 써보기

이 과제에 40분의 시간이 주어집니다.
다음 주제에 관해 작성하세요.

> 미디어는 종종 유명인사의 생활을 방해하고 침해합니다. 유명인의 사생활을 더 보호해야 할까요, 아니면 유명세로 인해 생긴 그들의 사생활 침해는 받아들여야 할까요?

당신의 지식 또는 경험으로부터 관련된 예시를 포함하여 답변을 작성하세요.
최소 250자 이상 작성하세요.

Model Answer

I think that celebrities should be offered more protection from the media.

The constant media attention can negatively affect their lives, and has even caused death. While celebrities are sometimes accused of bringing the attention on themselves, they are always under a microscope because of their celebrity status. And many of the things they are forced to endure are unacceptable. For instance, Princess Diana was killed because the paparazzi chasing her car caused an accident, and many young pop stars are suffering extreme mental stress because of how much their lives have changed since losing their privacy.

However, some people are of the opinion that dealing with the media is part of being a celebrity, and that it is a small price to pay for fame and fortune. Celebrities are richer and are generally considered to be more interesting than regular people. Because of this, they receive extra attention from the media, and this obviously impacts their personal lives. But thousands of people envy their stardom, and feel that someone with such a comfortable life should be able to cope with such media attention.

Nevertheless, celebrities should have the same rights as regular people, and the media should not be allowed to harass them. A large part of the problem is that the punishment for violating the rights of celebrities is not harsh enough and in the end, the amount of money the media makes in that way is a lot more than the amount of money it has to pay in fines. The only thing to protect celebrities from the paparazzi is to make a new law against violating their privacy.

저는 유명인들이 미디어로부터 더 많은 보호를 받아야 한다고 생각합니다.

끊임없는 미디어의 관심이 그들의 인생에 부정적으로 영향을 미칠 수 있고, 심지어 죽음에 이르게 하기도 합니다. 유명인들은 때때로 관심받으려는 행동 때문에 비난받지만, 유명인사라는 신분 때문에 항상 관찰당하고 있습니다. 그리고 그들이 강제적으로 인내하도록 강요 받는 많은 것들은 더이상 용납될 수 없습니다. 예를 들어 자신의 차를 뒤쫓는 파파라치 때문에 사고가 나서 다이아나 공주는 죽음을 당했고, 많은 어린 팝 스타들은 사생활을 잃은 자신의 인생의 변화 때문에 엄청난 정신적인 스트레스를 받고 있습니다.

하지만, 일부 사람들은 매체를 상대하는 것은 유명인이 되는 것의 일부라고 말하며, 명성과 부를 얻기 위한 작은 대가라고 말합니다. 유명인들은 일반인보다 부유하고 일반적으로 더 흥미롭습니다. 이것 때문에, 그들은 미디어로부터 더 많은 관심을 받고, 당연히 그들의 사생활이 영향 받습니다. 하지만 수천 명의 사람이 그들의 스타덤을 부러워하고 편안한 인생을 살고 있는 그들은 매체의 관심을 극복해야 한다고 느낍니다.

그럼에도 불구하고 유명인들은 일반인들과 같은 권리가 있어야 하고 매체는 그들을 괴롭혀서는 안 됩니다. 이 문제의 상당 부분은 유명인사의 권리를 침해하는 처벌은 냉혹하지 않으므로 매체가 이와 같은 방법으로 돈을 버는 것은 그들이 내는 벌금보다 훨씬 더 많다는 것입니다. 유명인사들을 파파라치로부터 보호할 수 있는 유일한 방법은 사생활 침해를 상대로 한 새로운 법을 만드는 것밖에 없습니다.

> **Task 2의 출제 및 채점 포인트**
> 1. Academic Writing과 상당히 유사합니다.
> 2. 주어진 주제에 대해 정확히 이해했는지 검증합니다.
> 3. 학술적인 어휘 구사 능력을 검증합니다.
> 4. 특정 사건이나 이슈에 대한 자신의 견해를 적절하게 정리했는지 검증합니다.

Task 2는 상당히 광범위한 주제가 다루어지기 때문에 평소에 다양한 분야에 대한 글을 접하고 직접 써보는 연습을 해야 합니다.

① Academic Writing의 Task 2와 마찬가지로 주어진 화제에 대한 자신의 의견을 먼저 나타냅니다. 문장은 보통 I think~로 시작합니다.

② 다음 단락에서 그 이유와 명확한 예시(Princess Diana)를 듭니다. 보통 다음 단락에서는 또 다른 이유와 예시를 들어주는데, 위 답변에서는 반대의 생각을 가진 사람들을 대변했습니다.

However, some people are of the opinion that dealing with the media is part of being a celebrity, and that it is a small price to pay for fame and fortune.

③ 마지막에는 반대 의견도 있지만 그래도 처음 언급한 것처럼 자신의 생각을 다시 한 번 확고히 하고 마무리했습니다.

Nevertheless, celebrities should have the same rights as regular people, and the media should not be allowed to harass them.

Task 2는 Academic Writing과 비슷하게 정치, 경제, 사회, 문화 전반에 걸친 문제점에 대한 의견을 서술하는 형식입니다. 자신의 의견을 밝히고 그에 따른 적절한 예시를 들어 주어진 시간에 글을 마무리하려면 평소에 일반상식을 많이 쌓아 정리해두는 것이 유리합니다.

IELTS Writing 문법 단련

아무리 영어를 잘하는 사람도 준비를 철저히 하지 않으면 절대 좋은 점수를 받을 수 없습니다. 하지만 반대로 영어를 못하는 사람이 준비를 잘하면 좋은 점수를 받을 수 있습니다. 특히 Writing은 준비만 철저하게 하면 6.0을 받기가 비교적 쉽습니다.

Writing을 잘하려면 기본, 즉 문법을 잘 알아야 합니다. 어려운 어휘를 사용해 긴 글을 쓰더라도 문법에서 감점이 된다면 모든 것이 헛수고가 될 수 있습니다. 따라서 지금부터 Academic Module과 General Module 모두에 쓰일 수 있는 문법을 간략하게 소개하겠습니다. 그 다음 Academic Writing Task 1의 도표 분석 방법, 필수어휘 및 연습문제를 풀어보고, Task 2에 도움이 되는 문장 완성 훈련을 공부하겠습니다.

① IELTS Writing 필수 문법 정리

우리가 배울 필수문법은 IELTS Writing뿐만 아니라 Speaking에도 반드시 필요한 문법입니다. 이미 알고 있거나 앞으로 공부할 단어들이 어떤 조합으로 문장이 되는지 확인하고, 많은 연습을 통해 자기의 것으로 만들어야 합니다. 어려운 문법이나 어려운 단어로 점수를 높이는 것이 아니라, 이미 알고 있거나 이 책에서 다루는 기본적인 문법과 단어만 잘 활용해도 큰 도움이 될 것입니다.

IELTS Writing과 Speaking에 필요한 영문법을 크게 6가지로 정해 핵심 내용을 정리했습니다. 완벽히 숙지하고 연습문제를 풀기 바랍니다.

1. 동사의 종류(문장의 5형식)

2. 동사의 시제

3. 수동태와 능동태

4. 분사

5. 접속사와 접속부사

6. 관계대명사

문장을 만들 때 필요한 가장 기본적인 형식은 알고 있어야 합니다. 내가 쓰고자 하는 문장에 필요한 성분이 무엇인지 아는 것은 문법 체계를 이해하는 데 매우 중요합니다.

문장의 5형식을 설명하기에 앞서 자동사와 타동사의 차이점을 보자면, 자동사(intransitive verb)는 우리말로 혼자서 스스로 한다는 의미이므로 동사 혼자서 쓰이고, 보통 동사 뒤에 나오는 목적어(명사)가 필요 없습니다. 타동사(transitive verb)는 단독으로 쓰이지 못하고 뒤에 누군가가 따라와야 쓸 수 있는 것인데, 이때 그 누군가가 바로 목적어(명사)입니다.

동사 wait과 await을 예로 살펴보겠습니다. wait는 동사 뒤에 목적어가 올 수 없기 때문에 I wait him.이라고 쓸 수 없습니다. 목적어를 넣기 위해서는 전치사가 와야만 합니다. 따라서 옳은 문장은 I wait for him.입니다. 동사 뒤에 전치사가 곧바로 따라오는 것은 그 동사가 자동사이기 때문에 곧바로 목적어를 취할 수 없어서 전치사의 힘을 빌려 목적어를 추하는 것입니다. 다음으로 await는 타동사라서 전치사 없이 혼자서 목적어를 취할 수 있으므로 I await him.이라고 쓸 수 있습니다.

이처럼 문장에서 자동사와 타동사의 구별은 문장의 형식을 나누는 가장 기본입니다. 문장에는 5가지 형식이 있는데, 타동사보다 자동사가 양이 적기 때문에 가장 기본적인 형식인 1형식과 2형식에 속하는 동사들이 자동사(목적어 없음)라고 보면 되고, 나머지 3, 4, 5형식의 동사는 타동사(목적어 있음)라고 보면 됩니다.

▶ 1형식

IELTS Writing에 가장 많이 쓰이고, 특히 Task 1 자료 분석에서는 100% 사용되는 형식입니다. 1형식 동사 중 뒤에 전치사와 함께 쓰여서 증감이나 경사의 완만함을 표현할 때 자주 쓰입니다.

> **주어+동사 (+부사)**
>
> **ex The price of the product increased.** 상품의 가격이 상승했다.
>
> ----
>
> IELTS writing에 쓸 수 있는 대표적인 1형식 동사는 다음과 같습니다.
>
> increase / rise / grow / jump / go up 증가하다 decrease / drop / fall / decline / go down 감소하다
> start / begin 시작하다 end 끝나다 fluctuate 변동하다

위 동사들은 증감의 폭을 나타내며 보통 부사와 함께 쓰이므로 반드시 알아두어야 합니다.

• 경사가 급할 때 쓰는 부사

sharply 급격하게 dramatically 급격하게 drastically 급격하게 remarkably 현저하게
substantially 상당하게 significantly 상당하게 rapidly 급격하게

• 경사가 완만할 때 쓰는 부사

slowly 천천히 gradually 점차로 slightly 약간 steadily 꾸준하게

▶ 2형식

다음 동사들은 동사 혼자서 역할을 못하는 불완전자동사로 뒤에 보어를 취합니다. 이때 보어는 주어를 보충해주는 역할을 하므로 주격보어라고 하며, 형용사나 명사가 나올 수 있지만 보통 형용사가 쓰입니다.

> **주어+동사+형용사(보어)**
>
> **ex The price remains stable.** 가격이 안정적이다.
>
> ---
>
> 이 형식에 속하는 동사를 알아봅시다. Writing Task 1이나 2에 자주 사용되는 동사들이니 반드시 암기해두어야 합니다.
>
> be ～이다   become ～이 되다   look ～로 보이다   seem ～인 것처럼 보이다
>
> appear ～인 것 같다   feel 느끼다   remain 남다, 유지하다

▶ 3형식

3형식부터 타동사가 쓰이기 때문에 뒤에는 무조건 목적어(명사)가 필수라고 생각하면 됩니다. 목적어를 취하는 가장 단순한 문장 구조라고 할 수 있습니다.

> **주어+동사+목적어(명사)**
>
> **ex The chart shows an increase in number of cars.** 그 표는 자동차 수의 증가를 보여준다.

▶ 4형식

동사 뒤에 목적어가 2개가 나오는 형식입니다. 보통 IELTS에서는 Task 1보다 Task 2에 더 유용하게 쓰이는 형식입니다.

> **주어+동사+목적어(대상으로 사람이 자주 나옴)+목적어(사물)**
>
> **ex I give him a book.** 나는 그에게 책을 준다.
>
> ---
>
> 이 형식에 속하는 동사를 알아보겠습니다.
>
> give 주다   offer 제공하다   send 보내다   grant 수여하다   assign 할당하다   tell 말하다

동사 뒤에 목적어가 나오고, 그 뒤에 목적어를 받쳐주는 보어가 나오는 형식입니다. 이때 보어로 여러 가지가 올 수 있기 때문에 각각의 경우를 잘 살펴봅시다.

1. 주어+동사+목적어+형용사(보어)

ex **I make her happy.** 나는 그녀를 행복하게 만든다.

이 형식에 속하는 동사는 아래와 같습니다.

make 만들다   consider 고려하다   find 찾다   keep 유지하다   deem 고려하다

2. 주어+동사+목적어+to부정사

ex **I asked my secretary to buy a ticket.** 나는 내 비서에게 티켓을 사오라고 요청했다.

이 형식에 속하는 동사는 아래와 같습니다.

ask 요구하다   require 요구하다   enable 가능하게 하다   allow 허락하다   expect 예상하다
advise 충고하다   force 강요하다   request 요구하다   recommend 추천하다   instruct 지시하다

아무리 많은 단어를 알고 있어도 문장의 구성을 잘 모른다면 writing을 할 수 없습니다. 따라서 동사들이 문장에서 어떤 단어들과 어떻게 쓰이는지 잘 알아두어야 합니다.

❷ 동사의 시제

동사의 시제는 크게 9가지로 분류할 수 있습니다. IELTS Writing이나 Speaking에서는 동사의 시제 사용에 주의해야 합니다. Writing Task 1에서는 현재시제나 과거시제를 주로 쓰기 때문에 큰 걱정 없지만, Task 2와 Speaking에서 각별히 주의해야 합니다.

▶ **과거: 과거에 일어난 일에 대한 시제**

주어+과거동사+last/past/ago/yesterday

ex **I went on a business trip last month.** 나는 지난 달에 출장을 다녀왔다.

과거나 과거진행시제는 시간을 나타내는 접속사와 함께 시제를 똑같이 일치시켜서 쓰는 것이 일반적입니다.

ex **When I was in London, I studied English.** 내가 런던에 있었을 때, 나는 영어 공부를 했다.

▶ 과거진행: 과거의 어느 한 시점에 일어나고 있었던 일

주어+was/were+동사ing

ex **While I was working on the project, one of my colleagues called.**
내가 프로젝트를 진행하는 동안에, 동료 한 명이 전화를 했다.

▶ 과거완료: 과거보다 이전에 시작해서 과거까지의 일

과거완료시제는 혼자서 쓰지 못하며, 과거를 나타내는 문장이나 어구가 있어야 합니다.

주어+had+p.p

ex **After we had left London, they got to the airport.**
우리가 런던을 떠난 후에 그들은 공항에 도착했다.

▶ 현재: 일반적인 사실이나, 반복되는 일들 (짜여져 있는 시간표 등)

주어+현재동사

ex **The number of women working 7 hours a day increases.**
하루에 7시간 일하는 여성의 수는 증가한다.

▶ 현재진행: 현재 상황에서 일어나고 있는 일/미래의 일

주어+am/are/is+동사ing

ex **We are now developing a new system.** 우리는 지금 새로운 시스템을 개발 중이다.

▶ 현재완료: 과거의 어느 한 시점에서 현재까지의 일

주어+have/has p.p+for(=in/over)+숫자시간(기간)
+since+시작된 시점+주어+과거동사

ex **I have studied several languages since last year.**
작년부터 나는 여러 가지 언어를 공부해왔다.

▶ 미래: 미래의 시간을 나타내는 일

> 주어+will+동사원형
> 주어+be going to+동사원형
> 주어+am/are/is+동사ing
> 주어+am/are/is about to+동사원형　막 ~하려고 하다
> **ex** **We will need some time to finish the report.**
> 우리는 보고서를 끝내기 위해 약간의 시간이 필요하다.

▶ 미래진행: 미래의 어느 한 시점에서 하고 있는 일

> 주어+will+be+동사ing
> **ex** **I will be working at my desk between 3 and 4 p.m. tomorrow.**
> 나는 내일 오후 3~4시 사이에 책상에서 작업 중일 것이다.

▶ 미래완료: 미래의 어느 한 시점까지의 일

미래완료는 혼자 쓰일 수 없고 시간이나 조건을 나타내는 접속사와 쓰여 뒤에는 현재시제 동사를 취한다.

> 주어+will+have+p.p+by the time(=when)+주어+현재동사
> **ex** **She will have worked for 30 years by the time she retires next year.**
> 내년에 그녀가 은퇴를 할 때, 그녀는 30년 동안 일해온 것이다

시제는 Academic Module보다는 General Module의 편지 부분에서 더욱 유용하게 쓰일 수 있습니다.

❸ 수동태와 능동태

수동태 문장은 IELTS Writing에 자주 등장합니다. 따라서 수동태 문장의 모양과 활용법을 잘 알아두어야 합니다.

수동태 주어+be+p.p
능동태 수동태가 아닌 모든 형태

능동과 수동의 형태는 맞바꿔 변형이 가능하기 때문에 좋은 글들을 모방할 때 태를 바꿔서 써보는 것도 상당히 좋은 paraphrasing 방법입니다. 아래 예를 참고바랍니다.

능동태 The graph shows a sharp increase from Monday to Friday.
수동태 A sharp increase from Monday to Friday is shown in the graph.

능동태의 동사 다음 목적어가 수동태에서 주어로 내려오고, 시제와 수 일치를 생각해서 [be+p.p] 형태를 넣어 주면 됩니다.

❹ 분사

분사의 활용은 IELTS Writing에서 매우 중요합니다. 분사의 활용을 잘 알면 글의 길이를 조절하기 용이하여 시험에서 요구하는 글자수에 맞추기가 쉬워집니다. 분사는 명사 앞이나 뒤에서 명사를 수식하는 역할을 하므로 잘 사용하면 글의 완성도와 전달력이 높아집니다.

분사는 크게 [동사+ing]의 형태와 p.p의 두 가지 형태가 있습니다. 문장에서 여러 위치에 나올 수 있지만 일반적으로 IELTS Writing에서는 명사의 앞두에 나와서 수식합니다.

▶ 명사 앞에 나오는 분사

명사 앞에 나오는 분사는 그 명사가 사물일 대, 앞에 감정을 나타내는 단어를 쓰고 싶다면 [동사+ing] 형태의 현재분사를 씁니다.

ex An interesting increase in used cars has been shown in the chart.

중고차에 대한 관심의 증가는 차트에서 보여진다.

increase가 사물명사이고, 그 앞에 감정을 나타내는 단어가 나와서 interesting이라는 현재분사를 넣어 꾸며줄 수 있습니다.

▶ 명사 뒤에 나오는 분사

명사의 뒤에 나오는 분사는 보통 관계대명사절에서 파생된 것입니다.

ex The percentage of females watching TV was considerably high.

TV를 시청하는 여성의 비율은 상당히 높았다.

females 다음 원래 있을 who watch TV라는 관계대명사절에서 who를 생략하고, 능동일 경우 뒤에 따라오는 동사에 -ing를 붙여 현재분사로 씁니다. 이와는 반대로,

ex The percentage of females injured in car accidents in 2013 was lower than that of males.

2013년에 차 사고로 상해를 입은 여성의 비율은 남성의 비율보다 낮았다.

females 다음 원래 있을 who were injured라는 관계대명사절에서 관계대명사 who를 생략하고, 수동 형태이기 때문에 곧바로 injured라는 과거분사를 사용합니다.

❺ 접속사 및 접속부사

IELTS Writing에서 단문만 써서는 절대 원하는 점수를 받을 수 없기 때문에 접속사는 반드시 알아둘 필요가 있습니다. 지금부터 두 개의 완전한 문장을 이어줄 때 필요한 접속사에 대해 알아보겠습니다.

▶ 등위접속사 and와 but

가장 일반적으로 쉽게 쓸 수 있는 접속사입니다. 앞의 문장과 비슷하게 순차적으로 이어지는 경우 and를, 앞뒤의 문장이 서로 반대의 의미일 때는 but을 씁니다.

ex **The price of the product A increased in 2013 and also the price of the product B increased accordingly.**

A제품의 가격이 2013년에 올랐기 때문에 B제품의 가격이 덩달아 같이 올랐다.

ex **The number of people in London decreased in 2012 but the number of people went up in 2013.**

런던의 인구가 2012년에 감소했지만 2013년에는 증가했다.

▶ although와 because

although는 '비록 ∼하지만'이라는 의미의 접속사이며, 보통 앞 문장과 뒤 문장이 서로 반대되는 상황에서 쓰입니다.

ex **Although I was given a gift, I was not happy.**

선물을 받았음에도 불구하고 나는 행복하지 않았다.

because는 '∼때문에'라는 의미로 앞 문장과 뒤 문장이 인과관계를 나타낼 때 쓰입니다.

ex **Because I worked hard, I was promoted to the managerial position.**

열심히 일을 했기 때문에, 나는 관리직으로 승진되었다.

▶ when과 while

when과 while은 보통 두 개의 문장을 이어줄 때, 같은 상황에 대해 이야기할 때 쓰입니다. 특히 while은 '∼하는 동안에'보다 '∼하는 반면'이라는 의미로 자주 쓰입니다.

ex **When the problem occurred, the system automatically notified me.**

문제가 발생했을 때, 그 시스템이 자동으로 나에게 알려주었다.

ex **While the number of males wishing to have a car decreased, the number of females wishing to have a car increased.**

차를 소유하기 원하는 남성의 수가 감소하는 반면에, 여성의 수는 증가했다.

▶ 명사절 접속사

문장에서 주어, 목적어 등의 역할로 문장을 이끄는 접속사가 있습니다. 가장 흔하게 쓰는 명사절 접속사에는 that과 what이 있습니다. 물론, 다른 의문사들도 명사절로 쓰이지만 가장 흔한 것은 that과 what입니다. 이들은 문장의 맨 앞에 주어로, 동사나 전치사 다음에 목적어로, 그리고 be동사 다음에 보어로 자주 쓰입니다. 이 둘은 같은 명사절이지만 성격이 완전히 다르기 때문에 구분해서 써야 합니다.

that 명사절은 뒤에 완전한 문장이 따라올 때 쓸 수 있습니다.

ex We can see that the percentage of women in 2013 has the highest percentage of the total.

우리는 2013년 여성의 비율이 전체에서 가장 높은 수치임을 알수 있다.

what 명사절은 뒤에 불완전한 문장이 따라올 때 쓸 수 있습니다. 주어가 없거나 목적어나 보어가 없어야 합니다.

ex We need to consider what the number of people shows.

우리는 사람들의 수가 무엇을 보여주는지를 고려해야 한다.

▶ 접속부사

접속부사는 두 개의 문장을 이어주는 접속사· 역할은 아니지만, 보통 문장의 맨 앞에 나와서 앞 문장과 뒤의 문장이 연결되는 것을 알려줍니다. 많은 종류가 있지만 필요한 몇 가지만 알고 넘어가겠습니다.

① 앞 문장과 뒤 문장의 내용이 서로 이어질 때 쓰이는 접속부사

Furthermore 더욱이, 게다가	Moreover 더욱이, 게다가	What is more 게다가
In addition 게다가	Additionally 게다가	For example 예를 들면
For instance 예를 들면	In other words 다른 말로는	In short 짧게 말해서
Likewise 똑같이	Similarly 비슷하게	

② 앞 문장과 뒤 문장의 시간관계나 인과관계를 나타낼 때 쓰이는 접속부사

Afterward 그 이후에	Since then 그 이후에	Therefore 그러므로
Thus 따라서	Then 그래서	

So 그래서(문장의 맨 앞에 나오면 부사가 되지만, 문장과 문장의 중간에 나오면 접속사로 쓰입니다.)

Hence 그런 이유로, 그래서	Accordingly 그리하여	Consequently 결과적으로
As a result 결과적으로	In conclusion 결과적으로	

③ 앞 문장과 뒤 문장이 서로 역접의 관계를 나타낼 때 쓰일 수 있는 접속부사

On the contrary 이와는 반대로	In contrast 그에 반해	However 그러나
Even so 그렇기는 하지만	Nevertheless 그럼에도 불구하고	Nonetheless 그렇기는 하지만
Otherwise 그렇지 않으면, 그와는 달리		

관계대명사는 IELTS뿐만 아니라 모든 영어시험의 Writing, Speaking에서 많이 쓰이는 문법입니다. 보통 문장에서 수식어구 역할을 하므로 없어도 되긴 하지만, 더 강조하거나 덧붙여서 쓸 때 유용하게 쓰입니다. 관계대명사는 원칙적으로는 앞에 나온 명사를 대신하여 쓰이며, 뒤에 절을 이끌어 앞에 나온 명사를 수식하는 역할을 병행합니다. 관계대명사는 제대로 사용하면 좋은 점수를 받는 밑거름이 되지만, 자칫 잘못 사용하면 감점의 요소가 될 수도 있습니다.

> 1. 관계대명사는 앞에 항상 명사가 나와서 그 명사를 수식하기 위해 뒤에 문장을 연결해서 쓰는 품사입니다.
>
> 2. 관계대명사는 문장 한 개에 동사가 두 개 필요하므로 문장을 쓴 다음 반드시 확인해야 합니다.
>
> 3. 관계대명사는 뒤에 항상 불완전한 문장이 따라오므로 접속사처럼 완전한 두 개의 문장을 이어주는 능력은 없습니다.

▶ 관계대명사의 종류와 역할

관계대명사는 앞에 명사가 나와야 하고 그 명사가 사람인지 사물인지에 따라 크게 두 가지로 나뉩니다. 그리고 쓰임에 따라 주격, 목적격, 소유격의 세 가지로 분류됩니다.

	주격	목적격	소유격
사람명사	who	whom	whose
사물명사	which	which	whose

사람명사	+	who	+	동사		
		whom		주어	+	동사
		whose		명사	+	동사

사물명사	+	which	+	동사		
		which		주어	+	동사
		whose		명사	+	동사

ex **This is the chart which details the sales figures in 2013.**

(사물동사 앞에 나오는 주격관계대명사 which)

이것은 2013년 생산수치를 상세하게 나타내는 표이다.

The percentage of women who travel to London is considerably high in 2013.

(사람동사 앞에 나오는 주격관계대명사 who)

런던을 여행하는 여성들의 비율은 2013년에 상당히 높다.

관계대명사 that은 앞의 명사가 사람인 경우와 사물인 경우, 주격이나 목적격인 경우 모두 쓸 수 있습니다. 하지만 소유격으로는 쓰일 수 없습니다. 또한 관계대명사 that은 앞에 콤마(,)가 나올 수 없고, 전치사와는 어울릴 수 없습니다.

ex The chart shows the number of the cars that are imported by Japan in 1998.

그 표는 1998년에 일본에서 수입한 자동차의 수를 보여준다.

IELTS Writing 연습문제

이번 Unit에서는 IELTS Academic Writing Task 1과 Task 2에 해당하는 문제 유형 분석과 그에 따른 연습문제를 풀어보겠습니다. Writing의 기본은 알고 있는 단어를 사용하고 문장은 항상 간결하게 만들어야 한다는 것입니다. 너무 어려운 단어를 사용한 복잡한 문장을 만들거나, 잘 쓰려고 너무 많은 시간을 투자하면 정해진 시간 내에 모든 Task를 마무리할 수 없다는 것을 기억하세요.

그럼 이제부터 Task 1, Task 2의 유형을 분석해보도록 하겠습니다.

① Task 1 (Academic writing)

Academic Writing Task 1에서는 주로 도표를 분석하는 임무가 주어집니다. 주어지는 도표들은 Line graph, Bar graph, Pie chart 그리고 Table 등입니다. 딱 한 개의 도표가 주어지기 보다는 복합적으로 주어지는 경우가 많으므로, 각각의 차트를 어떻게 분석해야 하는지 꼭 알아두어야 합니다. 그리고, 정해진 시간 안에 마무리하는 연습이 매우 중요합니다.

도표를 보고 분석할 때는 세 단락으로 나눠서 쓰는 것이 좋습니다.

> 1. 첫 번째 단락은 도입부로 차트에 대한 큰 테두리를 설명합니다.
>   시작은 [The line graph shows+명사] 또는 [The bar graph displays+명사]의 형태로 합니다.
>
> 2. 두 번째 단락은 상세 설명 부분으로 차트나 도표에 보이는 모든 부분을 있는 그대로 설명합니다.
>   증감을 나타내는 동사나 명사(increase, decrease, rise, fall, drop, leap 등)를 사용해서 자료를 세부적으로 분석합니다.
>
> 3. 세 번째 단락은 정리하는 부분으로 두드러진 특징이나 공통적인 부분을 언급합니다.
>   In conclusion 등의 표현으로 시작하여 전체적인 자료 정리를 하는 느낌으로 마무리합니다.

실전 문제로 유형 파악을 하기에 앞서 Line graph, Bar graph, Pie chart, Table 분석을 할 때 쓰이는 표현들을 알아보겠습니다.

+ 자주 쓰이는 동사 및 명사

증가 increase, rise, leap
감소 fall, decrease, decline

+ '대략, 약, 거의'라는 의미로 수치 앞에 쓰이는 부사

approximately, about, around, almost, nearly 등

+ 동사와 자주 쓰이는 부사(증감의 폭을 나타낼 때 쓰임)

증감의 폭이 클 때 sharply, remarkably, considerably, dramatically, drastically
증감의 폭이 작을 때 slightly, steadily, consistently

+ 수치와 정도를 나타낼 때 많이 쓰이는 표현

수치 The number of+명사
정도 The percentage of+명사

+ 숫자, 시간과 쓰이는 전치사

for/over+숫자기간 for 10 years
between A and B A와 B 사이에
during the period of+숫자기간 during the period of 1985 to 1995
from+숫자시간+to+숫자시간 from 2005 to 2020
in+숫자시간 in 2012
before/after+숫자시간 before/after 2011
until+숫자시간 until 1995

+ 장소와 쓰이는 전치사

at+장소 at school 학교에서
in+지역/나라 in Korea 한국에서

+ 정도와 쓰이는 전치사

by+수치 increase by 30% 30%만큼 증가
at+수치 reach its highest point at 20% 가장 높은 포인트인 20%에 도달하다

+ 최상급과 비교급의 쓰임(Pie Chart)

be/have more+형용사 / 형용사-er+than
be/have the most+형용사 / 형용사-est of the total

Line graph에서는 주로 그래프가 나타내는 것이 무엇에 관한 것인지, 가로축과 세로축이 나타내는 것은 무엇인지 먼저 분석합니다. 분석을 할 때는 세 단락으로 구성해서 작성합니다.
그 다음 무엇부터 분석할지 결정하고 가장 두드러진 부분을 먼저 분석하며 시작하는 것이 좋습니다. 필수 어휘는 증감에 관한 동사, 명사와 시간을 나타내는 전치사들입니다.

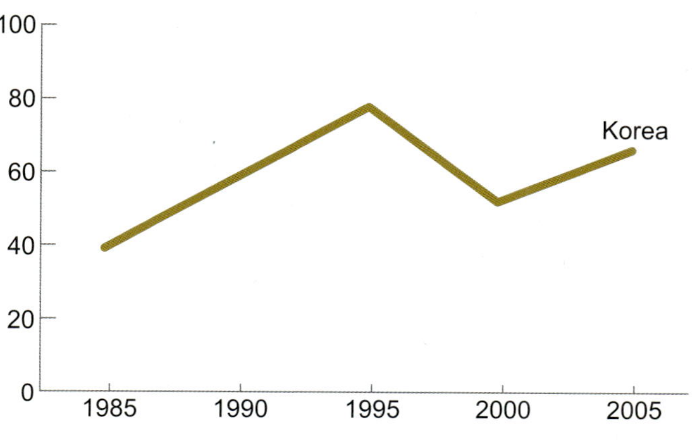

위 그래프를 보면 1985~2005년까지 한국에서 휴대폰을 사는 사람들의 퍼센트를 나타내고 있습니다. 문장은 [The graph shows+명사]로 시작하는 것이 좋습니다. 그리고 그래프의 증감을 표현하는 동사는 위에서도 언급했듯이 increase, decrease, go up 등으로 간단히 쓰는 것이 좋습니다.
자, 그럼 자료를 분석해보겠습니다.

The graph shows the percentage of people buying a new mobile phone from 1985 to 2005 in Korea.
이 그래프는 한국에서 새 휴대폰을 구매하는 사람들의 수치를 나타내고 있는 것입니다.

The percentage of people buying a new mobile phone increased steadily from 1985 to 1995 in Korea.
1985~1995년까지는 수치가 상당히 증가했습니다.

The percentage of people buying a new mobile phone decreased drastically from 1995 to 2000 in Korea.
1995~2000년도까지는 급격히 감소했습니다.

The percentage of people buying a new mobile phone increased slightly again between 2000 and 2005 in Korea.
마지막으로 2000~2005년까지는 약간 증가했습니다.

이번에는 직접적인 수치를 언급하며 다른 방법으로 도표를 분석해보겠습니다.

The graph shows the percentage of people buying a new mobile phone from 1985 to 2005 in Korea.

이 그래프는 한국에서 새 휴대폰을 구매하는 사람들의 수치를 나타내고 있습니다.

There was a steady increase from 40% to 80% between 1985 and 1995 in Korea.

1985～1995년까지는 40%에서 80%로 증가하였습니다.

There was a sharp decrease from 80% to 50% between 1995 and 2000 in Korea.

1995～2000년까지는 80%에서 50%으로 감소하였습니다.

There was a slight increase from 50% to 70% between 2000 and 2005 in Korea.

2000～2005년까지는 50%에서 70%로 소폭 증가하였다는 것을 알 수 있습니다

Writing은 어려운 단어를 쓴다고 해서 점수가 잘 나오는 것이 아닙니다. 도표를 바르게 파악했는지, 그에 맞는 표현을 적절하게 이용했는지에 초점을 맞춰 기본적인 단어와 표현을 상황에 맞게 쓸 수 있도록 꾸준히 훈련해야 합니다.

다음 도표는 여러분이 먼저 분석한 후 영작해보고 모범답변을 확인하세요.

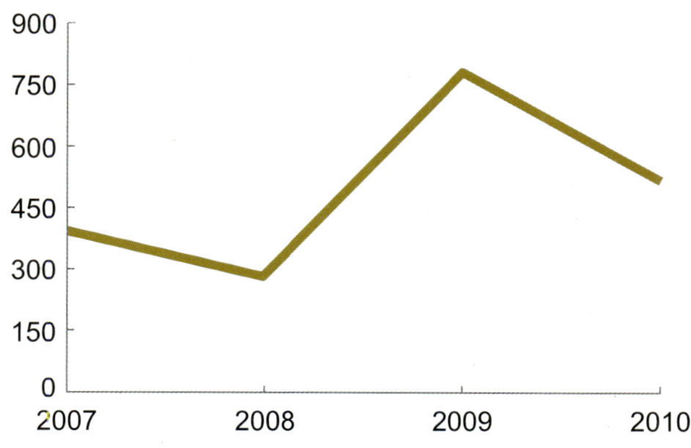

Model Answer

The graph shows the numbers of cars imported in Korea.

이 그래프는 한국의 자동차 수입량을 나타낸 그래프입니다.

The number of cars imported decreased slightly from 400 to 300 between 2007 and 2008 in Korea.

2007~2008년에는 수치가 대략 400에서 300으로 약간 감소하였습니다.

The number of cars imported increased dramatically from 300 to 800 between 2008 and 2009 in Korea.

2008~2009년에 수치가 대략 300에서 800으로 급격히 늘어났습니다.

The number of cars imported fell sharply from 520 to 800 between 2009 and 2010 in Korea.

2009~2010년에는 수치가 대략 800에서 520으로 두드러지게 감소했습니다.

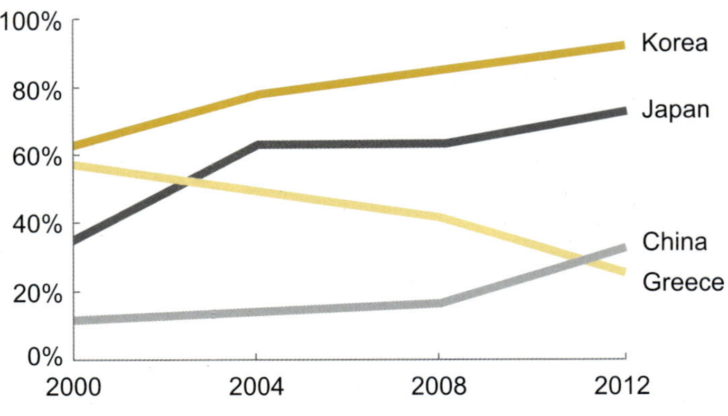

위 그래프에서 가로축은 연도를 나타내고 세로축은 비율을 나타내고 있습니다. 그래프가 나타내는 수치는 영어를 공부하는 학생들의 비율입니다. 도표 분석의 순서를 나열하면서 실제 문장을 만들어 보겠습니다.

① 이 그래프가 무엇을 나타내는지 먼저 언급합니다.

The line graph shows the percentage of students studying English.

이 그래프는 영어를 공부하는 학생들의 비율을 나타내고 있습니다.

② 한국의 그래프는 꾸준히 상승하는 것을 알 수 있으며, 그에 반해 그리스는 감소하고 있는 것을 알 수 있습니다.

The percentage of students studying English in Korea has increased steadily from 2000 to 2012 but the percentage of students studying English in Greece has decreased from 2000 to 2012.

In Japan, the percentage of students studying English went up to nearly 30% from 2000 to 2004, but it remained the same between 2004 and 2008.

The percentage of students studying English in China increased very slightly from 2000 to 2008, but it went up to approximately 35% between 2008 and 2012.

Bar graph는 Line graph와 비교해 큰 차이는 없으며 상당히 자주 출제되는 문제이니 많은 연습이 필요합니다. Bar graph에서도 수치의 증가나 감소 등의 표현이 주로 쓰이고, 보통 복합적으로 그래프가 나오기 때문에 비교 분석이 필요한 경우도 있습니다. 비교 분석에는 접속사와 접속부사, 비교급 등의 표현이 많이 쓰이니 이 부분도 미리 대비하는 것이 좋습니다.

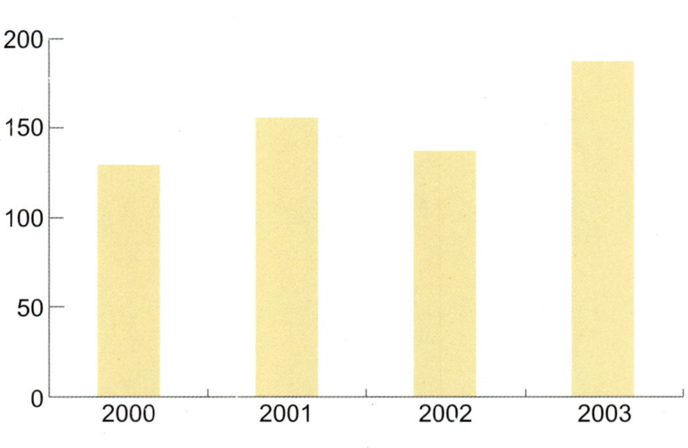

Bar graph도 증감과 관련된 표현들이 주로 쓰입니다. graph의 내용을 먼저 파악한 후 점차적으로 수치의 변경에 대한 분석을 써 내려가면 됩니다.

The bar graph shows the number of men over 90 years of age in Seoul.
이 그래프는 서울에 사는 90세 이상의 남자들의 수를 나타내고 있습니다.

There were approximately 130 men over 90 years of age in 2000 in Seoul.
2000년에는 대략 130명 정도의 90세 이상의 남자가 서울에 있었습니다.

There were around 150 men over 90 years of age in 2001 in Seoul.
2001년에는 150명의 90세 이상의 남자가 서울에 있었습니다.

There were about 140 men over 90 years of age in 2002 in Seoul.
2002년에는 140명의 90세 이상의 남자가 서울에 있었습니다.

There were nearly 190 men over 90 years of age in 2003 in Seoul.
2003년에는 190명의 90세 이상의 남자가 서울에 있었습니다.

다음은 좀 더 자세하게 분석한 문장을 만들어보겠습니다.

① 단순히 2001년에 150명 정도가 있었다고 쓰기보다는 2001년의 수치가 2000년의 수치보다 더 높다고 할 수 있습니다.

The number of men over 90 years of age in 2000 was greater than the number of men over 90 years of age in 2001.

2000년도에 90세 이상의 남성의 수가 2001년도의 90세 이상의 남자의 수보다 더 많았습니다.

② 2000년도의 수치가 가장 낮다고 할 수도 있을 것입니다.

The number of men over 90 years of age in 2000 was the lowest figure, at around 130.

2000년도에 90세 이상의 남자의 수가 대략 130으로 가장 낮은 수치였습니다.

③ 2002년과 2000년의 수치가 거의 비슷하다고 할 수 있습니다.

The number of men over 90 years of age in 2000 was almost the same as the number of men over 90 years of age in 2002, at about 130.

2000년도의 90세 이상의 남자의 수는 대략 130으로 2002년도의 90세 이상의 남자의 수와 거의 똑같습니다.

④ 또한, 2003년도의 수치가 가장 높다고 할 수도 있습니다.

The number of men over 90 years of age in 2003 was the highest figure, at about 180.

2003년도의 90세 이상의 남자의 수가 대략 180으로 가장 높은 수치였습니다.

Percentage of beverages sold at AAA university

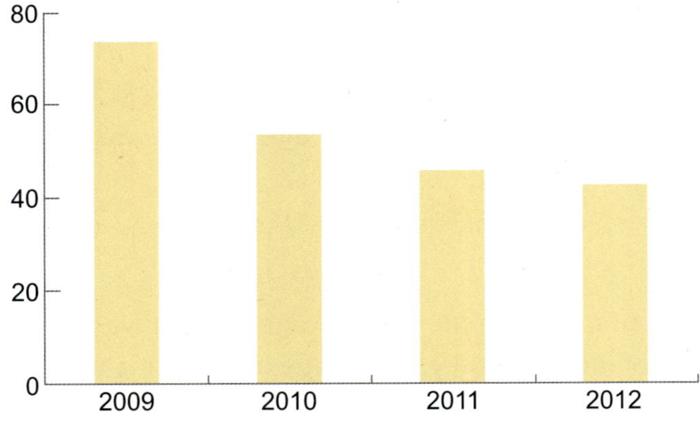

① AAA대학교에서 팔리는 음료수의 비율을 나타내고 있습니다.

The bar graph shows the percentage of beverages sold at AAA University from 2009 to 2012.

이 그래프는 2009~2012까지의 AAA대학교에서 팔리는 음료의 비율을 보여주고 있습니다.

② 전체적으로 계속 수치가 줄고 있다고 언급합니다.

The percentage of beverages sold at AAA University has decreased steadily from 2009 to 2012.

2009~2012년까지 AAA대학교에서 팔리는 음료들의 비율이 꾸준하게 감소했습니다.

③ 2009년에 가장 높은 수치를 나타냈습니다.

The percentage of beverages sold at AAA University was the highest in 2009.

2009년 AAA대학교에서 팔리는 음료들의 비율이 가장 높았습니다.

④ 2010년은 전년(2009)보다 수치가 급격히 줄었습니다.

The percentage of beverages sold at AAA University decreased sharply in 2010, compared to the percentage in 2009.

2010년 AAA대학교에서 팔린 음료들의 비율이 2009년에 비해 상당히 감소했습니다.

⑤ 2012년은 가장 적은 수치를 보이고 있습니다.

The percentage of beverages sold at AAA University was the lowest in 2012.

2012년도에 AAA대학교에서 팔린 음료의 비율이 가장 낮았습니다.

Pie chart는 수치를 비교하며 설명하는 유형입니다. 비율을 서로 비교하기 때문에 비교급과 최상급 표현을 잘 사용해야 합니다.

예를 들어 'A의 비율이 B의 비율보다 더 크다/작다/높다' 등의 표현은 [The percentage of A is greater/ lower/ higher+than the percentage of B]처럼 비교급 형태를 취하고, 'A의 퍼센트가 전체 중에서 가장 크다/작다/높다' 등의 표현은 [The percentage of A has the highest/lowest/greatest share(percentage) of the total] 같은 최상급 형태를 쓸 수 있습니다. Line graph나 Bar graph와 달리 명확하게 과거에 관한 내용이 아닌 경우 동사의 시제는 보통 현재시제를 사용합니다. 그럼, 다음 Pie chart를 보고 분석해보도록 하겠습니다.

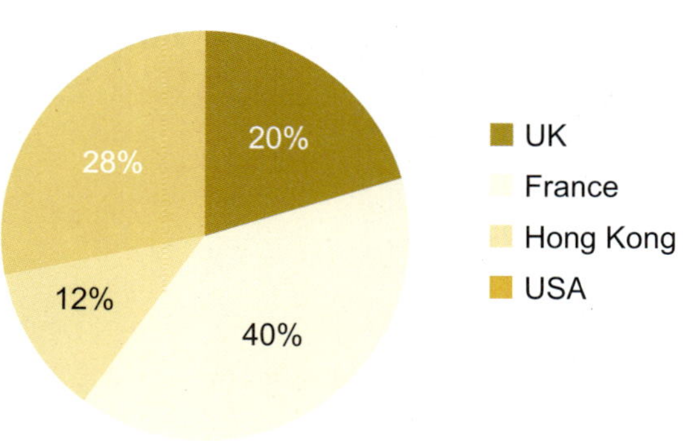

총 4개 국가에 대한 여성흡연자 비율이며 가장 많은 비율을 차지하는 국가는 France입니다. 그 다음 USA, England, Hong Kong 순으로 나뉘어 있습니다.

① 먼저 무엇을 보여주는 차트인지 언급합니다. 4개 국가의 여성에 의한 담배 소비를 나타내는 차트입니다.

The Pie chart shows the percentage of cigarettes consumed by women in four countries.

이 파이 차트는 4개국의 여성 흡연 비율을 보여줍니다.

② 프랑스의 담배 소비가 40%로 가장 높다는 언급을 합니다.

The percentage of cigarettes consumed by women in France is the highest of the total, at 40% among these four countries.

다음과 같이 다른 방법으로 나타낼 수도 있습니다.

France has the highest percentage of cigarettes consumed by women of the total, at 40% among these four countries.

③ 홍콩의 담배 소비가 12%로 가장 낮다는 문장을 씁니다.

The percentage of cigarettes consumed by women in Hong Kong is the lowest of the total, at 12%.

다음과 같은 문장을 쓸 수도 있습니다.

Hong Kong has the lowest percentage of cigarettes consumed by women of the total, at 12%.

④ 영국과 미국의 담배 소비를 서로 비교하는 것도 좋습니다.

The percentage of cigarettes consumed by women in the UK is lower than the percentage of cigarettes consumed by women in the USA.

다음과 같은 문장을 쓸 수도 있습니다.

The percentage of cigarettes consumed by women in the USA is higher than the percentage of cigarettes consumed by women in the UK.

⑤ 미국이 두 번째로 담배 소비를 많이 하는 국가라고 언급할 수 있습니다

The USA has the second highest percentage of the total, at 28%.

또는 영국이 두 번째로 낮은 담배 소비 국가라고 할 수도 있습니다.

The UK has the second lowest percentage of the total, at 20%.

Preference for school uniform

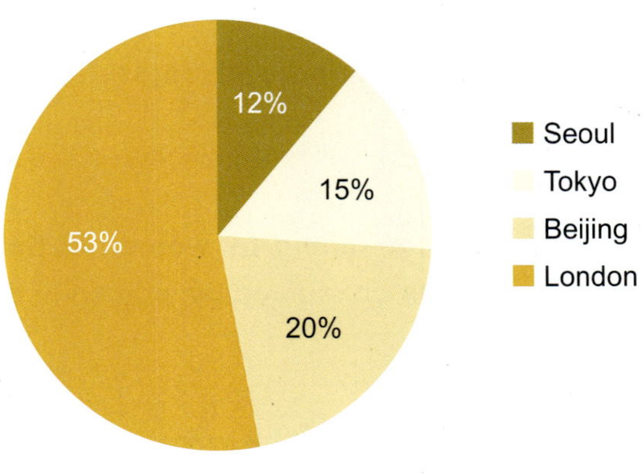

Model Answer

① 도시에 따른 교복 선호도를 나타낸 차트입니다.

The pie chart shows the preference for school uniform, depending on cities.

이 파이 차트는 4개의 도시에 따른 교복의 선호도를 보여주는 것입니다.

② 런던이 가장 많은 비율을 차지하고 있습니다.

The percentage of preference for school uniform in London is highest, at 53%.

런던에서의 교복 선호도는 53%로 가장 높습니다.

아래와 같은 표현도 좋습니다.

London has the highest preference for school uniform of the total, at 53%.
런던이 53%로 가장 높은 교복 선호도를 갖고 있습니다.

③ 서울이 가장 적은 비율을 차지한다는 언급을 합니다.

The percentage of preference for school uniform in Seoul is lowest, at 12%.
서울의 교복 선호도는 12%로 가장 낮습니다.

아래 표현도 좋습니다.

Seoul has the lowest preference for school uniform of the total at 12%.
서울이 전체 12%로 가장 낮은 교복 선호도를 갖고 있습니다.

④ 도쿄와 북경을 비교하며 문장을 만들어도 좋습니다.

The percentage of preference for school uniform in Beijing is higher than the percentage in Tokyo.
북경에서의 교복 선호도는 동경의 선호도보다 높습니다.

또는 반대로 써도 괜찮습니다.

The percentage of preference for school uniform in Tokyo is lower than the percentage in Beijing.
동경의 교복 선호도는 북경에서의 선호도보다 낮습니다.

② Task 2 (Academic Writing)

Task 2는 자신의 의견을 얼마나 명확하게 전달하는지가 관건입니다. 처음부터 학술적인 어휘로 장문을 쓰기란 쉽지 않지만 IELTS 점수가 필요한 수험자라면 반드시 넘어야 할 산입니다.

지금부터는 실제 출제되었던 주제의 한글 문장을 읽고 영작해본 후 해설을 통해 Task 2 답변 방법을 익히는 훈련을 하겠습니다.

▶ Society (사회)

이 활동의 주된 목적은 장애인들이 그들의 한계를 극복할 수 있도록 도와주는 것입니다.

Model Answer

The primary aim of this activity is to help the disabled find new ways to overcome their disabilities.

해설

① 어떤 목적을 설명할 때 가장 많이 쓰는 표현 중 하나가 The aim of/The purpose of입니다. [be+to부정사]가 함께 쓰여 목적이나 목표 등의 단어와 결합하면 '~하는 것이다'라는 의미로 쓰입니다.

② IELTS Writing에 많이 등장하는 동사 help는 뒤에 목적어가 오고, 그 다음 동사원형이 따라옵니다. help 다음 목적어(명사)를 쓰지 않고 곧바로 동사를 쓰면 동사원형을 쓰면 됩니다.

③ to부정사는 많은 용도로 쓰이지만 여기서는 앞에 나온 명사를 수식하는 형용사적 용법으로 쓰였습니다. to부정사는 way, ability, effort, attempt, opportunity, chance, decision, authority 등의 명사 뒤에 자주 따라옵니다.

회사들이 상품이나 서비스를 알리는 가장 중요한 요소 중 하나가 광고인 것은 분명하다.

Model Answer

It is apparent that advertisements are one of the most essential factors for companies to publicize their products or services.

해설

① [It is+형용사+that+주어+동사]는 '~하는 것이 ~하다'라는 의미로 가장 흔하게 쓰는 문장 유형이며, It is important to publicize our products or services.처럼 뒤에 that절 이외에 to부정사가 오기도 합니다.

② 형용사 apparent는 '명백한, 분명한'이라는 의미이며 obvious, essential, important, imperative, necessary 등으로 바꿔 써도 큰 의미 차이가 없습니다.

③ [one of+명사]는 딱 하나가 아니라 여러 개 중 하나를 가리키는 표현이며, 뒤에 최상급이 오는 경우가 많습니다.

④ to부정사 앞에는 의미상 주어인 [for+명사]가 따라옵니다. to부정사는 [to+동사원형] 형태인데 동사 행위의 주체가 문장의 맨 앞의 주어가 아닐 때 [for+명사(to부정사의 의미상 주어)]를 넣는 것입니다.

ex It is important <u>for companies</u> to publicize their products or services.
　　　　　　　　　　 to부정사의 의미상 주어

▶ Sports (스포츠)

축구와 테니스 같은 스포츠에 여성들을 받아들인 주된 이유 중 하나는 세계적으로 유명한 테니스 선수 Serena Williams 같은 전문적인 운동선수의 역할입니다.

One of the main reasons for accepting women into sports like soccer and tennis is the role of professional athletes such as Serena Williams who is an internationally renowned tennis player.

해설

① 이 문장 역시 [one of+명사]로 시작했습니다.

② 명사 reason은 뒤에 전치사 for를 동반해서 자주 쓰입니다.

③ 전치사 like는 '~와 비슷한'이라는 뜻으로 동사 like와 혼동하지 않도록 주의해서 사용해야 합니다.

④ such as는 앞에 명사를 두고 그 명사의 예를 들 때 사용하는 전치사입니다. 예를 들면, equipment such as cameras, computers처럼 쓰입니다.

⑤ 앞에 Serena Williams 같은 사람명사가 나왔을 때 뒤에는 사람명사를 수식하는 관계대명사 who를 씁니다. 이 때 who가 주격이므로 뒤에는 동사가 나와야 합니다.

태국 사람들은 거대한 물총 싸움을 하는 송크란 축제 동안 부처를 향한 존경심을 표합니다.

Model Answer

Thai people pay their respect to Buddha during the Songkran Festival which is like an enormous water fight.

해설

① '~에게 존경심을 표하다'라는 표현은 [pay+소유격+respect to+대상] 형태로, give/show 등의 동사로 바꿔서 표현할 수도 있습니다.

② 전치사 during은 뒤에 기간을 나타낼 수 있는 명사와 어울려서 쓰입니다. 하지만 정확한 기간을 나타내는 숫자와는 쓰이지 않는다는 것을 기억하세요.

ex during+office hours/holiday/working hours/visit 등
정확한 기간을 나타내는 시간을 쓰려면 over/for/in/within 등의 전치사를 씁니다.

서울초등학교는 베트남 난민들을 위한 자선모금을 위해 학생들에 의해 조직된 경매를 개최한다고 발표했습니다.

Model Answer

Seoul elementary school announced that it will be holding a charity auction organized by the students for Vietnamese refugees.

해설

① 동사 announce는 뒤에 [that+주어+동사]의 형태가 오기도 하지만 명사를 목적어로 취할 수도 있습니다. announce는 notify나 inform과는 다른 형태를 취합니다. inform이나 notify는 뒤에 사람목적어를 취하고 that절이나 전치사 of가 따라옵니다.

ex notify Julie of her promotion

② 동사 hold는 '개최하다'라는 의미로 수동태로도 자주 쓰입니다. 이와 비슷한 용법으로 쓰이는 단어는 take place가 있습니다.

③ 명사 auction은 뒤에 p.p 형태의 과거분사가 따라옵니다.

▶ **Choice - Celebrating Christmas Vs. Chuseok (선택-크리스마스 Vs 추석)**

나이에 따라 다를 것입니다. 제 생각에 젊은 사람들은 크리스마스를 즐기는 게 더 흥미롭겠지만, 나이 든 분들은 오히려 그 반대일 것 같습니다.

Model Answer

It really depends on ages, so I think that celebrating Christmas is more exciting for most young ages, although seniors might disagree with it.

해설

① 둘 중 선택하는 문제는 어느 한쪽을 선택한 후 첫 단락에서 자신의 결정을 말하고 글을 이어가는 것이 좋습니다.

② 자신의 의견을 뒷받침할 근거나 예를 들 수 있다면 위 문장처럼 중립적인 답변을 할 수도 있습니다.

저는 그에 상응하는 대가, 예를 들면 보너스나 수당이 있다면 회사의 연장근무 요청에 응해야 한다고 생각합니다.

Model Answer

I agree with the idea that employees have to work overtime when they are asked to do so as long as they get paid, incentives or bonuses.

해설

① 화제에 대해 동의를 구하는 유형입니다. 동의나 반대에는 동사 agree, disagree를 쓰고 뒤에는 전치사 with나 that절이 따라옵니다.

② [be+p.p+to부정사] 형태는 be asked to '~하도록 요구받다', be required to '~하도록 요구받다', be supposed to '~하기로 되어있다', be advised to '~하도록 조언받다', be allowed to '~하는 것을 허락받다', be recommended to '~하는 것을 조언받다', be forced to '~하도록 요구되다', be encouraged to '~하도록 권고되다', be intended to '~하기 위함이다', be invited to '~하도록 초대받다' 등으로 자주 쓰이는 표현입니다.

③ 접속사 as long as는 '~하는 한'이라는 의미로 조건을 달고 싶을 때 쓰는 대표적인 접속사입니다.

④ get paid는 '급여를 받다'라는 의미입니다.

▶ **Advantage and disadvantage - living in a country side** (장단점–시골에 살기)

시골에 살면 도시의 소음이나 공해에서 벗어날 수 있으며 교통체증에 시간을 낭비할 필요가 없습니다. 게다가, 공기가 좋아서 편안함과 평화로움을 느낄 수 있습니다. 하지만 편의시설이 부족하기 때문에 대도시로 나가야 할 수도 있습니다.

Model Answer

Living in a country side frees me from city noise and pollution and I do not have to struggle with traffic. Furthermore, there is fresh air so it makes me comfortable and peaceful. However, you may have to go to a big city due to the lack of amenities.

해설

① 문장의 맨 앞에 동명사(동사ing)를 주어로 쓰는 경우가 있습니다. 이때 동사가 타동사라면 그 동사의 성격이 그대로 남아 목적어에 해당하는 명사가 따라옵니다. 동명사가 주어가 되면 무조건 단수로 수일치를 해야 합니다.

② 동사 free는 주로 [free+목적어+from/of]의 형태로 쓰이며 '～로부터 ～을 자유롭게 하다'라는 의미입니다.

③ struggle with는 '～에 대항하여 고군분투하다'라는 의미입니다.

④ '게다가'라는 의미로 문장을 이어주는 접속부사는 furthermore, moreover 등이 있습니다.

⑤ 전치사 due to는 '～때문에'라는 의미로 뒤에 문장이 오지 못하고 구만 올 수 있습니다.

⑥ 쓰임이 많은 여러 가지 [a/an/the+명사+of] 형태의 표현을 익혀두세요.

a variety of 다양한	the shortage of ～의 부족	a list of ～의 목록
an array of=a series of ～의 연속	the majority of ～의 대다수	a number of 많은
a choice of 둘 사이에서의 선택	a selection of 다양한	a range of 많은
the sequence of 연속적인		

모든 학생들이 교복을 입어야 한다는 것에 전적으로 동의합니다. 학생들이 교복을 입었을 때 학생다워 보이며 동질감을 키워줍니다. 만약 사복을 입게 하면 빈부의 격차를 느낄 수 있을 것입니다.

Model Answer

I totally agree that all students have to wear a school uniform at school. When they wear a school uniform, it makes them look more like a student and it will help build a sense of kinship among students. If we let them wear their own clothes at school, it shows the gap between the rich and the poor because the rich wear good and expensive clothes but the poor do not.

해설

① 처음부터 동의 여부를 정확히 밝히면서 시작했습니다.

② 다음으로 그에 대한 이유를 제시하는데 동사 make를 [make+목적어+동사원형] 형태로 사용했습니다.

③ look more like는 '더욱 ~답다'라는 의미입니다.

④ a sense of kinship은 '동질감'이라는 의미로 동사 build와 쓰이면 '동질감을 형성하다'라는 표현이 됩니다.

⑤ '빈부의 격차'라는 의미로 the gap between the rich and the poor가 쓰였습니다.

▶ To what extent do you agree with this suggestion?
당신은 이 제안에 어느 정도 동의하나요?

학교는 학생들을 졸업시험 한 번으로 평가해서는 안 된다고 생각합니다. 물론 졸업시험을 대체할 발표, 보고서, 논문 등을 학교에 다니는 동안 계속해서 주기적으로 평가해야 합니다. 학생들에게 적절한 시간을 주고 거기에 맞는 평가를 한다면 더 좋은 결과를 얻을 수 있을 것입니다.

Model Answer

I think that schools should not judge students by their final exams. Of course, students should have regular assessments, such as presentations, reports and essays, throughout their school years. If proper tests and time were given to students, the results of the tests would come out better.

해설

① 자신의 생각을 먼저 말하고 그 다음 근거와 예를 들면서 글을 시작합니다.

② 동사 judge는 뒤에 목적어를 취하고 전치사 by, on을 동반해서 씁니다.

③ 전치사 throughout은 '전체, 전부'라는 의미이며, come out better는 '더 좋은 결과를 낳다'라는 의미입니다.

IELTS Writing 실전문제

WRITING TASK 1

You should spend about 20 minutes on this task.

The graphs below show the reasons that employees of different ages gave for attending skills workshops, and the percentage of employees who are offered financial support for supplementary training.
Summarise the information by selecting and reporting the main features, and make comparisons where relevant.

Write at least 150 words.

Reasons for skills Workshop Attendance According to Age of Employee

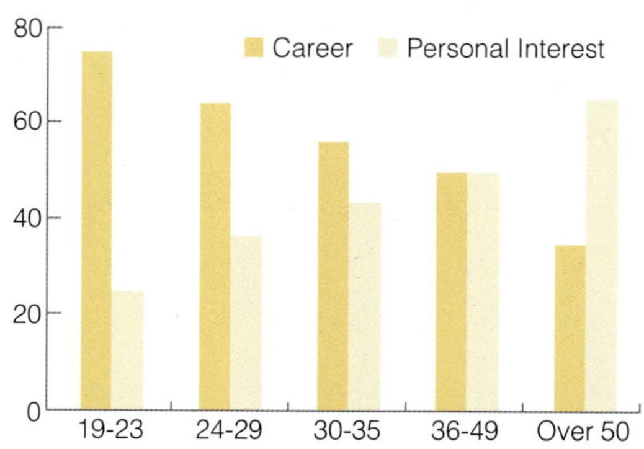

Employer Support According to Employee Age

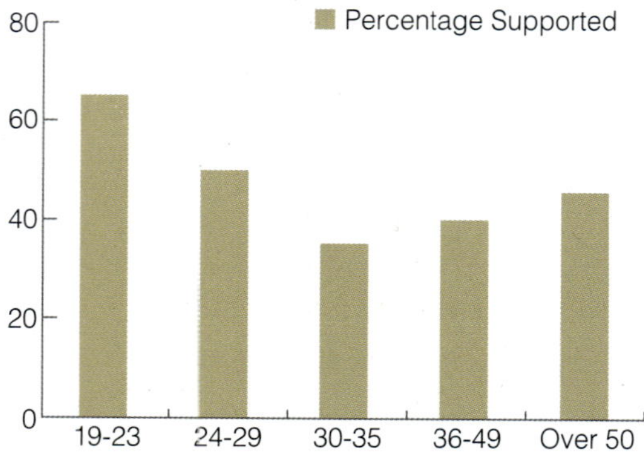

You should spend about 40 minutes on this task.

Write about the following topic:

> ***With advances in modern technology, it is now possible to download electronic books from the Internet and view them on a handheld device. Do you think the Internet will make printed books obsolete?***

Give reasons for your answer and include any relevant examples from your own knowledge or experience.

Write at least 250 words.

WRITING TASK 1

이 과제에 약 20분의 시간이 주어집니다.

아래 그래프는 연령별 다른 직원들이 기술 워크숍에 참여하는 이유와 보충교육을 위해서 재정지원을 받는 직원들의 비율을 보여줍니다.
관련된 것을 비교하고, 주요특징을 선택하여 보고하는 방식으로 정보를 요약하세요.

최소 150자 이상 작성하세요

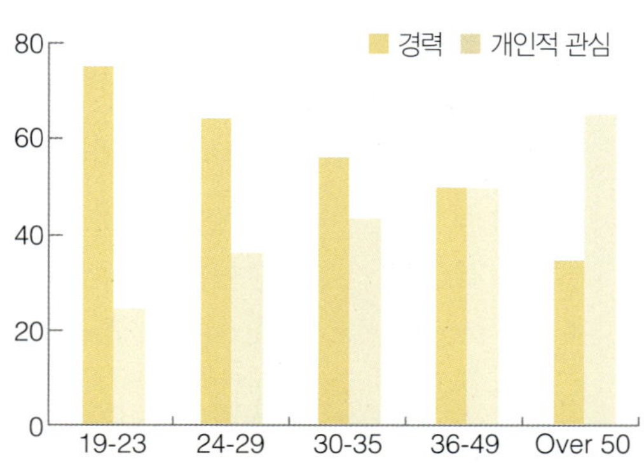

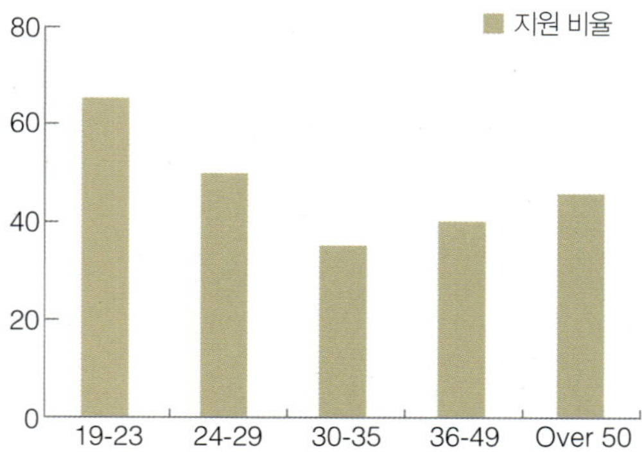

We can see from the first graph that there is a gradual decrease in skills workshop attendance for career reasons with age.

Around 75% of employees between 19 and 23 years of age attend workshops to help their career. This percentage gradually drops by approximately 10% with each ascending age group.

Only 50% of 36-49 year olds and 35% of over 50 year olds attend skills workshops for career reasons. On the other hand, the first graph also shows that workshop attendance stemming from personal interest increases with age. Only around 25% of 19-23 year olds attend workshops out of personal interest. The percentage increases fairly steadily, and increases dramatically in the Over 50 age group. Just as many 36-49 year olds attend workshops to help their career as those who attend for personal interest. However, 65% of over 50 year olds attend for personal interest, compared to 35% attending for career reasons.

The second graph shows that employer financial support is much more common (approximately 65%) for the employees aged 19-23 years old. It drops rapidly to around 35% for the 30-35 age group, and then increases up to around 45% for the over 50 age group. It is clear that more support is given to employees under 30, and these are the employees who attend workshops primarily for career reasons.

해석

우리는 첫 번째 그래프를 통해서 나이에 따른 기술 워크숍 출석의 점진적인 감소를 볼 수 있습니다.

19세에서 23세 종업원들의 약 75%는 자신들의 경력을 위해 워크숍에 참석합니다. 이 비율은 연령대가 올라갈수록 약 10%씩 점진적으로 감소합니다.

오직 50%의 36~49세, 그리고 35%의 50세 이상 그룹이 경력 때문에 기술 워크숍에 참석합니다. 반면, 첫 번째 그래프는 개인적인 관심에 따른 워크숍 참석이 연령과 함께 증가한다는 것을 보여줍니다. 19~23세들의 약 25%만 개인적인 관심으로 워크숍에 참석합니다. 비율은 꽤 꾸준하게 증가하며, 50세 이상 그룹에서 급격하게 증가합니다. 36~49세의 사람들도 마찬가지로 자신의 경력을 위해 그리고 개인적인 관심 때문에 워크숍에 참석합니다. 하지만 50세 이상 사람들의 65%는 개인적인 관심을 위해 참석하고 35%는 경력의 이유로 참석합니다.

두 번째 그래프는 19~23세 직원들을 위한 고용자의 경제적 지원(약 65%)이 더 일반적임을 보여줍니다. 이 수치는 30~35세 그룹에서 약 35%까지 급격히 떨어지며, 50세 이상 그룹에서는 약 45%까지 증가합니다. 30세 이하의 직원들에게 더 많은 지원이 주어지는 것은 명확하며, 이들은 주로 경력의 이유 때문에 워크숍에 참석하는 사람들입니다.

이 과제에 약 40분의 시간이 주어집니다.
다음 주제에 관해 작성하세요

> 현대 기술의 진보와 함께 요즘은 인터넷에서 전자책을 다운받고 그것을 휴대용 단말기에서 보는 것이 가능합니다. 당신은 인쇄된 책이 폐기될 것이라 생각합니까?

당신의 지식 또는 경험과 관련있는 예시를 포함하여 답변하세요.

최소 250자 이상 작성하세요.

Model Answer

I think that the Internet will eventually make printed books obsolete. In the last decade, we have witnessed many advances in Internet services and computer technology. I will analyze the advantages of using the Internet as opposed to buying books.

To begin with, the Internet has the capability to bring the "entire world" directly into our homes. It provides rapid access to a wealth of global information, ranging from advances in science and technology, to current events and entertainment gossip. A more recent development is the availability of downloadable "e-books" and the devices we can use to read them. The speed at which we can log onto the internet and instantly obtain these books makes it more convenient than traditional visits to a library. Without any doubt, it is an extremely cheap way to pick up new novels or textbooks, and it can be easily used and enjoyed from the comfort of one's home.

Nowadays, users of the internet have an almost limitless amount of information at their fingertips, and using the internet can help them to fulfill a greater educational potential. Buying textbooks can be very costly, and it is often hard to find the right edition. In many cases, in order to get a particular book necessary for our studies, we would need to visit several bookstores and libraries and waste much of our precious time. However, the Internet gives us access to archived journals in the fields of technology, science, and engineering, to name but a few. Those who wish to get the latest novels by their favorite authors can also download these in no time at all, and then read them wherever they like using a portable electronic reader.

I acknowledge that many people disagree that printed books will ever vanish completely; these people enjoy the tactile sensation of holding the book in their hands, turning the pages, and placing the book back onto their bookshelves. However, I feel that the change to e-books is inevitable, as it is more convenient, less costly, and even results in less waste materials.

결국에는 인터넷이 인쇄된 책들을 더 이상 쓸모없게 만들 것이라고 생각합니다. 지난 십 년간, 우리는 많은 인터넷 서비스와 컴퓨터 기술이 발달하는 것을 목격해왔습니다. 저는 책을 구매하는 것보다는 인터넷을 사용함으로써 생기는 장점을 분석하겠습니다.

우선, 인터넷은 "온 세상"을 바로 집으로 가져 올 수 있는 능력이 있습니다. 인터넷은 과학적 개발과 기술에서부터 시사 그리고 연예계 소문까지 풍부한 세계적 정보와의 빠른 접속을 제공합니다.
최근의 성장은 다운로드할 수 있는 "e-book"과 그것을 읽을 수 있는 기계들의 유효성입니다. 인터넷에 로그온을 하고 이러한 책들을 얻는 시간이 기존에 도서관에 들러 책을 빌리는 것보다 더 편리하게 만들어 줍니다. 틀림없이, 이것은 새로운 소설 또는 교과서를 집에서 쉽고 재미있고 편리하게 사용할 수 있는 매우 값싼 방법입니다.

요즘, 인터넷 사용자들의 손끝에는 거의 무한한 자료들이 있으며, 인터넷 사용으로 교육 잠재력을 실현하는 데 도움을 줄 수 있습니다. 교과서를 사는 것은 비용이 많이 들고, 정확한 인쇄본을 찾는 것도 어렵습니다. 대부분의 경우에는 공부하는 데 필요한 책을 사기 위해 몇 군데의 서점 그리고 도서관을 들려야 하기 때문에 우리들의 소중한 시간을 낭비하게 됩니다. 인터넷은 기술, 과학, 그리고 엔지니어링과 같이 많은 종류에 관한 보관된 학술지들을 제공합니다. 개인이 가장 좋아하는 저자의 최근 소설을 사고 싶다면 많은 시간 소모 없이 다운로드할 수 있고 휴대용 전자 리더를 이용해 어디서든 읽을 수 있습니다.

저는 많은 사람들이 인쇄되는 책들이 완전히 사라지는 것에 반대하는 것을 인정합니다. 이 사람들은 책을 손에 들고, 페이지를 넘기는, 그리고 책꽂이에 책을 다시 넣는 촉각의 느낌을 즐깁니다. 하지만 e-book 사용이 더 편리하고, 저렴하고, 심지어 재료를 아낄 수 있으므로 e-book으로의 변화는 필연적이라고 생각합니다.

Chapter 05

IELTS Speaking

IELTS WRITING
IELTS READING
총 3개 Part : Part 1, Part 2, Part 3
총 소요시간: 11~14분
시험 방법 : 원어민 Examiner와 1 : 1 대화
IELTS READING

IELTS Speaking의 구성

IELTS Speaking은 Academic Module과 General Module의 차이가 없고, 3문제로 이루어져 있습니다. 총 시간은 약 11분~13분 정도가 걸리며, 감독관과 1:1 대면하여 치르는 시험입니다.

첫 번째 문제는 Introduction으로 3~4분 정도 소요되며, 자신과 관련된 일반적인 질문으로 시작합니다. 이 부분은 수험자와 감독관이 첫 대면을 하며 긴장을 두는 생활영어 정도의 수준으로 생각하면 됩니다.

두 번째 문제는 Presentation으로 준비시간 1분을 포함해 말하는 시간 3분 정도까지 약 4분~5분 소요됩니다. 이 부분부터 본격적인 시험이라고 생각할 수 있습니다. 자신의 의견이나 생각을 정리한 후 발표하는 식으로 진행되며, 정해진 시간이 주어지지 않기 때문에 감독관이 멈추라고 할 때까지 계속 이야기하면 됩니다.

세 번째 문제는 Two-Way Discussion으로 약 4분~5분 소요되며, 두 번째 문제의 화제에 대해 더 심층적인 감독관의 질문에 답하고, 수험자도 감독관에게 질문할 수 있습니다. 하지만, 조심해야 할 부분은 정확한 질문을 하거나 돌아올 질문에 정확한 답을 할 자신이 없다면 묻는 질문에만 집중하는 것이 좋습니다. 고득점을 받기 위해서는 이 세 번째 문제에 승부를 걸어야 합니다.

IELTS Speaking은 감독관과 직접 대면해서 시험을 치르기 때문에 긴장감이 더할 수 있지만, 반대로 생각하면 컴퓨터 화면에 말하는 것보다 더 안정적으로 말을 할 수 있습니다. 감독관이 답변에 반응하거나 관심을 보여주거나 수험자의 긴장을 완화하도록 도와주는 경우가 상당히 많습니다.
또한, Speaking 시험의 평가는 감독관이 직접 하기 때문에 감독관의 주관적인 의견을 좋게 받으려면 시험에 임하는 태도도 중요합니다.

IELTS Speaking의 기본기를 갖추자

한국어로 면접을 보는 것도 어려운 일인데 영어로 면접이나 인터뷰를 본다면 얼마나 힘들까요? IELTS Speaking 시험이 1:1 대면하는 인터뷰이기 때문에 수험자에게 상당히 큰 부담을 줄 수 있습니다. 하지만, 이것도 하나의 시험입니다. 시험은 열심히 준비하면 좋은 성적을 거둘 수 있습니다. 또한 IELTS Speaking은 컴퓨터가 채점하는 것이 아니라, 사람이 직접 채점하기 때문에 시험에 임하는 태도나 감독관에게 주는 좋은 인상으로 더 좋은 결과를 얻는 것도 가능합니다. 필자는 이 책에서 IELTS Speaking의 기본기를 크게 3가지로 나누어 설명하겠습니다.

① 문법의 기본기를 다져라!

단어를 많이 안다고 해서 Speaking을 잘하는 것은 아닙니다. 시험 감독관은 작은 문법적 실수도 모두 감점처리하고 있다는 것을 간과해서는 안됩니다. 어려운 고급 어휘를 사용한다 해도 문법적으로 올바르게 문장을 만들지 못하면 좋은 점수는 절대 받을 수 없습니다.

문법의 기본기를 다지기 위해서는 그냥 암기가 아니라, 그 문법을 이용해 직접 문장을 만들어보고 시행착오를 겪으며 훈련해야 합니다. 여러분이 앞서 공부한 'Chapter 04. IELTS Writing 문법 단련' 파트를 모두 마스터한 후 계속해서 학습할 것을 권합니다.

② 잘 모르는 어휘나 표현 사용은 금물!

많은 학생이 잘 못 알고 있는 부분 중 하나가 IELTS Speaking에서 학술적이고 어려운 단어나 속담 등을 사용하면 고득점을 받을 수 있다고 생각하는 것입니다. 하지만 고급어휘와 속담 등을 올바르게 적재적소에 사용하여 감독관을 깜짝 놀라게 할 수 있는 영어실력이 가능할까요?

보통 IELTS Speaking에서 7.0을 받은 학생들의 평균 말하기 실력은 그리 뛰어나지 않습니다. 자신이 확실히 알고 있는 단어들을 활용하고, 불필요한 부분의 언급을 피하며, 감독관의 질문이 무엇인지 정확히 들을 수 있는 Listening 실력이 있기에 가능한 것입니다.

평소에 자주 사용되는 어휘들을 익히고 그 단어들이 어떻게 쓰이는지 문장을 만들어보며 계속해서 첨삭을 받는 훈련이 필요합니다. 감독관은 수험자의 영어 능력이 부족하다는 것을 알고 있습니다. 그렇기 때문에 그 사실을 인정하고 아는 것에 대해 정확하게 말하는 능력을 키우는 것이 무엇보다 중요합니다.

③ 감독관은 사람이다!

IELTS Speaking 감독관은 사람입니다. 그렇기 때문에 몇 점이라도 점수를 더 획득하기 위해서는 감독관의 눈에 벗어나는 행동은 하지 않는 것이 좋습니다. 간혹 평소 실력은 좋은데, 자신감 없는 표정과 말투로 감점을 당하는 학생들도 있습니다. 유창하게 영어를 말한다면 큰 상관 없지만 Speaking 능력이 부족하다면 이 같은 부분도 염두에 두어야 합니다.

미소 짓는 얼굴로 인사하고, 크고 자신감 있는 목소리로 답변하는 것이 좋습니다. 만약 감독관의 질문을 잘 못 알아 들었다면 다시 말해달라고 요청해도 괜찮습니다. 그런 부분이 감점요인이 되진 않습니다. 감독관이 질문할 때는 어떤 답변을 원하는지, 자신이 답하고 있는 방향이 맞는지 등은 감독관의 표정을 보면서 느낄 수 있습니다. 이게 바로 1:1 면접의 묘미라 하겠습니다.

IELTS Speaking 실전 유형 맛보기

이제 본격적으로 IELTS Speaking 실전 유형을 파악하고 학습하겠습니다.

먼저 실전문제를 보고, 그에 대한 정확한 답변 분석을 해서 여러분의 IELTS Speaking에 대한 부담과 우려를 씻어내도록 돕겠습니다. 자신의 IELTS 점수는 이 책에서 공개하는 스킬과 전략을 얼마나 잘 흡수했는지에 달려있습니다.

Speaking 섹션의 Part 1, 2, 3에 해당하는 모든 문제를 훑어본 후 각 문제와 답변을 철저히 분석해보도록 하겠습니다. IELTS Speaking Part 1에서는 일상생활에서 흔히 다루어지는 화제에 대해 질문합니다. 따라서 질문을 잘 이해하기만 하면 큰 어려움 없이 답변할 수 있습니다. 질문을 잘 못들은 경우 다시 한번 질문해달라고 해도 무방하지만 그 횟수가 너무 잦아서 좋을 것은 없습니다.

■ 질문 듣기 TIP

질문을 들을 때는 의문사와 주어 다음에 나오는 동사를 잘 들어야 합니다. 무조건 길게 답하는 것보다 질문에 대한 정확하고 간결한 답변이 좋습니다.

■ 답변하기 TIP

답변을 만들 때는 항상 기본기에 충실해야 합니다. [주어+동사+목적어+시간/장소/횟수 등]의 기본 순서를 반드시 기억하기 바랍니다. 위에 제시된 모범답안은 6.5 이상 고득점 답변을 실었으니 참고하여 기본기에 충실한 답변을 하도록 합니다.

The examiner asks the candidate about him/herself, his/her home, work or studies and other familiar topics.

The Internet

How often do you use the Internet?
Which Web sites do you visit most regularly? [Why?]
Do you ever click on advertisements on Web sites? [Why/Why not?]
Do you think the Internet is a good source of information? [Why/Why not?]

답변 써보기

채점관은 지원자에게 그/그녀, 그/그녀의 집, 업무 또는 학업 그리고 그 외의 친숙한 주제에 관해서 질문합니다.

인터넷

얼마나 인터넷을 자주 사용하나요?
어떤 웹사이트를 정기적으로 방문하나요? [왜죠?]
웹사이트에서 광고를 클릭해본 적 있나요? [왜?/왜 없나요?]
인터넷 자료가 좋은 정보라고 생각하나요? [왜?/왜 아닌가요?]

Model Answer  S-01

How often do you use the Internet?

I normally check my e-mail from time to time throughout the day, and I'll often chat to friends online during my lunch break. In the evenings, I'd say I spend at least three hours a night browsing random Web sites.

얼마나 인터넷을 자주 사용하나요?

저는 보통 하루동안 가끔 이메일을 확인합니다. 그리고 저는 점심시간 동안 친구들과 온라인 채팅을 합니다. 저녁에는 최소 3시간 정도 웹사이트를 둘러봅니다.

가장 중요한 포인트는 how often과 use 그리고 Internet입니다. '얼마나, 사용, 인터넷'의 의미로 포인트가 되는 단어만 잘 들어도 문제를 이해할 수 있습니다. 주어는 당연히 I 이고 동사 부분은 use the Internet으로 표현해도 괜찮지만, 고득점을 위해 다른 표현을 사용했습니다. 인터넷을 사용한다는 것은 웹서핑, 이메일 체크, SNS 이용 모두를 포함하므로 세분화 해서 같은 단어의 반복을 피했습니다. check my e-mail, chat to friends online, spend three hours browsing web sites 등으로 답변하고, how often에 대해 얼마나 자주 사용하는지에 대한 답변도 했습니다.

Model Answer 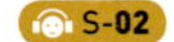 S-02

Which Web sites do you visit most regularly? [Why?]

Like most people these days, I like visiting some of the social network Web sites. I love to see what my friends are saying about me, and saying about each other! To be honest, if I had more free time I'd probably spend many hours checking comments on my profile page!

어떤 웹사이트를 정기적으로 방문하나요? [왜죠?]

대부분의 사람들처럼, 저는 몇몇 소셜 네트워크 웹사이트 방문하는 것을 좋아합니다. 저는 친구들이 나에 관해 어떻게 얘기하는지, 서로 어떤 말들을 주고 받는지 보기를 원합니다! 솔직히 말해서, 시간이 더 있었다면, 아마 개인 홈페이지에 올라온 이야기들을 확인하는데 많은 시간을 보낼 것입니다.

which web sites와 visit, regularly 가 포인트입니다. 이 문제에는 자신이 실제로 정기적으로 방문하는 웹사이트를 생각해서 답할 수도 있지만, 답변하기 쉽도록 가장 흔한 웹사이트를 아무거나 답해도 무방합니다. 모범답변에서 some of the social network websites라고 답하고 SNS에 대해 see what my friends are saying about me, and saying about each other라고 간략하게 언급했습니다.

  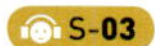 S-03

Do you ever click on advertisements on Web sites? [Why/Why not?]

Actually, when I'm surfing the net I rarely notice any advertisements. In fact, I find it really surprising that companies make money through online ads, because I can't imagine many people clicking on them.

웹사이트에서 광고를 클릭해본 적 있나요? [왜죠?/왜 없나요?]

사실, 인터넷을 할 때 어떤 광고들도 잘 눈에 띄지 않았습니다. 사실, 저는 회사들이 온라인 광고를 통해서 돈을 번다는 것에 굉장히 놀랐습니다. 왜냐하면 많은 사람이 광고를 클릭할 것이라 상상도 못했기 때문입니다.

여기서는 click과 advertisements 그리고 web sites 등으로 간추려서 들을 수 있습니다. 이에 대한 답변으로는 yes나 no의 상황으로 돌아가는 것이 좋습니다. 그리고 어느 쪽이든 약간의 부연 설명을 해주는 것이 좋습니다.
이 답변에서는 Actually, when I'm surfing the net I rarely notice any advertisements. 와 같이 no에 대한 답변으로 말하고 있습니다. 보통, 접속사를 활용한 복문으로 답변하는 방법은 좋은 speaking의 방향으로 볼 수 있습니다. 같은 말이라도 복문이 점수를 더 받을 확률이 높습니다.

  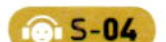 S-04

Do you think the Internet is a good source of information? [Why/Why not?]

It's pretty obvious that people can use the Internet to find the answer to almost any question, but some of the information online must be inaccurate. If I had to use online information for an essay or thesis, I'd take great care to choose good sources.

인터넷자료가 좋은 정보라고 생각하나요? [왜죠?/왜 아닌가요?]

사람들이 거의 모든 질문의 대답을 찾기 위해 인터넷을 사용한다는 것은 명백한 사실입니다. 그러나 일부 온라인 정보들은 확실하지 않습니다. 만약 제가 과제물이나 학위논문을 위해서 온라인 정보를 사용한다면, 주의를 기울여 좋은 정보를 선택할 것입니다.

Internet과 good 등이 키워드입니다. 자신의 의견을 묻는 질문에서는 어느 쪽이든 흑백을 가리거나, 적절하게 두 부분을 혼용해서 답변해도 괜찮습니다. 필자는 개인적으로 어느 한쪽으로 몰아가는 경우보다는 두 개의 경우를 적절하게 혼합하는 경우가 유리하다고 생각합니다. 아무래도 대답할 부분들을 더 많이 만들 수 있다는 장점이 있습니다. 하지만, 조심해야 할 것은 어떤 부분을 우위에 두고 이야기할 것인지에 대해서는 명확하게 선을 긋고 답변을 해야 합니다. 자칫, 자신의 생각이 무엇인지 전혀 전달이 안되거나 잘못 전달될 가능성도 있기 때문이죠.

답변에서는, It's pretty obvious that people can use the Internet to find the answer to almost any question과 같이 장점을 이야기하고 있고, 그 후 대치되는 내용을 접속사 but으로 부연설명하고 있습니다. but some of the information online must be inaccurate.으로 부정적인 부분을 말하고 있습니다.

Describe a time when you were asked to help out at home by doing housework.

You should say:

· which household chores you carried out
· who asked you to do the housework
· what difficulties you encountered

and explain how you felt about helping to keep your family home neat and tidy.

You will have to talk about the topic for one to two minutes. You have one minute to think about what you are going to say. You can make some notes to help you if you wish.

답변 써보기

당신이 집안일을 돕도록 부탁받았을 때를 묘사하세요.

아래 내용을 대답해야 합니다:

· 어떤 집안일을 했는가
· 누가 당신에게 집안일을 부탁했는가
· 어떤 어려움이 있었는가

그리고 가족을 위해 깔끔한 집으로 만든 후의 느낌을 설명하세요.

당신은 1~2분 동안 주제에 관해 이야기해야 합니다. 1분 동안 어떻게 말할 것인지에 대해 생각하세요. 당신이 원한다면 간단히 적어도 됩니다.

Model Answer  S-05

One particular time when I remember doing lots of housework was when my mother injured her back a couple of years ago. The doctor ordered her to stay off her feet for a week, and this happened to be the same time that my father was away on business. That meant that I was left to look after the house myself!

I had never realized how much housework my mother usually does. During that week, I washed the dishes, vacuumed the carpets, cleaned the bathroom, did the laundry, washed the windows, dusted all the surfaces, polished the coffee table, and cooked all of our meals. Honestly, I was amazed at how tired I felt at the end of the week, and believe it or not, I even had some cuts and bruises!

The first problem I encountered happened while I was washing the dishes. Not realizing one of the drinking glasses was broken, I plunged my hand into the dishwater and cut my finger on a piece of glass. Luckily, it wasn't too deep. Later on in the week, after accidently flooding the kitchen while doing the laundry, I slipped and bruised my elbow while cleaning the bathroom. None of these mishaps were particularly serious, but my week of housework opened my eyes to how hard my mother works, and these days I make sure to offer her as much help as I can.

저희 어머니가 2년 전 허리를 다치셨을 때 제가 많은 집안일을 했던 때가 기억납니다. 의사 선생님은 어머니께 일주일 간 발을 쓰지 말라는 진단을 내렸고, 이 일은 저희 아버지가 출장을 가신 기간과 같은 주에 일어났습니다. 이것은 제가 스스로 집을 돌봐야 한다는 것을 의미했습니다!

저는 저희 어머니께서 평소에 얼마나 많은 집안일을 하셨는지 결코 깨닫지 못했었습니다. 그 주에 저는 설거지, 카펫청소, 화장실청소, 빨래를 했고, 창문을 닦고, 모든 공간의 먼지를 털고, 커피탁자를 광이 나게 닦고 요리까지 했었습니다. 솔직히, 저는 그 주가 끝날 때 얼마나 저 자신이 피곤했는지에 놀랐었고, 믿기 어렵겠지만 심지어 몇몇 상처들과 멍들이 있었습니다! 제가 겪은 첫 번째 문제는 설거지를 하는 동안 일어났습니다. 컵들 중 하나가 깨진 것을 깨닫지 못하고, 저는 손을 물속에 넣었고 손가락을 유리 조각에 베었습니다. 다행히 상처는 깊지 않았습니다. 그 주 후반에 빨래를 하는 동안 실수로 부엌에 물이 흥건했고, 화장실을 청소하는 동안 넘어져 팔꿈치에 멍이 들었습니다. 이 작은 사고들은 모두 특별히 심각하지 않았지만 제가 집안일을 했던 한 주 동안 저희 어머니께서 얼마나 어렵게 일을 하시는지 깨닫게 했고, 요즘 저는 제가 할 수 있는 만큼 어머니를 도우려고 노력합니다.

해설

Part 2 문제는 일반적으로 자신의 경험이나, 생각, 의견을 정리해서 답변하는 질문이 주어집니다. 답변 전에 종이와 연필, 그리고 1분간 생각을 정리하는 시간이 주어지는데, 질문에 포함된 모든 답변을 준비하는 것이 원칙이기 때문에 한가지에 대한 긴 답변보다 간단하게라도 모든 질문에 답을 하는 것이 좋습니다.

주어진 질문들은 which household chores you carried out, who asked you to do the housework, what difficulties you encountered, explain how you felt about helping to keep your family home neat and tidy의 4가지의 입니다.

이 4가지 질문에 모두 답하려면 상황 설정이 필요합니다. 그런 경험이 없거나, 경험이 있어도 초반부 부연설명이 없으면 고득점은 힘듭니다. 따라서 모범답변에서도 상황설정부터 들어갔습니다.

One particular time when I remember doing lots of housework was when my mother injured her back a couple of years ago.로 답변을 시작하고 The doctor ordered her to stay off her feet for a week, and this happened to be the same week that my father was away on business. That meant that I was left to look after the house myself.로 도입부를 마무리했습니다. 상황설명은 2~3문장 정도가 적당합니다. 이 부분은 질문 중 who asked you to do the housework에 대한 답변이 되기도 합니다.

다음은 첫 번째 질문 which household chores you carried out에 대한 답변을 합니다. 이 질문은 단순히 어떤 집안일을 했는지 나열하면 되기 때문에 크게 어렵지 않습니다. 하지만, 동사와 명사의 결합은 주의를 기울여 답변해야 합니다.

I washed the dishes, vacuumed the carpets, cleaned the bathroom, did the laundry, washed the windows, dusted all the surfaces, polished the coffee table, and cooked all of our meals.

여기서 wash와 dishes, vaccume과 carpet, clean과 bathroom, do와 the laundry, wash와 window, dust와 surface, polish와 table, cook과 meals의 결합 등이 눈여겨 봐야 할 부분입니다.

Speaking 시험에서는 이미 사용한 단어들의 반복 사용을 피하는 것이 좋기 때문에 대체 단어들을 많이 암기해 두어야 합니다.

그 다음으로, what difficulties you encountered에 대한 답변입니다. 이 질문도 답변을 위해 본인의 기억을 이용하거나 상황을 설정해야 합니다.

The first problem I encountered happened while I was washing the dishes. Not realizing one of the drinking glasses was broken, I plunged my hand into the dishwater and cut my finger on a piece of glass.라고 답하여 자신의 부주의로 인해 일어난 사건을 언급했습니다. speaking 시험에서는 실제 경험이나 생각보다는 얼마나 정확한 문장으로 자신 있게 말하는지가 더 중요합니다. 다음 두 번째 사건으로 after accidently flooding the kitchen while doing the laundry, I slipped and bruised my elbow while cleaning the bathroom이라고 답했습니다. 답변 시간을 고려하여 두 가지의 상황을 미리 생각한 좋은 습관이라 하겠습니다.

마지막 explain how you felt about helping to keep your family home neat and tidy 질문에 대한 답변은 my week of housework opened my eyes to how hard my mother works, and these days I make sure to offer her as much help as I can.으로 했습니다. 누구나 느낄 수 있는 내용으로 문장을 만드는 방법을 훈련하면 쉽게 답할 수 있습니다.

Keeping a clean home

1. Do you think it is important for people to keep their homes tidy at all times?

2. What reasons might people have for not doing housework on a regular basis?

3. What kinds of cleaning products and equipment are most commonly found in people's homes?

답변 써보기

깨끗한 집을 유지하기

1. 당신은 사람들이 집을 항상 깨끗하게 유지하는 것이 중요하다고 생각하나요?

2. 사람들이 규칙적으로 집안일을 하지 않는 이유는 무엇일까요?

3. 사람들의 집에서 흔하게 발견되는 청소 제품과 장비의 종류들은 무엇일까요?

Model Answer S-06

1. Do you think it is important for people to keep their homes tidy at all times?

Of course it is. Cleanliness is a very important part of our everyday living. Our home is the place where we can relax after a whole day of work, and it feels great to have a home that is clean and looks organized. A clean home can also prevent sickness and other problems that can occur as a result of germs and filth. Also, it is less stressful to live in an environment where everything is neatly organized; you can find your things easily because you know exactly where they are. Finally, a clean house gives a person a sense of pride, especially when they invite guests into their home.

당신은 사람들이 집을 항상 깨끗하게 유지하는 것이 중요하다고 생각하나요?

물론 그렇습니다. 청결은 우리의 일상생활에서 매우 중요한 부분입니다. 우리의 집은 하루 일과를 끝내고 편히 쉴 수 있는 곳이고, 깨끗하고 정리정돈 되어있는 집은 기분을 좋게 합니다. 또한, 깨끗한 집은 세균과 오물의 결과로서 발생할 수 있는 병들과 그 외의 문제들을 계방합니다. 또한, 모든 것이 깔끔하게 정돈된 환경에서 사는 것은 스트레스를 덜 받게 해줍니다; 당신의 물건들이 어디에 있는지 정확히 알기 때문에 그 물건들을 쉽게 찾을 수 있습니다. 마지막으로, 깨끗한 집은 특히 집으로 손님을 초대했을 때 자부심을 갖게 해줍니다.

Part 3에서는 Part 2 질문에 추가질문을 하는데, 답변한 내용을 토대로 질문하는 경우도 있고 연계 질문이 나올 수도 있습니다. 일반적으로 2~4개의 추가질문이 나오며 Part 2에 답변을 잘 했다면 Part 3에 답변도 큰 문제는 없을 것입니다.

질문에서 important, keep, home tidy가 포인트입니다. 이 단어들을 잘 들었으면 답변에 큰 무리가 없습니다. 답변할 때는 자신의 의견을 먼저 말하고, 그 의견들을 뒷받침할 예를 들거나 부연설명을 합니다. Part 2에서 언급했던 어휘들은 반복해서 쓰는 것보다 다른 단어로 대치해서 답변하면 고득점에 더 가까이 다가갈 수 있습니다.

모범답변에서 Of course it is.에 이어 그 이유에 대해 설명했습니다. Cleanliness is a very important part of our everyday living. Our home is the place where we can relax after a whole day of work, and it feels great to have a home that is clean and looks organized.

답변의 길이는 크게 중요하지 않습니다. 너무 길다면 감독관이 중간에 말을 끊거나, 다른 질문으로 넘어갈 테니 길게 말하는 것을 두려워 말고 질문에 충실한 답변을 하는 것이 좋습니다. 따라서 평소 자신에게 질문을 던지고 상황을 가정하여 말하는 연습이 이 같은 문제에 매우 효과적입니다.

2. What reasons might people have for not doing housework on a regular basis?

First, some people are very busy at work and have barely any time to do housework. Second, if there is a new baby in the house that needs constant attention, or several young children, it might be difficult to do housework. Third, some people are simply lazy and don't take pride in their homes.

해석

사람들이 규칙적으로 집안일을 하지 않는 이유는 무엇일까요?

첫 번째, 어떤 사람들은 일이 너무 바쁘고 집안일을 할 시간이 없습니다. 두 번째, 만약 계속적인 주의가 필요한 갓난아기, 또는 여러 명의 어린 아이들이 있는 집은 집안일을 하기 힘들 수도 있습니다. 세 번째, 어떤 사람들은 그저 게으르고, 그들의 집에 자부심이 없습니다.

해설

not doing housework, on a regular basis가 키워드입니다. 집안일을 모두 안 하는 것이 아니라, 몇몇 사람들에 국한되기 때문에 '전부'라는 표현보다는 '몇몇 집안일을 못하는, 안 하는 사람들'을 some으로 표현해 답변했습니다. First, some people are very busy at work and have barely any time to do housework. 바쁘기 때문에 집안일을 할 시간이 없다는 내용의 평이하지만 완벽한 답변을 했습니다. 그리고 다른 이유를 더 냈기 때문에 답변으로 적당합니다.

Model Answer　S-08

3. What kinds of cleaning products and equipment are most commonly found in people's homes?

There are so many kinds of cleaning products, and each one is specialized for a particular chore. There are lots of basic cleaning equipment that is commonly found in the house. For cleaning floors, most people have brooms and mops with washable heads. Other items include sponges, cleaning rags, brushes and scrubbers. For those people who have carpets in their homes, they will also have a vacuum cleaner.

해석

사람들의 집에서 흔히 발견되는 청소 제품과 장비의 종류들은 무엇입니까?

많은 종류의 청소 제품이 있으며 각각의 도구들은 집안일을 위해 특성화 되어있습니다. 집에서 흔히 발견되는 많은 기본적인 청소 장비가 있습니다. 바닥 청소를 위해, 대부분 빗자루와 물빨래가 가능한 대걸레가 있습니다. 다른 도구들은 스폰지, 청소용 걸레, 솔과 수세미가 있습니다. 집에 카펫이 있는 사람들은 진공청소기도 있을 것입니다.

cleaning products and equipment가 키워드입니다. 청소도구를 나열하는 답변을 해야 하기 때문에 평소 어휘력이 발휘되어야 하는 질문입니다. There are so many kinds of cleaning products로 답변을 시작하여 brooms, mops, sponges, cleaning rags, brushes, scrubbers, a vacuum cleaner 등을 나열하여 답변했습니다. 쉬운 단어들이지만 익숙해져야 말하기 쉽기 때문에 평소에 필요한 어휘훈련을 많이 해두어야 합니다.

Technology in the home

4. In what ways do you think homes in the future will differ from those that people live in today?

5. Some people think that robots will one day eliminate the need for people to manually perform housework. Do you think this is a good thing?

6. What examples of modern technology in the home are most beneficial to people today?

답변 써보기

집안의 과학기술

4. 당신은 미래에는 현재 우리가 사는 집이 어떻게 달라질 것이라고 생각합니까?

5. 일부 사람들은 어느 날 로봇이 사람들을 위해 집안 일을 하는 수고스러움을 없애줄 것이라고 생각합니다. 당신은 이것이 옳다고 생각합니까?

6. 오늘날 사람들에게 가장 유익한 집안에서의 현대 기술은 어떤 것들이 있습니까?

4. In what ways do you think homes in the future will differ from those that people live in today?

I think the homes of the future will all be equipped with automated machines. There might be motion detection security systems, and door handles that have a self-sterilization system. I prefer homes that feel warm and welcoming, with lots of unique, personalized decoration.

당신은 미래에는 현재 우리가 사는 집이 어떻게 달라질 것이라고 생각합니까?

저는 미래의 집에는 자동화된 기계들을 갖추고 있을 것이라고 생각합니다. 움직임 감지 보안 장치와 자가 소독 장치가 있는 문 손잡이가 있을 수 있습니다. 저는 독특하고, 개인이 원하는 대로 할 수 있는 많은 장식이 있는 따뜻하고 안락한 느낌의 집을 선호합니다.

in what ways, homes 그리고 differ가 키워드입니다. 답변은 질문에 나왔던 단어들을 활용했습니다.
I think the homes of the future will all be equipped with automated machines.라는 내용으로 앞으로 기계화가 될 것이라는 일반적인 답변 후 집에 대한 자신의 생각으로 마무리했습니다.

5. Some people think that robots will one day eliminate the need for people to manually perform housework. Do you think this is a good thing?

This might be a good thing for those people who are very busy working and don't have the time to perform housework. This might also be helpful to those parents who have kids, because it can significantly reduce the time required to do household work. Elderly people, and people with disabilities, would also benefit greatly from these cleaning robots. But, at the end of the day, I still have doubts that a robot can perform these tasks as effectively as a human. Perhaps there will be huge advances in technology, but for now, I doubt a robot can clean dishes as well as I can. Another problem is that if people come to rely on robots to carry out everyday chores, they will become extremely lazy and forget how rewarding it can be to work hard and take pride in their homes.

일부 사람들은 어느 날 로봇이 사람들을 위해 집안 일을 하는 수고스러움을 없애줄 것이라고 생각합니다. 당신은 이것이 옳다고 생각합니까?

이것은 일이 매우 바쁘고, 집안일을 할 시간이 없는 사람들에게 좋은 일일 수 있습니다. 또한, 집안일 하는 시간을 상당히 줄일 수 있기 때문에, 아이들이 있는 부모들에게 도움이 될 수 있습니다. 노인들과 장애를 가진 사람들도 청소 로봇으로부터 큰 혜택을 받을 것 입니다. 그러나 결국 가장 중요한 것은, 여전히 로봇이 이러한 일들을 사람만큼 효과적으로 수행할 수 있는지에 대한 의문이 있다는 것입니다. 아마도 과학기술은 큰 발전이 있겠지만, 지금은 로봇이 설거지를 저만큼 깨끗하게 할 수 있는지 의문입니다. 또 다른 문제는 만약 사람들이 매일 하는 집안일을 로봇에게 의지한다면, 그들은 극도로 게을러지고, 열심히 일을 하고 나서의 보람과 집에 대한 자부심을 잊을 것입니다.

robot, housework 그리고 good thing이 키워드입니다. 답변은 어떤 사람들에게 이로운지에 초점을 맞춰서 했습니다. This might be a good thing for those people who are very busy working and don't have the time to perform housework. This might also be helpful to those parents who have kids, because it can significantly reduce the time required to do household work. Elderly people, and people with disabilities, would also benefit greatly from these cleaning robots. 모든 사람에게 이롭다기보다는 구체적으로 어떤 사람들에게 도움이 되는지 답변하여 감독관에게 자신의 생각을 더 확실하게 전달하는 답변입니다.

Model Answer  S-11

6. What examples of modern technology in the home are most beneficial to people today?

These days, the most obvious example is the computer, because they can use it to buy groceries or order food. I think the most beneficial item in homes is actually the washing machine. It serves a good purpose – washing our clothes – and it really saves time. Washing clothes by hand is time-consuming and less effective than using a washing machine. And also, I do see the benefit of microwave ovens, as they save massive amounts of time in a busy life.

오늘날 사람들에게 가장 유익한 집안에서의 현대 기술은 어떤 것들이 있습니까?

오늘날, 가장 눈에 띄는 예시는 컴퓨터입니다. 왜냐하면 사람들은 식료품을 사거나 음식을 주문하기 위해 컴퓨터를 이용하기 때문입니다. 실제 집안에서 가장 유용한 물건은 세탁기라고 생각합니다. 이것은 우리의 옷을 세탁하는 좋은 용도로 사용되며, 시간을 절약할 수 있습니다. 손으로 세탁하는 것은 많은 시간이 소모되고 세탁기를 사용하는 것보다 효과가 적습니다. 그리고 또한 바쁜 생활 속에서 막대한 시간을 절약하기 때문에 전자레인지도 유용하다고 생각합니다.

examples of modern technology와 beneficial이 키워드입니다. Part 2와 Part 3의 질문이 모두 home이라는 공통 분모를 갖고 있으므로, 집에서 쓰는 전자제품을 생각하면 됩니다. 우선 가장 많이 사용하는 컴퓨터와 세탁기, 식기세척기, 전자레인지 등이 있습니다. These days, the most obvious example is the computer, because they can use it to buy groceries or order food. 첫 번째 답변으로 컴퓨터가 어떤 도움을 주는지 언급했습니다. 이어서 I think the most beneficial item in homes is actually the washing machine. It serves a good purpose – washing our clothes – and it really saves time. Washing clothes by hand is time-consuming and less effective than using a washing machine.라는 문장으로 세탁기의 장점을 언급한 후 마지막으로 전자레인지가 어떤 도움을 주는지 설명하며 마무리했습니다.

IELTS Speaking 체력단련

IELTS Speaking은 얼마나 질문을 잘 이해하고 그에 맞는 답변을 하느냐에 따라 점수가 달라집니다. 질문을 알아들을 수 있는 Listening이 무엇보다 중요하기 때문에 앞부분에서 다룬 Listening 파트를 철저하게 훈련하기 바랍니다. 말하기 능력은 하루 아침에 얻을 수 있는 것이 아니지만, Speaking 시험 고득점은 빈출 표현과 어휘를 암기하여 상황에 맞게 응용하여 답변하면 충분히 가능한 일입니다. 그럼 이제부터 Speaking에 반드시 필요한 필수표현들을 간추려 알아보겠습니다.

Speaking 필수표현

+ **check+명사+for** ~을 위해 검사하다

동사 check로 무엇을 검사하는지에 대해서만 언급해도 되지만, 더 상세하게 무엇 때문에 검사하는지 그 이유를 덧붙이면 유용하게 사용할 수 있습니다.

I have to **check** my **computer for** viruses.
나는 컴퓨터에 바이러스가 있는지 검사해야 한다.

+ **from time to time** 때때로

sometimes와 비슷한 의미의 부사로 문장에서 동사의 앞뒤 또는 문장의 맨 앞에 나올 수 있습니다.

I go to the cinema **from time to time**.
나는 가끔 영화관에 간다.

+ **throughout** 전체에, 도처에

모든 시험에 자주 등장하는 전치사로 뒤에 시간이나 장소와 어울려서 쓰입니다.

Kimchi is very popular **throughout** the world.
김치는 전 세계에 걸쳐 매우 인기가 많다.

+ **chat** 대화하다

누구와 대화를 할 때는 보통 talk to라는 표현을 쓰지만, 인터넷 상에서의 대화에 자주 쓰이는 단어는 [chat to+사람]입니다.

I usually **chat to** my friends online.
나는 보통 온라인에서 친구들과 채팅을 한다.

+ **spend** (돈, 시간 등을) 쓰다

[spend+시간/돈+동사ing]의 형태로 쓰입니다.

I **spent** three weeks finishing the project.
나는 그 프로젝트를 끝내는데 3주의 시간을 썼다.

+ **like+명사** ~와 비슷한, ~와 같이, 처럼 ⟺ **unlike+명사** ~와 같지 않은

like는 동사로도 쓰이지만 전치사로도 자주 쓰입니다. 보통 look이나 be동사와 같은 자동사와 어울려 쓰입니다.

I look **like my father**. ⟺ **Unlike most other students**, I have my own car.
나는 아버지와 닮았다.　　　　　　많은 다른 학생들과 달리, 나는 내 소유의 차가 있다.

+ **addicted** 중독된

어떤 일이나 행동에 탐닉한다는 의미로, [become/be+addicted to+명사]의 형태로 쓰일 수 있습니다.

I **became addicted** to chess games.
나는 체스게임에 푹 빠져있다.

+ **If 주어+과거동사, 주어+would/could+동사원형**

가정법과거의 문장으로, 일반적으로 현재 사실의 반대를 가정할 때 쓰입니다.

If I had enough money, **I could travel** all over the world.
내가 만약 충분한 돈이 있다면 세계일주 여행을 할 수 있을 텐데.

+ **comment** 논평, 언급, 견해

동사와 명사로 모두 쓰입니다. 무언가에 자신의 의견을 나타낼 때 쓰이며, 동사로는 자동사로 쓰이고 뒤에 전치사 on을 동반합니다.

My teacher gave me good **comments** on my work.
선생님께서 내 숙제에 대해 좋은 말씀을 해주셨다.

+ **surf the Net** 인터넷 서핑을 하다

I am **surfing the Net** to find some information.
나는 몇 가지 정보를 찾기 위해 인터넷 서핑을 하는 중이다.

+ **find+명사+형용사** ~이 ~라고 알아차리다

[주어+find+목적어+형용사]로 대표적인 5형식 구조입니다. 이 구조에 사용되는 동사는 make, keep, consider, deem 등이 있습니다.

I **found the information very beneficial**.
나는 그 정보가 상당히 도움이 된다는 것을 알았다.

+ **make money through** ~을 통해 돈을 벌다

보통 돈을 번다는 말을 할 때 동사 earn을 쓰지만, make '만들다'라는 표현으로 쓸 수도 있습니다.

We **made** a lot of **money through** Internet auction.
우리는 온라인 경매를 통해서 많은 돈을 벌었다.

+ **do housework** 집안일을 하다

My father helps to **do housework** every day.
우리 아버지께서는 매일 집안일을 도와주신다.

+ **stay off+명사** ~을 삼가다, 멀리하다

어떤 문제가 있거나, 특히 어디를 다쳤을 때 그 부분을 조심하고 되도록 쓰지 말라는 충고할 때 쓰이는 표현입니다.

I was asked to **stay off my feet** for two months.
나는 두 달 동안 다리를 쓰지 말라고 요청받았다.

+ **look after** ~을 돌보다

I had to **look after** my brother when I was at university.
내가 대학생 때 나는 동생을 돌봐야 했다.

+ **wash dishes** 설거지를 하다

I always help my mother **wash dishes**.
나는 항상 우리 어머니가 설거지하는 것을 돕는다.

+ **vacuum** ~을 진공청소기로 청소하다

'진공청소기'는 vacuum cleaner라고 합니다.

I often **vacuum** the carpet.
나는 자주 카펫을 진공청소기로 청소한다.

+ **do the laundry** 빨래를 하다

laundry는 '빨래'입니다.

I have never **done the laundry**.
나는 빨래를 해 본적이 없다.

+ **dust** 먼지, 먼지를 털다

명사와 동사로 모두 쓰입니다.

I asked my brother to **dust** my car.
나는 동생에게 내 차의 먼지를 털라고 부탁했다.

+ **polish** 윤 내기, 윤을 내서 닦다

명사와 동사로 모두 쓰입니다.

I need to **polish** the vase next to the window.
나는 창문 옆에 있는 꽃병을 닦을 필요가 있다.

+ **amazed** 놀란

보통 앞에는 be동사, 뒤에 전치사는 at 또는 by와 함께 쓰입니다.

I was **amazed** at how big his house is.
나는 그의 집이 얼마나 큰지에 깜짝 놀랐다.

+ **have cuts and bruises** 칼에 베이고 멍들다

I **had cuts and bruises** while moving furniture.
나는 가구를 옮기는 동안 베이고 멍이 들었다.

+ **encounter** 문제점에 봉착하다

어떤 문제점 등에 부딪힐 때 쓰이는 동사이며, 뒤에는 보통 좋지 않은 일이나 예기치 못한 일들이 따라옵니다.

I **encountered** problems when I installed new software.
나는 새로운 소프트웨어를 설치할 때 문제점들에 봉착했다.

+ **open my eyes to+명사** ~에 대해 눈을 뜨다

어떤 일이나 상황에 대해 새롭게 깨달았을 때 쓰이는 표현입니다.

I **opened my eyes to** how hard it is to pass the exam.
나는 그 시험에 통과하기가 얼마나 어려운지 깨달았다.

+ **less stressful** 스트레스를 덜 받는

보통 가주어 It으로 시작하고 뒤에 진주어로 to부정사가 오는 구조로 쓰입니다.

It is **less stressful** to work at home.
집에서 일하는 것은 스트레스를 덜 받는다.

+ **have no time to+동사원형** ~할 시간이 없다

I **had no time to finish** the report.
나는 그 보고서를 끝낼 시간이 없었다.

+ **constant attention** 지속적인 관심

Children need **constant attention**.
아이들은 지속적인 관심이 필요하다.

+ **take pride in** ~을 자랑하다

Students **take pride in** their teachers.
학생들은 그들의 선생님들을 자랑스러워한다.

+ **agree/disagree on+명사** ~에 등의하다/동의하지 않는다

I **agree on the idea** that children should drink milk.
나는 어린이들은 우유를 마셔야 한다는 생각에 동의한다.

+ **manage to+동사원형** 겨우 ~하다

간신히 무언가를 해내는 상황에 쓰이는 표현입니다.

I **managed to escape** from a fire.
나는 간신히 불을 피할 수 있었다.

+ **require** 요구하다

require는 보통 [require+목적어+to 일반동사]의 5형식 문장으로 쓰입니다.

I **required** one of my friends to go to London.
나는 내 친구들 중 한 명에게 런던에 가라고 요청했다.

+ **be equipped with+명사** ~이 장착되다

Each house **is equipped with security alarm system**.
모든 집은 보안경고 시스템이 장착되어있다.

+ **detect** 감지하다, 감시하다

This device is designed to **detect** a movement.
이 장치는 움직임을 감지하도록 만들어졌다.

+ **be helpful** ~에 도움이 되다

비슷한 표현으로 be beneficial to가 있습니다.

It would **be helpful** if you sent the book to me.
만약 당신이 내게 그 책을 보내준다면 도움이 될 것이다.

+ **benefit** 혜택을 얻다

타동사일 때는 뒤에 사람명사가 올 수 있지만, 자동사일 때는 전치사 from을 취합니다.

People **benefited** from advanced technology.
사람들은 선진화된 기술로부터 혜택을 받았다.

+ **doubt** 의심

doubt을 동사로 쓰기도 하지만, 명사로 쓰면 have doubt, there is doubt, no doubt 형태로 쓰입니다.

There is no **doubt** that economy will be stable in the foreseeable future.
경제가 머지않아 안정화될 것이란 부분에 의심의 여지가 없다.

+ **perform** ~을 수행하다

I have **performed** important tasks within the company.
나는 회사 내에서 중요한 업무들을 수행해왔다.

+ **advances** 발전, 발달, 진보

Advances in hybrid car technology will increase automotive fuel efficiency.
하이브리드 자동차 기술의 발전이 자동차 연료 효율성을 높여줄 것이다.

+ **time-consuming** 시간이 걸리는, 시간 낭비인

형용사로써 보통 be동사와 함께 쓰입니다.

It is **time-consuming** to walk to school every day.
학교에 매일 걸어가는 것은 시간 낭비이다.

+ **save** 아끼다, 저장하다

시간 등을 아끼거나 저축을 하거나 데이터를 저장하는 의미로 자주 쓰입니다.

I always **save** all the data in my files into the computer in order not to lose them.
나는 데이터를 잃지 않기 위해 내 컴퓨터에 항상 저장한다.

지금까지 실전 문제 맛보기에서 다루었던 어휘와 표현을 다시 알아보았습니다. IELTS Speaking 어휘 학습은 단어를 무조건 외울 것이 아니라 기출 문제를 많이 접하고 거기에 쓰인 표현들 위주로 공부하는 것이 좋습니다.

IELTS Speaking 실전문제

PART 1

The examiner asks the candidate about him/herself, his/her home, work or studies and other familiar topics.

Shopping
What items do you most enjoy shopping for? [Why?]
Are there many places to shop in your neighbourhood? [Why?]
How do you normally pay for the goods you buy? [Why/Why not?]
Do you use online shopping Web sites? [Why/Why not?]

Describe a time when you used English to help a foreigner in your hometown.

You should say:

- where you met this person
- what you spoke about
- what problems you had communicating

and explain how you felt helping someone who does not speak your native language.

You will have to talk about the topic for one to two minutes. You have one minute to think about what you are going to say. You can make some notes to help you if you wish.

Discussion topics:

Learning English

1. How does English differ to your native language?
2. Do you think it is beneficial to learn English at a young age?
3. What reasons might people have for not wanting to study English?

Studying overseas

4. What problems or difficulties do you think you may have when studying in other countries?
5. Can you imagine what life in other countries would be like?
6. How do you think you'll feel being so far from your family?

PART 1

채점관은 지원자에게 그/그녀, 그/그녀의 집, 업무 또는 학업 그리고 그 외의 친숙한 주제에 관해서 질문합니다.

쇼핑
당신이 가장 좋아하는 쇼핑 품목은 무엇입니까? [왜죠?]
당신의 동네에 쇼핑을 위한 장소가 많이 있습니까? [왜죠?]
당신은 보통 물건을 살 때 어떻게 지불합니까? [왜죠?/왜 아닌가요?]
당신은 온라인 쇼핑 웹사이트를 이용합니까? [왜죠?/왜 아닌가요?]

Model Answer  S-12

What items do you most enjoy shopping for? [Why?]

Well, it sounds like such an obvious answer, but I like shopping for clothes the most. If I ever have money to spend, I can't wait to go to the shopping mall to pick up a new outfit.

해석

당신이 가장 좋아하는 쇼핑 품목은 무엇입니까? [왜죠?]

음. 뻔한 대답 같지만 저는 의류 쇼핑을 가장 좋아합니다. 만약 제가 지출할 수 있는 돈이 있다면, 저는 새 옷을 사기 위해 바로 쇼핑몰에 갈 것입니다.

Model Answer  S-13

Are there many places to shop in your neighbourhood? [Why?]

In my neighbourhood there are actually quite a few good places to shop. The most popular place is the mall, but the market near my house is also good for picking up bargains. It all depends on how much money I have to spend!

해석

당신의 동네에 쇼핑을 위한 장소가 많이 있습니까? [왜죠?]

저희 동네에는 사실 쇼핑을 위한 좋은 장소가 꽤 있습니다. 가장 인기있는 장소는 쇼핑몰이지만 집에서 가장 가까운 시장도 물건들을 싸게 사기에 좋습니다. 제가 쓸 수 있는 돈이 얼마가 있는지에 달려있습니다!

  S-14

How do you normally pay for the goods you buy? [Why/Why not?]

Unlike some of my friends, I don't have a credit card. I don't really mind, because when I pay with cash I always know how much money I have left. Sometimes when I buy things online I ask my parents to help me by asking them to use their credit cards.

해석

당신은 보통 물건을 살 때 어떻게 지불합니까? [왜죠?/왜 아닌가요?]

몇몇 제 친구들과 달리, 저는 신용카드가 없습니다. 제가 현금으로 계산하면 남은 돈이 얼마인지 항상 알 수 있기 때문에, 별로 신경 쓰이지 않습니다. 가끔 제가 온라인에서 물건을 구입할 때 부모님의 신용카드를 사용하기 위해 부탁 드립니다.

Model Answer S-15

Do you use online shopping Web sites? [Why/Why not?]

I sometimes buy things online because I can find better deals and offers on the Internet. Actually, the last time I bought books, I decided to buy them online because they were almost half the price that they were in the bookstore.

해석

당신은 온라인 쇼핑 웹사이트를 사용합니까? [왜죠?/왜 아닌가요?]

저는 인터넷에서 더 좋은 가격을 발견하기 때문에 가끔 온라인에서 물건을 삽니다. 사실, 지난번에 책을 샀는데, 서점 책 가격의 거의 절반이었기 때문에 저는 온라인에서 책을 구매하기로 결심했습니다.

당신의 동네에서 외국인을 도와주기 위해 영어를 사용했을 때를 서술하세요.

당신이 말해야 할 것:

· 어디서 이 사람을 만났었는지
· 무슨 말을 했었는지
· 의사소통을 할 때 어떤 문제가 있었는지

그리고 당신의 모국어를 말할 줄 모르는 사람을 도와줄 때 어떤 느낌이었는지 설명하세요.

당신은 1~2분 동안 이 주제에 대해서 말해야 합니다. 당신이 어떤 말을 해야 할지 생각하기 위한 1분이 주어집니다. 원한다면 메모를 해도 좋습니다.

Model Answer  S-16

I actually live in a part of my city that draws a large number of tourists. My home is surrounded by historical sites and attractions, so I see many visitors arriving in the area every day. Because of this, there have been many instances where I have spoken with an English-speaking foreigner.

One particular incident that sticks out in my mind is when I helped a lost little boy – I think he must've been around 7 or 8 years old – to find his parents in a busy market. I guess he must have wandered off while his parents were busy looking at souvenirs or something.

When I saw the boy, he looked very confused and afraid, so I tried to comfort him and communicate with him. I asked him in English what his name was, and he told me that it was Ryan. I then asked him where his parents were, and he replied that he couldn't find them. Everyone else in the market was either really busy, or couldn't speak English, so I told Ryan that I would help him find his parents.

As we searched, he told me that he and his family were visiting from England. We sometimes had trouble communicating, but using some hand gestures also helped. I asked him to describe his mother's appearance, and he said she had blonde hair, blue eyes, and was wearing a red dress.

I felt really glad that I was able to speak English, because we eventually managed to find his parents. Obviously, they were extremely happy to be reunited with Ryan, and they even bought us both an ice cream to say thank you.

해석

저는 사실 우리 도시 중 많은 관광객들이 찾는 지역에 살고 있습니다. 저희 집은 유적지와 관광명소로 둘려 싸여 있어서, 저는 매일 이 지역을 방문하는 많은 방문객들을 봅니다. 이러한 이유로, 저는 영어를 말하는 외국인과 이야기했던 경우들이 많이 있습니다.

가장 기억에 남는 특별한 한가지 사건은 혼잡한 시장에서 길을 잃어버린 어린 소년의 (제 생각에 그는 약 7살이나 8살이었을 겁니다.) 부모님 찾는 것을 도와줬을 때입니다. 저는 그의 부모가 기념품이나 어떤 것을 보느라 바쁜 동안 그가 길을 잃었을 것이라 추측했습니다.

제가 그 소년을 보았을 때, 그는 매우 혼란스럽고 두려워 보였기 때문에 저는 그를 편안하게 해주려 노력하였고 그와 대화를 나누었습니다. 저는 그의 이름을 영어로 물어보았고, 그는 제게 Ryan이라고 말해주었습니다. 그리고 나서 저는 그에게 부모님이 어디에 있었는지 물어봤었고, 그는 그들을 찾을 수 없었다고 대답했습니다. 시장에 있는 다른 사람들 역시 모두 바쁘거나 영어를 할 줄 몰라서, 저는 Ryan에게 그의 부모님 찾는 것을 도와주겠다고 말했습니다.

우리가 찾는 동안, 그는 그와 그의 가족이 영국에서 방문했다고 말했습니다. 우리는 때때로 의사소통에 문제가 있었지만, 몇몇 손동작들을 사용하는 것이 도움이 되었습니다. 저는 그에게 엄마의 모습을 묘사해 달라고 했고, 그녀가 금발 머리, 파란색 눈, 그리고 빨간색 드레스를 입고 있었다고 말했습니다.

마침내 그 아이의 부모를 찾았기 때문에 제가 영어를 할 수 있다는 것을 기쁘게 생각했습니다. 당연히 그들은 Ryan과 다시 만날 수 있어서 굉장히 기뻤고, 저희에게 감사의 표시로 아이스크림도 사주셨습니다.

토론 주제:
영어학습

1. 당신의 모국어와 영어는 어떻게 다른가요?
2. 당신은 어린 나이에 영어를 배우는 것이 유익하다고 생각하나요?
3. 사람들이 영어공부를 하고 싶어하지 않는 이유는 무엇이라고 생각하나요?

Model Answer 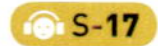 S-17

1. The biggest difference between English and my native language is that English is one of the most widely spoken languages in the world. Also, the order of words in a sentence is very different. In English, sentences are usually arranged by subject-verb-object, but this is not the case in my native language. I think if I am able to become fluent in English it will be much easier to express how I feel.

해석

영어와 제 모국어의 가장 큰 차이점은 영어는 세계에서 가장 널리 사용되는 언어라는 점입니다. 또한, 문장에서 단어의 순서도 매우 다릅니다. 영어에서는, 보통 주어–동사–목적어로 문장이 배열되지만 제 모국어에서는 그렇지 않습니다. 제가 만약 영어를 유창하게 할 수 있다면 제 기분이 어떤지 표현하는 게 더 쉬워질 거라고 생각합니다.

Model Answer 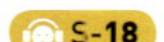 S-18

2. Yes, I think so. It is advantageous for young people to learn English because it enhances their social interaction, and makes them unafraid to speak to foreigners. It can also help to boost their self esteem, as they would most likely feel proud to be able to speak a second language. Learning English at a young age also increases a child's linguistics ability by improving their understanding of grammar and vocabulary. And, these days, it is very useful to know English when using computers or any other form of advanced technology.

해석

네, 저는 그렇게 생각합니다. 젊은 사람들이 영어를 배우는 것이 유익합니다. 왜냐하면 그들의 사회적 교감을 향상시키고, 외국인들에게 말하는 것을 두려워하지 않게 됩니다. 제2의 언어를 할 수 있다는 것을 자랑스러워 하기 때문에 자신의 자부심이 생기는 데에도 도움이 됩니다. 어린 나이에 영어를 배우는 것은 어린이들의 문법과 단어의 이해력을 향상시킴으로써 언어 능력도 높여줍니다. 그리고, 오늘날, 컴퓨터를 사용할 때나 첨단 기술을 사용할 때 영어를 알고 있으면 매우 유용합니다.

3. I don't see any reason why young people would not want to study English. I suppose that some students might have no interest in going overseas, and plan to pursue a career in their native country. Also, some people lack self-esteem and don't want to learn a second language because they are afraid they will look or sound foolish when speaking it in front of others.

해석

젊은 사람들이 왜 영어공부를 하기 싫어하는지 이유를 모르겠습니다. 저는 일부 학생들은 유학에 관심이 없을 수도 있고, 모국에서 경력을 쌓을 계획일 것이라고 생각합니다. 또한 일부 사람들은 자부심이 부족하고 제2외국어를 배우는 것을 원하지 않습니다. 왜냐하면 그들은 다른 사람들 앞에서 말할 때 바보같아 보이거나 어리석은 소리를 하는 것처럼 들리는 것을 두려워하기 때문입니다.

토론 주제:
유학

4. 당신이 유학을 한다면 당신에게 일어날 수 있는 문제점이나 어려움은 무엇이라고 생각하나요?

5. 당신은 다른 나라에서의 생활이 어떨지 상상이 되나요?

6. 당신은 가족과 멀리 떨어져 산다면 어떨 것 같나요?

Model Answer  S-20

4. I think I might have a few difficulties when studying abroad, as I will probably experience culture shock when I first arrive. Apart from learning about things like currency, and how to find my way around a new city, I might also have to adjust my lifestyle so that it fits with the lifestyles of the people I encounter. The environment will be extremely different for me, and I will have to adapt so that I can feel comfortable and enjoy the experience. If I go to study overseas, it will be important for me to recognize that people from different cultures may express their opinions differently.

해석

제가 처음 그곳에 도착하면 아마 문화충격을 경험하기 때문에 외국에서 공부할 때 약간의 어려움이 있을 것이라고 생각합니다. 화폐 단위에 대한 학습이나 새로운 도시에서 길을 찾는 것 외에도, 제가 만나는 사람들의 생활방식에 맞추기 위해서 나의 생활방식을 조절해야 합니다. 그 환경은 제가 지내던 환경과 매우 다를 것이고, 제가 편안하게 경험을 즐기기 위해서 적응해야 할 것입니다. 만약 제가 유학을 간다면, 다른 문화 사람들은 그들의 의견을 우리와는 다르게 표현한다는 것을 인식하는게 중요합니다.

Model Answer 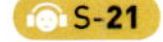 S-21

5. I have seen lots of other countries in movies and magazines and I've always imagined that people in Europe must have happy lives. I get the impression that the standard of living is extremely good, and that most countries have fresh air and green parks, and less unemployment than my home country. I have never been to Europe, so it may be very different to the way I imagine it. However, I know for sure that all of the food, television shows, architecture, and people are going to be much different to what I'm used to.

저는 영화나 잡지에서 다른 나라들을 많이 본 적이 있고, 항상 유럽에 사는 사람들은 행복한 삶을 산다고 상상했습니다. 생활수준이 매우 높고, 대부분의 도시는 상쾌한 공기와 녹지 공원이 있고, 우리나라보다 실업자가 적다는 인상을 받았습니다. 제가 유럽에 가보지 않았기 때문에 생각했던 것과는 매우 다를 수도 있습니다. 그러나 음식, TV쇼, 건축양식 그리고 사람들까지 모두 제게 익숙한 것과는 매우 다를 것이라고 생각합니다.

Model Answer  S-22

6. Of course I would be very sad to leave my family, and I'd miss them so much. But thanks to modern technology, such as smart phones and the Internet, I would take comfort in the fact that I can contact them anytime and anywhere. I'm sure they would be more worried about me than I would be about them, and I know that it would be especially hard for my mother, as this would be the first time that any of her children had left home. However, at the end of the day, I believe when you have your heart set on doing something, you shouldn't let anything stop you, even if it means making some small sacrifices.

물론 저는 가족을 떠나는 것이 매우 슬프고, 그리울 것입니다. 그러나 스마트폰과 인터넷 같은 현대 기술 덕분에, 언제 어디서나 가족들과 연락할 수 있다는 사실에서 위안을 찾을 것입니다. 물론 제가 가족들을 걱정하는 것보다 가족들이 훨씬 더 많은 걱정을 할 것이며, 자녀가 품을 떠나는 일이 처음이기 때문에 저희 어머니께 특히 어려운 일일 것입니다. 그러나, 결국에는, 가장 중요한 것은 자신이 하고 싶은 것이 확실히 생겼을 때 작은 희생을 겪더라도 자신을 멈추게 하지 말아야 한다는 것입니다.